U0927386

本成果受云南少数民族哲学思想研究基地经费资助

# 边疆社会非正式控制研究

## ——一种基于民族伦理控制的扩展分析

杨志明等◎著

中国社会科学出版社

**图书在版编目(CIP)数据**

边疆社会非正式控制研究：一种基于民族伦理控制的扩展分析 / 杨志明等著.
—北京：中国社会科学出版社，2016.1
ISBN 978-7-5161-8450-9

Ⅰ.①边… Ⅱ.①杨… Ⅲ.①边疆地区-社会管理-研究-中国 Ⅳ.①D63

中国版本图书馆CIP数据核字(2016)第140273号

出 版 人　赵剑英
责任编辑　任　明
特约编辑　乔继堂
责任校对　李　莉
责任印制　何　艳

出　　版　中国社会科学出版社
社　　址　北京鼓楼西大街甲158号
邮　　编　100720
网　　址　http://www.csspw.cn
发 行 部　010-84083685
门 市 部　010-84029450
经　　销　新华书店及其他书店

印刷装订　北京市兴怀印刷厂
版　　次　2016年1月第1版
印　　次　2016年1月第1次印刷

开　　本　710×1000　1/16
印　　张　14.25
插　　页　2
字　　数　234千字
定　　价　58.00元

# 目　录

导言 …………………………………………………………………………（1）
第一章　开展研究的社会背景和问题意识 ……………………………（5）
　第一节　当代社会稳定、社会控制问题的凸显 ………………………（5）
　第二节　国内社会稳定、社会控制的现状和问题 ……………………（7）
　　一　国内社会稳定的现状和问题 ……………………………………（7）
　　二　国内社会控制的现状和问题 ……………………………………（14）
　第三节　边疆民族地区社会稳定的现状和问题 ………………………（18）
　　一　边疆民族地区社会稳定的现状 …………………………………（18）
　　二　边疆民族地区社会稳定面临的问题 ……………………………（21）
　第四节　边疆民族地区社会控制的现状和问题 ………………………（25）
　　一　边疆民族地区社会控制的现状 …………………………………（25）
　　二　边疆民族地区社会控制面临的问题 ……………………………（29）
第二章　"社会稳定""社会控制"概念分析 ……………………………（33）
　第一节　社会稳定的概念和特征 ………………………………………（33）
　　一　社会稳定概念的界定 ……………………………………………（33）
　　二　社会稳定的特征 …………………………………………………（35）
　第二节　社会控制的概念和机制 ………………………………………（37）
　　一　社会控制概念的界定 ……………………………………………（37）
　　二　社会控制机制 ……………………………………………………（40）
第三章　边疆社会的正式控制与非正式控制 …………………………（45）
　第一节　边疆社会正式控制的历史沿革 ………………………………（45）
　　一　边疆社会正式控制的内涵 ………………………………………（45）
　　二　古代国家对边疆社会的正式控制 ………………………………（46）
　　三　近代国家对边疆社会的正式控制 ………………………………（51）
　　四　中华人民共和国对边疆社会的正式控制 ………………………（53）

第二节 边疆社会非正式控制的主要因素 …………………………… (55)
一 边疆社会非正式控制的内涵和形式 …………………………… (55)
二 边疆社会非正式控制因素的本质 ……………………………… (58)
三 边疆社会非正式控制因素的秩序构建功能 …………………… (61)
第三节 边疆社会非正式控制与正式控制的关系 ………………… (64)
一 边疆社会正式控制的功能分析 ………………………………… (65)
二 边疆社会非正式控制的功能分析 ……………………………… (68)
三 边疆社会正式控制与非正式控制的互补 ……………………… (69)
**第四章 民族伦理控制与边疆社会控制 …………………………… (74)**
第一节 民族伦理控制的概念和主要内容 ………………………… (74)
一 民族伦理控制的概念 …………………………………………… (74)
二 民族伦理控制的主要内容 ……………………………………… (78)
第二节 民族伦理控制的主要途径和特征 ………………………… (81)
一 民族伦理控制的主要途径 ……………………………………… (81)
二 民族伦理控制的主要特征 ……………………………………… (84)
第三节 民族伦理控制在边疆社会控制体系中的地位 …………… (86)
一 民族伦理控制是边疆民族社会正式控制的必要补充 ……… (86)
二 民族伦理控制是边疆民族社会非正式控制体系的基础 …… (88)
**第五章 民族习惯法与边疆社会的伦理控制 ……………………… (90)**
第一节 民族习惯法的概念和主要特点 …………………………… (90)
一 民族习惯法的概念 ……………………………………………… (90)
二 民族习惯法的主要特点 ………………………………………… (96)
第二节 民族习惯法与社会控制 …………………………………… (98)
一 民族习惯法的社会控制作用 …………………………………… (99)
二 民族习惯法的社会控制范围 ………………………………… (103)
第三节 民族习惯法中的伦理因素 ……………………………… (107)
一 生命伦理因素 ………………………………………………… (107)
二 生态伦理因素 ………………………………………………… (109)
三 婚姻、家庭伦理因素 ………………………………………… (111)
四 公共伦理因素 ………………………………………………… (114)
第四节 民族习惯法的伦理控制机制 …………………………… (115)
一 民族习惯法实现伦理控制的载体 …………………………… (115)

二　民族习惯法实现伦理控制的方式 …………………………（118）
第六章　民族宗教与边疆社会的伦理控制 ………………………（121）
第一节　民族宗教的概念和主要特点 ……………………………（121）
一　民族宗教的概念 ………………………………………………（121）
二　民族宗教的主要特点 …………………………………………（124）
第二节　民族宗教与社会控制 ……………………………………（126）
一　民族宗教的社会控制作用 ……………………………………（126）
二　民族宗教的社会控制范围 ……………………………………（133）
第三节　民族宗教中的伦理因素 …………………………………（135）
一　生命伦理因素 …………………………………………………（136）
二　生态伦理因素 …………………………………………………（139）
三　社会伦理因素 …………………………………………………（141）
第四节　民族宗教的伦理控制机制 ………………………………（142）
一　民族宗教实现伦理控制的载体 ………………………………（143）
二　民族宗教实现伦理控制的方式 ………………………………（146）
第七章　民族教育与边疆社会的伦理控制 ………………………（152）
第一节　民族教育的概念和主要特点 ……………………………（152）
一　民族教育的概念 ………………………………………………（152）
二　民族教育的主要特点 …………………………………………（155）
第二节　民族教育与社会控制 ……………………………………（158）
一　民族教育的社会控制作用 ……………………………………（158）
二　民族教育的社会控制范围 ……………………………………（160）
第三节　民族教育中的伦理因素及其控制机制 …………………（163）
一　生态伦理因素 …………………………………………………（163）
二　生命伦理因素 …………………………………………………（169）
三　礼制伦理因素 …………………………………………………（171）
四　交际伦理因素 …………………………………………………（175）
五　族际伦理因素 …………………………………………………（177）
六　政治伦理因素 …………………………………………………（182）
第八章　边疆社会现代非正式控制体系的构建 …………………（186）
第一节　构建边疆社会现代非正式控制体系的依据 ……………（186）
第二节　民族习惯法与现代边疆社会控制 ………………………（194）

第三节 民族宗教与现代边疆社会控制 ……………………………… (200)
第四节 民族教育与现代边疆社会控制 ……………………………… (208)
**参考文献** ………………………………………………………………… (215)
**后记** ……………………………………………………………………… (219)

# 导　言

社会稳定与和谐是国家富强、民族振兴、人民幸福的基本前提和重要保证。

2004 年 9 月，党的十六届四中全会审议通过了《中共中央关于加强党的执政能力建设的决定》，首次完整地提出“构建社会主义和谐社会”的概念，并将其列为中国共产党全面提高执政能力的五大任务之一。2005 年 2 月，胡锦涛同志发表重要讲话，进一步对构建社会主义和谐社会的重大意义、基本特征、重要原则和主要工作等作了全面、系统的阐述。2006 年 10 月，党的十六届六中全会审议通过了《中共中央关于构建社会主义和谐社会若干重大问题的决定》，在全面分析当前形势的基础上，研究了构建社会主义和谐社会的一系列重大问题，提出了到 2020 年构建社会主义和谐社会的目标和主要任务。党中央提出构建社会主义和谐社会，体现了全党、全国各族人民的共同愿望，深得党心民心。构建社会主义和谐社会，既是党从中国特色社会主义事业总体布局和全面建设小康社会全局出发提出的重大战略任务，也是建设富强、民主、文明、和谐的社会主义现代化国家的内在要求。

社会稳定是社会和谐的基础和前提，全面准确地理解和谐社会的基本特征及重要原则，重要的一条就是要充分认识维护和保持社会安定有序的重要意义。

党的十六届六中全会在研究构建社会主义和谐社会若干重大问题的时候，就充分认识到了化解各种社会矛盾、维护社会稳定的重要性。全会认为，我国目前的社会总体上是和谐的，但也存在不少影响社会和谐的矛盾和问题；人类社会总是在矛盾运动中发展进步的，构建社会主义和谐社会是一个不断化解社会矛盾的持续过程；我们要始终保持清醒的头脑，居安思危，深刻认识我国社会发展的阶段性特征，科学分析影响社会和谐的矛盾、问题及其产生的原因，要更加积极主动地正视矛盾、化解矛盾，最大限度地增加和谐因素，最大限度地减少不和谐因素，不断促进社会和谐。

对于中国的改革、发展与稳定的关系问题，邓小平同志曾多次强调："中国要摆脱贫困，实现四个现代化，最关键的问题是需要稳定"；"中国的问题，压倒一切的是需要稳定。没有稳定的环境，什么都搞不成，已经取得的成果也会失掉"，"中国一定要坚持改革开放，这是解决中国问题的希望。但是要改革，就一定要有稳定的政治环境"①。改革开放和全面协调可持续发展，无疑是为了实现社会和谐，但其前提和基础是社会稳定，没有稳定，构建社会主义和谐社会就无从谈起。从这个意义上说，构建和谐社会需要做很多方面的工作，而维护社会稳定，保持社会安定有序，就是最重要的工作、最大的政治。因此，习近平同志在2014年中央政法工作会议上强调："维护社会大局稳定是政法工作的基本任务"，"要把维护社会大局稳定作为基本任务，把促进社会公平正义作为核心价值追求，把保障人民安居乐业作为根本目标，坚持严格执法公正司法，积极深化改革，加强和改进政法工作，维护人民群众切身利益，为实现'两个一百年'奋斗目标、实现中华民族伟大复兴的中国梦提供有力保障。"②

边疆地区的社会稳定，不仅是国家社会稳定的重要组成部分，而且对全国的社会稳定和国家统一举足轻重。西部边疆既是我国民族成分、宗教信仰和文化形态最为复杂多样的地区，也是经济发展和社会发育程度总体上滞后、转型期各种社会矛盾和不安定因素急剧增加特别突出的地区，同时还是中国对外开放的前沿、国际分裂势力图谋分化中国的首选目标，以及国家政治意识形态控制力相对薄弱的地区。因此，研究和探索西部边疆地区的社会稳定问题具有特别重大的现实意义。

社会稳定是通过有效的社会控制机制来实现的，而社会控制又可分为正式控制和非正式控制（或他律性控制和自律性控制等）。从多民族国家角度看，民族伦理控制、民族习惯法控制、民族宗教控制、民族教育控制就属于典型的非正式控制（或自律性控制）方式。在社会交往环境相对

① 《邓小平文选》第3卷，人民出版社1993年版，第348、284页。

② 习近平：《习近平谈治国理政》，外文出版社2014年版，第147页。"两个一百年"，指在中国共产党成立一百周年时全面建成小康社会，在中华人民共和国成立一百周年时建成富强、民主、文明、和谐的社会主义现代化国家。

封闭、社会正式控制的影响力相对薄弱的西部边疆地区，长期以来，正是民族民间自发形成的非正式控制方式对当地社会的稳定产生了重要的影响，起到了国家正式控制难以完全替代的作用。民族伦理是民族社会整个非正式控制系统赖以形成的基础，它在其中起价值导向（定向）的决定作用。因此，从民族伦理控制的角度研究边疆社会的稳定问题，对构建和完善与时代要求和国家正式控制相适应、相协调的边疆社会现代非正式控制体系是十分必要的。

在研究边疆社会非正式控制相关问题的过程中，我们形成了以下基本观点。

其一，西部边疆地区在建设和谐社会的过程中，要更加重视社会稳定这一基础和前提。

其二，在利益主体多元化、民族意识增强、民族文化多样并存的当代，如何看待和处理边疆社会正式控制和非正式控制的关系，是直接关系转型期中国社会稳定和国家统一的重大现实问题。

其三，在环境相对封闭、国家正式控制的影响力相对薄弱的西部边疆地区，民族伦理作为民族社会的一种典型的内源性社会控制方式，长期以来一直在地区社会稳定中发挥极为重要的自律性控制作用，其作用的机制和特点值得分析和总结，其历史经验值得重视和借鉴。

其四，在边疆社会非正式控制（自律性控制）体系中，民族伦理控制是民族习惯法控制、民族宗教控制、民族教育控制发挥作用的价值基础、制导因素，而民族习惯法控制、民族宗教控制、民族教育控制则是民族伦理控制发挥作用的主要途径和实现机制，考察民族伦理控制与民族习惯法、民族宗教、民族教育控制的关系，总结其中的历史经验，有利于边疆社会现代非正式控制体系的构建。

其五，云南既是国内民族成分最多、文化多样性最突出的边疆省份，也是各民族长期和谐共处、社会稳定发展的典型地区，而以民族伦理为核心的地方非正式控制就在其中发挥了重要的调节作用。因此，以云南边疆社会非正式控制体系及其运行机制为典型案例，揭示民族伦理控制与民族习惯法控制、民族宗教控制、民族教育控制的内在关系，分析和总结其中的规律和特点，对构建和完善多民族边疆地区社会稳定的现代非正式控制体系是有重要启示意义的。

本书就将从当代社会背景、边疆社会稳定和社会控制的现状及问题出发，在上述观点指导下，围绕民族伦理控制这一中心线索，展开边疆社会非正式控制体系及其运行机制问题的历史考察和理论分析，进而对边疆社会现代非正式控制体系的构建和完善问题进行尝试性的理论探索。

必须说明的是，本书是在不包括那些明显具有反国家、反社会性质的异质性社会控制的意义上使用“边疆社会非正式控制”这个概念的。

# 第一章　开展研究的社会背景和问题意识

任何研究都必须有明确的问题意识和问题指向。我们的问题意识，源于交往全球化、社会现代化、经济市场化背景下边疆民族地区社会稳定、社会控制问题的凸显，源于转型期边疆社会控制中现代法律制度推行与民族传统习俗继承的复杂关系。我们的问题指向，是在分析和总结民族民间自发形成的非正式控制与国家正式控制的历史关系和经验的基础上，揭示民族民间非正式控制系统的内在结构和运行机制，探讨民族民间的非正式控制在转型期边疆民族地区社会控制体系建设中的地位和继续发挥作用的主要方式。

这里，首先说明我们开展这项研究的社会背景和我们的问题意识。

## 第一节　当代社会稳定、社会控制问题的凸显

根据历史唯物主义的观点，社会是在生产力和生产关系、经济基础和上层建筑的矛盾运动中存在、变化和发展的，因而社会才呈现为历史。矛盾就是两个或更多既相异又相关因素之间的对立和统一。在社会历史方面，对立即社会冲突，统一即社会稳定。社会稳定和社会冲突是相对而言、相互依存的。任何社会，社会的任何历史阶段，都不可能仅有社会冲突而无局部的社会稳定，或仅有社会稳定而无局部的社会冲突。从这个意义上说，社会冲突也是社会结合的一种形式和社会整合的一个过程。

德国社会学家、思想家、政治家达伦多夫认为，冲突是一种“有明显抵触的社会力量之间的争夺、竞争、争执和紧张状态”①。美国社会学家L. 科塞认为：“社会冲突是社会群体之间由于利益或价值对立而发生

① ［美］乔纳森·特纳：《社会学理论的结构》，邱泽奇译，华夏出版社 1987 年版，第211 页。

的对抗。”① 由他们的论述可知，社会冲突是指社会主体之间由于利益分歧而导致需要和观念差异引起的相互对抗的社会互动行为。社会冲突有经济冲突、政治冲突、文化冲突、思想观念冲突等多种形式。社会冲突的主体也形形色色，既有个人与社会的冲突，也有不同社会群体（如阶层、阶级、团体、民族等）之间的冲突。值得注意的是：首先，社会冲突尽管存在于多种多样和多层次的社会关系之中，并且有多种表现形式，但利益关系始终是最根本的社会关系，因此社会冲突的核心内容是利益问题，本质是利益的差别、矛盾和对抗；其次，对抗有形式、范围和程度上的不同，不能把对抗简单地理解为暴力相向。

社会矛盾、社会冲突贯穿于社会历史的全过程，但它们在历史上的任何时期都没有现当代这么深刻而复杂。原因在于，自“世界历史”形成以来，世界上任何一个国家、任何一个地区、任何一个民族、任何一个群体，都毫无例外地被卷入了交往全球化、社会现代化、经济市场化的洪流之中，因而不同国家、地区、民族、社群之间以利益为核心的经济、政治、文化、观念的“一体化”与“多元化”、“传统”与“现代”的矛盾也表现得异常突出。

一般而言，欠发达的国家和地区，尤其是欠发达国家、地区中发展更为滞后的民族，他们多半是在“世界历史”背景下被交往全球化的洪流卷进社会现代化的生存竞争之中的，并且，作为弱势一方，现代化竞争的种种规则对他们而言基本上是“预设”的，他们无力左右这些竞争规则，因而只能被动地适应。这就意味着，如果说在“世界历史”尚未形成，各民族社会文化的发展还相对独立，族际交往的范围、频率和程度还相对狭小、低缓、浅表的条件下，各个国家和地区、各个民族具有地域性、民族性特点的制度、习俗还能够在各民族社会进步的过程中起主导作用的话，那么，在“世界历史”形成、交往全球化的现当代，则是社会的现代性、文化的世界性在各民族社会文化进步的过程中起着势不可当的支配作用。面对交往全球化带来的现代化竞争，面对现代化提出的开放化、民主化、法制化、市场化、专业化、产业化、知识化、流动化等“一体化”要求，为了在激烈的生存竞争中立足，欠发达的国家、地区和民族就只能

① ［美］L. 科塞等：《社会学导论》，杨心恒译，南开大学出版社1990年版，第589页。

从根本上改变因袭成风、分散自给、封闭自足、悠然自得的传统生产生活方式，培养和增强开放意识、法制意识、商品意识、竞争意识、效率意识、质量意识、品牌意识、服务意识和教育意识，从“实用工具理性”出发整体地重塑自己的民族文化。这种由时代巨大差异引起的角色意识和思想观念的嬗变，就集中表现为欠发达国家、地区和民族必须“跨越式”地超常规完成从封闭向开放、从传统向现代的社会转型。

处在现代转型期的社会，“一方面，凡是做出了自身结构调整的地方，人民的生活条件恶化、社会不稳定性增加”；“另一方面，凡是拒绝满足其‘全球化’要求的国家，则被忽视而处于世界体系的边缘地带，从而最终被驱逐出国际圈”①。现代化是一个社会的整体性变迁过程，涉及社会生活的一切领域和所有的社会群体，“是人类历史上最剧烈、最深远并且显然是不可避免的一场社会变革”②。种种错综复杂的社会矛盾和混乱无序的社会现象总是与转型期的社会结伴而行，因此，处在全球化、现代化、市场化转型期的欠发达国家、地区和民族的社会稳定、社会控制问题就会异常突出和尖锐。

## 第二节　国内社会稳定、社会控制的现状和问题

### 一　国内社会稳定的现状和问题

从发展阶段来说，社会稳定可以分为传统型社会稳定和现代型社会稳定两极。传统型社会稳定是对具有同质性特征的传统社会的考察，它以宗法等级等非理性的社会设置为基础；现代型社会稳定是对具有异质性特征的现代社会的考察，这种稳定类型以法治为基础。目前，我国正处于由传统社会向现代社会变迁的转型期，社会阶层、群体利益正处于不断的分化中，其中孕育着大量的不稳定因素，这种类型的社会稳定可以称为转型期社会稳定。

---

① 王列、杨雪冬编译：《全球化与世界》，中央编译出版社 1998 年版，第 13—14 页。

② ［美］吉尔伯特·罗兹曼：《中国的现代化》，国家社会科学基金“比较现代化”课题组译，江苏人民出版社 2003 年版，第 3 页。

（一）国内社会稳定的现状

不同的学者根据自己的研究需要，可以从不同的视角对社会稳定进行分类。这里，我们侧重从经济、政治、思想文化等角度来考察我国当前社会稳定的现状。

1. 经济快速发展，为社会稳定营造了良好的经济环境

社会主义市场经济体制的建立，为我国经济的持续、健康发展提供了有利的宏观背景。自改革开放以来，经过全国人民的奋斗，我国已基本实现了“三步走”战略的前两步。《2015 年国务院政府工作报告》显示，2014 年全国的 GDP 增加到 63.6 万亿元。而 1978 年的 GDP 仅 3624 亿元。持续快速发展的经济，有利于我国社会稳定局面的形成。

农村居民人均纯收入由 2010 年的 5919 元提高到 2012 年的 7916 元。工资性收入持续较快增长，家庭经营纯收入平稳较快增长，转移性收入特别是政策性转移收入快速增长，财产性收入稳定增长。2012 年，农村居民人均生活消费支出 5908 元，比 2010 年增加 1527 元，农村居民生活水平稳步提高。“十一五”期间，各地区农村居民生活普遍改善，东、中、西部地区农村居民消费差距有所缩小。2010 年，东部地区农村居民人均生活消费支出 5414 元，比 2005 年增加 2157 元；中部地区农村居民人均生活消费支出 4041 元，比 2005 年增加 1727 元；西部地区农村居民人均生活消费支出 3461 元，比 2005 年增加 1528 元。2010 年东、中、西部消费比（西部地区 =1）为 1.34∶1.17∶1，比 2005 年的 1.69∶1.20∶1 有所缩小。①

2012 年全国城镇居民人均可支配收入达到 24564 元，工资性收入、转移性收入、经营净收入和财产性收入等各分项收入均保持快速增长。在收入快速增长的同时，城镇居民收入渠道逐步趋向多元化，收入结构继续优化。“十一五”时期，作为城镇居民收入主体的工资性收入占总收入的比重逐年下降，由 2005 年的 68.9% 下降到 2010 年的 65.2%，下降 3.7 个百分点；而经营净收入和财产性收入占总收入的比重则有所上升，2010 年经营净收入占 8.1%，财产性收入占 2.5%，分别比 2005 年上升 2.1 个和 0.8 个百分点。另外，由于政府转移支付力度的加大，转移性收入占总

① 国家统计局：《农村居民收入增速加快，生活水平明显提高》，2011 年 3 月 7 日，http：//www.gov.cn。

收入的比重也略有上升，2010 年为 24.2%，比 2005 年上升 0.8 个百分点。国家坚持实施推进西部大开发，振兴东北地区老工业基地，促进中部地区崛起，鼓励东部地区率先发展的区域发展总体战略，有效带动了各地区居民收入的协调增长，一定程度上缩小了地区间的收入差距。从各地区城镇居民收入情况看，2010 年东部、中部、西部和东北地区城镇居民人均可支配收入分别为 32472 元、22736 元、22710 元，城镇居民人均可支配收入增长率分别为 9.6%、9.9%、10.2%，西部地区的增长领先于东部和中部地区，与东部地区和其他地区间的收入差距在逐步缩小。①

2. 执政能力逐渐增强，政局持续稳定

江泽民同志曾在建党 80 周年大会上表示："在我们这样一个多民族的发展中大国，要把十二亿多人的力量凝聚起来，向着社会主义现代化的目标前进，必须有中国共产党的坚强领导。否则，就会成为一盘散沙，四分五裂，不仅现代化实现不了，而且必然陷入混乱的深渊。"② 自改革开放以来，我国一直坚持中国共产党的领导，从而保证了政局的稳定。

中国共产党坚持实事求是的思想路线，首先从难度较小、见效较明显的农村开始改革，并一举取得成功。我国的稳定，首要的是农村和农民的稳定，农村改革的成功，为我国的社会稳定奠定了扎实的基础。在农村改革成功的基础上，中国共产党领导全国人民将改革推向城市。这种由易到难、由局部到整体的改革模式，降低了发生社会动荡的风险，有力地维护了社会的稳定。

3. 思想文化建设持续开展，社会情绪总体稳定

继江泽民同志提出"三个代表"重要思想以后，以胡锦涛同志为代表的党中央提出了以人为本、全面、协调、可持续的科学发展观与和谐社会的执政理念。这些战略思想的提出，使党的执政地位进一步得到巩固，形成一个长期持续稳定的政治局面。各级政府认真贯彻落实党的路线、方针和政策，坚持正确的政治方向，不断加大物质和精神文明建设力度，思想道德文化建设持续开展。虽然在个别地区出现了一些群体性事件，但都

---

① 国家统计局：《全国城镇居民收支持续增长，生活质量显著改善》，2011 年 3 月 8 日，http：//www. china. com. cn。

② 江泽民：《在庆祝中国共产党成立八十周年大会上的讲话》，2001 年 7 月 1 日，http：//news. xinhuanet. com。

属于人民内部矛盾，社会情绪总体稳定。

4. 社会保障体系建设逐步推进，为社会稳定奠定了基础

社会保障包括养老保险、医疗保险、社会救助、住房保障、失业保险、工伤保险、军人保险、教育福利制度等方面。从总体上看，我国社会保障制度取得了巨大的成就，在观念上，我们从单纯依赖国家过渡到个人、集体和国家责任分担；不断引进国外的先进制度，并逐渐使其中国化，如基本养老金模式、住房公积金制度等；出台了大量的法律规范或规范性政策文件，如《工伤保险条例》《中华人民共和国妇女权益保障法》等。总之，随着我国社会保障制度的逐步完善，越来越多的公民受惠于社会保障制度。根据《2014 年度人力资源和社会保障事业发展统计公报》的统计，2014 年年末，我国养老保险参加人数为 84232 万人，比 2013 年年末增加 2263 万人。全年基本养老保险基金支出 23326 亿元，比上年增长 17.7%。年末基本养老保险基金累计结存 35645 亿元。全年城镇职工基本养老保险基金总收入 25310 亿元，比上年增长 11.6%，其中征缴收入 20434 亿元，比上年增长 9.7%。各级财政补贴基本养老保险基金 3548 亿元。全年基金总支出 21755 亿元，比上年增长 17.8%。年末城镇职工基本养老保险基金累计结存 31800 亿元。2014 年年末全国参加城镇基本医疗保险人数为 59747 万人，比上年年末增加 2674 万人。2014 年，全国参加失业保险人数为 17043 万人，比 2013 年年末增加 626 万人。其中，参加失业保险的农民工人数为 4071 万人，比上年年末增加 331 万人。年末全国领取失业保险金人数为 207 万人，比上年年末增加 10 万人。① 这些工作的稳步推进，为我国社会稳定奠定了较为扎实的基础。

（二）国内社会稳定面临的问题

我国经济一直保持较高的发展速度，中国共产党的执政能力不断增强，思想文化建设富有成效，社会保障体系建设逐步推行，这些都为我国社会稳定奠定了良好的基础。但是，就影响我国社会稳定的国内因素来看，新旧体制间的矛盾、收入差距、腐败问题、就业问题和金字塔形的社会结构等，都在不同程度上对我国的社会稳定构成直接或潜在的威胁。

---

① 中华人民共和国人力资源和社会保障部，2015 年 5 月 28 日，http://www.mohrss.gov.cn。

1. 新旧经济体制间的矛盾、收入差距等可能危及社会稳定

改革开放以来，社会主义市场经济体制的建立极大地激发了我国的经济活力，并因此取得了举世瞩目的经济成就。然而，由于我国正处于传统社会向现代社会的转型时期（转型期社会），传统的计划经济体制仍然有一些消极影响；新的社会主义市场经济体制还处于摸索中，因而存在这样那样的缺陷和问题。就前者来说，部门垄断、行业垄断在部分地区、在一定程度上仍然存在；就后者来说，经济秩序混乱的问题在某种程度上仍然存在，甚至还出现了假冒伪劣盛行、社会诚信缺乏的情况。

实行社会主义市场经济体制以后，虽然我国的经济发展水平有了大幅度的提高，农村和城镇居民收入不断增加，但居民收入差距却持续拉大（见图1－1）。

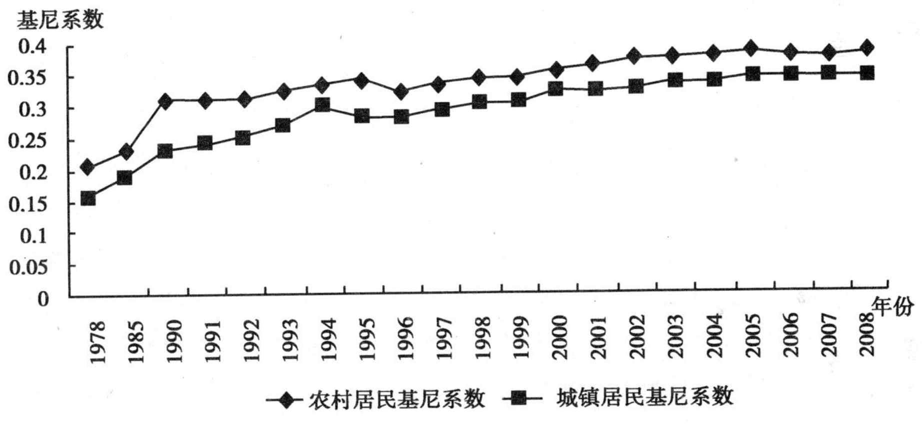


**图1－1　改革开放以来我国城乡居民收入差距的变化**①

由图1－1可以看出，我国基尼系数在持续升高，表明我国经济飞速发展，财富这块“蛋糕”的体量越做越大，但是，分配不公的问题日益严重。目前，我国的基尼系数还在以每年0.1的速度递增。邓小平同志曾敏锐地指出：“中国发展到一定程度后，一定要考虑分配问题”，“少数人获得那么多财富，大多数人没有，这样发展下去总有一天会出问题。分配不公，会导致两极分化，到一定时候问题就出来。这个问题要解决，过去

① 张义博、付明卫：《市场化改革对居民收入差距的影响：基于社会阶层视角的分析》，《世界经济》2011年第3期。

我们讲先发展起来。现在看，发展起来以后的问题不比不发展时少。”① 收入差距如果得不到有效的控制和妥善解决，就蕴含着社会危机。

此外，正如法国历史学家、社会学家托克维尔所揭示的那样，不少研究者也以充分的研究证明了发展会带来不稳定。例如，美国社会学家戴维斯的“J 曲线理论”②、美国经济学家赫西曼的“隧道理论”③、英国社会学家朗西曼的“ABX 理论”④ 等，都对经济高增长期为什么会发生高社会风险的问题作出了解释。就目前来说，全球正处于金融危机时期，经济增长缺乏后劲；我国出口减少，内需乏力。如果我国经济在高增长之后出现滑坡，很可能会危及社会稳定。

2. 腐败问题、权力集中下的个人专断问题将危及社会稳定

目前，我国的腐败问题涉及行政、司法、医疗、教育、学术等多个领域，虽然相关部门进行了严厉的打击，也出台了不少相应的预防和惩治的法律法规和行政措施，但是，腐败分子越来越多，案值越来越大，官职越来越高，似乎有愈演愈烈之势。据公开统计资料，十八大之前的 63 年内，落马的省部级高官为 145 人，平均每年有 2. 3 人。十八大之后的两年多时间内，落马的省部级高官达 68 人，平均每年有 34 人。从十八大到 2015 年 7 月底，共有 116 位省部级及以上官员落马。虽然各级纪委查办了很多腐败案件，但是，防腐、反腐依然形势严峻。2014 年 11 月 3 日，王岐山在《人民日报》发表题为《反腐败是一场输不起的斗争》的文章，称反腐败是一场输不起的斗争，中国共产党进行的反腐败斗争有立场、有目标、有重点，立场就是坚持有腐必反、有贪必肃，“老虎”“苍蝇”一起打，以零容忍态

① 《邓小平文选》第 3 卷，人民出版社 1993 年版，第 374 页。

② “J 曲线理论”是一种描述革命为何发生的理论。戴维斯认为，贫穷本身并不足以引发革命，革命发生的一个前提条件是对未来更好生活的憧憬。如果现实生活和期待之间的差距太大，那必定会导致人们心中的挫折感增加，而挫折感增加会带来敌意和攻击行为的增多，而后引发革命；从历史的角度来看，革命是一种相对现代的现象。他的论断支持了 20 世纪五六十年代的现代化理论：革命不会发生在那些非常落后或非常先进的地区，而只会发生在处于现代化过程中的国家。

③ “隧道理论”，主要指一个人的满意度既受到现在收入的影响，也受到他对未来期望的影响。当一个人的朋友、亲戚、熟人的收入开始增加了，他就会产生期望，而如果别人的收入总是在增加，而自己的收入总不能增加，他就会感到不公正，甚至就会采取违规行为。

④ 该理论认为，是否产生剥夺感和不满情绪，在很大程度上并不在于资源自身的状况及其分布，而是取决于一个人或群体的主观期望。

度惩治腐败；目标任务就是保持高压态势，遏制腐败蔓延势头。

改革开放以来，我国的民主政治建设取得了一些成就，然而，相对于经济体制改革来说，政治体制改革仍有待加快步伐。目前，在某些领域和某些地区，领导者个人专权现象已成为广大人民群众意见很大的问题之一。这主要是由于民主决策、集体领导等民主集中制原则没有得到切实贯彻和有效监督保障而造成权力过分集中所致。我国是社会主义国家，人民是国家的主人，是权力的授予者。2005 年 1 月，胡锦涛同志在新时期保持共产党员先进性专题报告会上，特别强调了“树立和实践正确的权力观的问题”。目前的挑战是权力过于集中，监督不够有力，不利于形成向人民负责的责任意识和监管机制。这种状况如果不扭转，权力集中下的个人专断现象及其连锁反应，将会危及社会的稳定。

3. 健康、正确的信仰缺失将影响社会长治久安

改革开放以来，我国在坚持以经济建设为中心的同时，大力加强社会主义思想道德建设，并取得了一定成绩；但是，健康、正确的信仰缺失在一定程度上仍然是一个带有普遍性的社会问题，加强社会主义思想道德建设，构建社会主义核心价值体系并使之内化为全民共同奉行的信仰、信念，仍然是摆在我们面前的一项紧迫而艰巨的任务。

首先，利益驱动机制的负面效应逐渐显现。30 多年来，我国经济的迅速发展令全球瞩目，原因就在于利益驱动机制在其中起了重要作用。这种驱动机制激活了人们致富的愿望，与此同时，它也导致拜金主义日益盛行。《法制日报》于 2011 年 5 月 27 日发表了《公安部介绍当前伪劣商品形势：无处不假，无货不假》的报道，报道表明，部分社会成员为获取个人利益而不择手段，长此以往，将使民众丧失安全感。

其次，转型期导致价值观念多元化。我国正处于由传统社会向现代社会的转型时期，这种转型也使人们的思想处于相对困惑和不确定的变化中，价值观念趋向多元化，个人主义、功利主义、享乐主义和无政府主义在一定范围内盛行，如果不及时将其向健康信仰的轨道上引导，就将从根本上危及社会的长治久安。

4. 金字塔形的社会结构是我国产生社会冲突的结构性根源

成熟的现代社会的社会分层结构大多属于橄榄形或纺锤形结构，即拥有最多资源的上层和拥有最少资源的下层的阶层规模都较小，绝大多数社会成员属于中间阶层，这种社会结构有利于社会稳定。相反，在金字塔形

社会结构中，少数人居于社会上层，占有社会多数资源，大多数人处于社会底层，占有较少社会资源，整个社会贫富差距大，导致多数人希望通过社会变动来改变自己的处境。透过我国社会学界对我国社会流动、社会分层等焦点问题长期调查研究的成果，我们可以了解到，2003 年前后我国的社会结构曾呈现过橄榄形迹象，但是，随后的高房价将中间阶层“绑架”，失地农民日益增多等社会问题的出现，又导致橄榄形社会结构昙花一现。金字塔形的社会结构是我国未来产生社会冲突的结构性根源，如果处理不好，将会导致社会断裂，不利于社会稳定。

5. 失业问题随时可能给社会稳定造成冲击

失业是世界各国都高度警惕的一种现象，在我国经济进入持续较快增长的同时，失业也成了我国在较长时期内不得不面对的一个难题。劳动力供求总量矛盾和就业结构性矛盾同时存在，对那些素质低下的劳动者而言，失业将可能成为他们生活的一种常态。30 多年来，我国经济虽然一直高速增长，但不可能提供如此多的就业岗位，何况这种高投入、高消耗的增长方式是不可持续的。此外，大学生毕业即失业的现象有扩大的趋势，向上流动的通道日益狭窄，这种现象累积到若干年后，也势必会危及社会的稳定。

## 二 国内社会控制的现状和问题

社会控制是社会存在和发展的必要条件，是社会秩序稳定的基本保障。为保证社会良性运行，任何国家都必须对社会实施有效的控制。社会学意义上的社会控制，是社会组织利用社会规范对社会成员的社会行为实施约束以维护社会秩序，从而保障社会良性运行与协调发展的过程。

在经历改革开放 30 余年之后，我国社会进入了社会转型最剧烈、最深刻的阶段，社会各个要素之间的关系千丝万缕而且复杂多变，这要求社会控制必须与这一特定的历史发展阶段和时期相适应才能实现社会稳定与和谐。“差序格局” 和崇尚礼法的、封闭的传统农业社会迈向以城市为中心、讲理性原则而且高度异质性的现代开放社会，相应会带来一种新的风险即社会控制弱化。① 国家与社会分离，催生了相对于政府“第一部门”

① 蒋传光：《构建和谐社会与当代中国社会控制模式选择》，《上海师范大学学报》2006 年第 3 期。

和市场"第二部门"的"第三部门"即社会组织（或民间组织），由此，原来政府对社会的控制实现了由直接向间接的过渡，"大政府、小社会"的趋势得到进一步扭转，我国的社会控制体制也随着时代的发展变革而变化，并呈现出"全方位、立体式"社会控制的特点，但在相当长一段时期内，还会存在社会控制的二元性，即传统控制和现代控制模式并存。①

总体上看，目前我国的社会控制手段，不外乎有组织控制、制度控制和文化控制几类，并且以法律控制为核心，辅之以道德、舆论、社会风尚习俗等控制的具有中国特色的社会控制体系正在形成。

### （一）国内社会控制的现状

#### 1. 社会控制的总体状态

总体上看，我国转型期的社会控制模式正经历着五个转变，多维立体式的社会控制体系在逐步形成。②

第一个转变是由单一型向复合型转变。首先是在社会控制主体上，国家不再是唯一的控制主体，国家、社会组织和个人成为社会控制的共同主体，国家的宏观调控机制和法治机制、社会组织的自治机制和社会成员间的社会舆论、道德约束等共同承担着社会控制主体的功能；其次是社会控制手段由单一型向复合型转变，行政或政治手段不再是社会控制的唯一手段，而是法律、道德、风俗、宗教信仰、社会舆论等多股力量凝合在一起共同发挥作用；最后是社会控制方式上的复合化，由传统的单方面性、纵向垂直、自上而下的单线控制模式，转变为现代的分权模式与集中模式相结合、直接控制与间接控制相结合、垂直控制与横向控制相结合的现代控制方式。

第二个转变是社会控制的"社会"由封闭型向开放型转变。转型时期，社会不再像田园诗般的静谧，社会结构逐步变得松动、开放，社会分工日益精细化，社会流动性增强，异质性不断增加。

第三个转变是依附型向自主型转变，由原来依靠家长制、族长制和皇权制的被动依附型，向注重人性、强调自由的现代自主型转变。

第四个转变是人治向法治的转变，即人们越来越崇尚法理型权威而不

① 周明侠：《当代中国社会控制模式转型与对策》，《社会科学战线》2007 年第 1 期。

② 周明侠：《构建和谐社会的社会控制模式转型与社会控制手段选择》，《求索》2006 年第 12 期。

是魅力型和传统型权威，更为强调法律至上。

第五个转变是由单纯强调稳定向追求变动中的和谐转变，注重社会各个子系统之间互动的动中保稳、稳中求和，在稳定中求发展，以发展促稳定。

2. 正式控制的现状

正式控制是以国家、政党、政府、军队和检察、司法等机构作为载体进行的控制。在我国社会控制系统中，它是最强有力的社会控制方式。

我国目前的正式控制包括以下几个层面。

第一是制度（体制）控制。我国实行人民代表大会制度的根本政治制度、中国共产党领导下政治协商的基本政治制度，以及处理少数民族地区和关系方面的民族区域自治制度，实行以公有制为主体、多种所有制成分并存的经济制度，以按劳分配为主、多种分配方式并存的分配制度，并正在建立健全社会保障制度和社会主义核心价值体系引领的社会主义文化体制，这些制度（体制）涉及人们生活的各个方面，形成对社会成员的有效控制。

第二是法律、政策法规控制。法律出自于国家最高权力机关，它具有普遍性、可预见性和强制性的特点，是调整各种根本利益关系，实现国家职能，推动经济和社会发展的重要的、经常的和不可缺少的手段。国家法律法规、政策除确定一系列政治、经济制度，构建社会的宏观结构以外，还涉及私人领域，成为调解人们利益的依据，从根本上维系着社会的正常秩序。

3. 文化控制的现状

文化控制即通常所说的“软控制”，是与正式控制相对应的控制方式，其特征是非直接强制性、自觉性和广泛性，并主要通过伦理道德、宗教信仰、传统习俗、社会舆论等途径来实现社会控制。首先，传统的中国社会是以血缘宗法关系为本位的社会，中国人历来注重宗族、家族，宗法制度在中国古代社会占据着统治地位，它依靠人类社会中原始的自然血缘关系形成强大的社会纽带，维系着中国的传统社会结构，儒家“家国同构”和讲求礼节的伦理道德观念，支撑起社会成员对事物的善恶是非观念，形成每个人的内在控制机制；其次，宗教教义以及信仰也在深深影响社会成员的观念和行为。在我国，除了四大宗教之外，各少数民族还有自己的民族宗教，宗教伦理、教义或宗教信仰还在精神上控制、引导着社会成员，如信仰鬼神、拜祭祖先、民间禁忌以及各式各样的巫术，也在制约着人们的行为，从而达到维护当地社会秩序和社会稳定的目的。

4. 民间组织控制的现状

民间组织是社会转型背景之下国家与社会适度分离、公民社会发展的结果，是间于政府、市场之外的“第三股力量”。随着政府职能的进一步转变，民间组织也在组织社会成员中发挥重要作用，并成为社会控制的又一股主导力量。在我国，诸如老年协会、商会、基层自治组织以及以血缘为纽带的宗族组织等正呈现发展壮大的趋势，在维护成员利益、培育新型公民、促进政治民主化进程、为成员提供社会支持和促进社区建设等方面都具有重要的作用和影响。

（二）国内社会控制面临的问题

中国的社会转型还在继续，文化多元化、经济市场化、社会非集中化和社会成员的流动性在日益增强，新旧体制、观念“交替”，以及境内外敌对势力的蓄意破坏等，源自于制度转型引发的控制资源流失，导致控制主体控制力的降低、社会规范权威性降低、基层组织弱化以及非传统安全因素的出现，使新型社会控制体系的构建充满挑战。

就转型期我国社会控制体系的构建本身而言，主要存在以下两方面问题。

其一，对大量新涌现的社会行为偏差，现有的法律控制体系还没有形成针对性明确、措施完备、行之有效的法律控制手段。这表现在两个方面，一是大量的社会控制不是依靠法律，而是靠纪律、政策，因此法制建设仍任重道远；二是在有限的法律控制中，缺乏法治机制，在法律的背后仍然需要人治作基础，因此，经常会出现没有权威人士和领导的启动，法治就不能自动发挥作用。

其二，现行的不少社会控制手段不能及时适应改革发展新形势的要求。我国目前的社会控制体系偏重于保持稳定，缺乏发展取向。例如，我国现行的城乡二元分割的户籍制度，它是计划经济时代的产物，它的产生和发展离不开当时的社会背景，在中华人民共和国成立以后的很长一段时期，它的确起到了保持和促进社会稳定的作用；但在改革开放时期，城乡二元分割的户籍制度则已经成为社会发展的制度性障碍，严重阻碍了社会成员的合理流动，束缚了农村劳动力，使得广大农民享受不到社会发展成果，从而不利于社会公平的实现。

在社会剧烈变革、社会成员流动加快和利益分化加速的时代，我国的社会日益趋于复杂化、异质化、多元化，社会变动不居，社会矛盾、社会摩擦大幅度增加，旧的体制已被打破，旧的观念逐步被摒弃，而新的体制和观念尚未确立，尤其是在社会控制尚未触及或控制不到位的地方，原来指导人们行为的一些规范失效，已经不能有效地指导人们该做什么和不该做什么，在这种情况下，社会成员就会感到无所适从、手足无措，处于迷茫的状态，进而就会出现行为偏差。

社会转型冲击着社会稳定，由此会引发一系列问题。

一是对新凸显的社会犯罪问题控制乏力。尤其是青少年犯罪问题逐步上升，黑恶势力恃强凌弱，欺行霸市，危害百姓，造成极端恶劣的社会影响。

二是对社会病态问题控制不到位。如对不断滋生的卖淫嫖娼、淫秽物品大肆充斥、赌博成风、吸毒贩毒、拐卖妇女儿童、封建迷信活动死灰复燃、宗族势力凌驾于基层党组织之上等社会病态现象，还缺乏有效的遏制。

其他问题还表现在：人际关系功利化，人与人之间不再是同志式的亲密关系，不再有发自内心的情感交流，信任度极低，“温情脉脉的面纱”被揭开，人与人之间的关系变异为工具性较强的交往；享乐主义、实用主义、极端个人主义等不良风气导致社会心理严重失衡，集体道德底线直线下滑；腐败现象严重，利益分配极为不公平，公款吃喝、公款旅游等行为屡禁不止。

## 第三节　边疆民族地区社会稳定的现状和问题

改革开放以来，边疆民族地区的经济逐步发展，十年兴边富民行动取得了巨大成就。然而，经济全球化，边疆民族地区的全方位开放，又在相当程度上引发了我国 30 多个跨境民族的民族认同和国家认同的矛盾。此外，在经济发展水平上，我国边疆民族地区与东中部地区的差距越来越大，也对边疆地区的社会稳定产生了消极影响。

### 一　边疆民族地区社会稳定的现状

1998 年，国家民委推出“兴边富民行动”，将振兴边疆、富裕边民作为“行动”的出发点和归宿。在这一“行动”的带动下，边疆民族地区的社会呈现出了经济稳步发展、社会保障工作有序推进、各民族团结互助、各种宗教之间总体上和睦相处的状态。

（一）经济稳步发展

经济稳定，指经济结构中各个基本组成部分之间形成比较稳定的组合关系。边疆民族地区大部分属于西部地区，自实施西部大开发战略以来，通过国家支持、自身努力，西部地区城乡面貌有了很大改善，经济增长步伐明显加快，发展的质量和效益明显提高。由西北大学中国西部经济发展研究中心主编的《中国西部经济发展报告（2013）》显示：2013 年西部地区经济呈现小幅反弹式增长，在中国经济版图中所占的份额进一步提高；工业经济平稳增长，增速继续领跑全国。经过十几年的西部大开发，中国西部经济出现了长期高速增长，整个社会经济发展取得了巨大成就。西部社会经济的发展不仅表现为数量的增长，还更加突出地表现为质量的提高。主要体现在：经济增长效率持续上升，内需对经济的拉动逐步增强；产业结构调整不断优化，城乡差别逐步缩小；技术创新水平日趋提高，经济发展的可持续性不断增强；民生状况日益改善。报告显示，2012 年西部地区经济继续保持快速增长，全年共实现地区生产总值 113914. 64 亿元，净增加 12642 亿元，比上年增长 12. 48%，增速比上年下降 1. 55 个百分点，但仍分别比东部地区、中部地区快 3. 18 个和 1. 54 个百分点，比全国平均水平快 2. 16 个百分点；占全国 GDP 的比重达到了 19. 75%，与 2011 年相比提高了 0. 38 个百分点，与东部地区的经济落差进一步缩小；对中国经济增长的贡献率为 23. 44%，比上一年提高了 1 个百分点，为区域经济协调发展作出了贡献。①

（二）社会保障工作稳步推进

由于城乡二元经济社会结构的作用，边疆民族地区农村社区的社会保障长期以来实行家庭保障和土地保障，此外，先后实行了包括五保供养、特困救助、在乡老复员军人生活补助、带病回乡退伍军人生活补助、精简退职老职工救济和自然灾害救济等社会救济。从 2007 年开始，农村最低生活保障制度由试点地区扩大到全国农村，截至 2010 年年底，新型农村

① 姚慧琴、徐璋勇主编：《中国西部经济发展报告（2013）》，中国人民大学出版社 2013 年版。

合作医疗制度基本覆盖全国农村；边疆民族地区城市的社会保障工作与全国其他城市大致同步发展。这些社会保障工作的稳步推进，有利于边疆民族地区社会稳定。

（三）民族团结互助

“民族问题无小事”，因而，上自中央下至边疆民族地区各级地方政府始终将民族团结作为一项重中之重的工作来落实，围绕“共同团结奋斗，共同繁荣发展”的主题，制定落实了一系列民族优惠政策。民族团结观念深入人心，民族关系和谐融洽，社会各项事业全面快速发展，民族团结进步事业取得了巨大成就。

1. 中国共产党和各级政府一贯高度重视民族关系

随着社会交往的不断扩大和深入，各民族之间、地区之间、行业之间和个人之间的联系不断加强。同时，因风俗习惯、经济利益等原因引起的摩擦、误会也时有发生。对于这种人民内部矛盾，主要采取说服教育、民主协商和积极疏导的方法加以解决。涉及民族问题时，坚持马克思主义民族观，从有利于维护民族团结的原则出发，就事论事，不随便上纲上线到民族关系上。对于民族间发生的纠纷，冷静分析，耐心疏导，及时处置。属于刑事犯罪或民事纠纷的，不论出身哪个民族，都依法处置。尊重各民族的风俗习惯，坚决反对民族歧视，反对大民族主义和地方民族主义。对民族问题的复杂性和严重性，中国共产党历来高度重视，妥善处置。

2. 各级党委和政府高度重视民族团结

一是切实加强组织领导，为民族团结进步提供组织保证。定期分析民族工作的新情况、新问题，不断增强正确处理民族问题的能力，把影响民族团结和社会稳定的问题解决在当地、解决在萌芽状态。二是落实民族优惠政策，为促进共同繁荣发展提供政策支持。始终坚持把维护各族群众的切身利益当作落实党的民族政策、促进民族团结的首要任务。认真落实中央一系列特殊的、优惠的政策措施，加大对边疆民族地区财政转移的力度。

（四）不同宗教和睦相处

我国边疆民族地区有两大共同特点：一是民族多样性；二是宗教多样性。因此，宗教工作是党和国家民族工作的重要组成部分，在党和国家事业的发展中占有重要的位置。总体看来，边疆民族地区的各种宗教能够和睦相处、共同发展。

1. 狠抓宗教政策的落实

全面贯彻党的宗教信仰自由政策，巩固和扩大党领导的各民族宗教界的爱国统一战线，调动一切积极因素，加强与信教群众的联系，把他们的力量凝聚到建设有中国特色社会主义这个伟大事业上来。各级党委和政府高度重视民族宗教工作，全面贯彻落实宗教信仰政策，把依法管理宗教事务作为宗教工作的重中之重。积极引导宗教与社会主义相适应，不断加强党对宗教工作的领导，加强制度建设和宗教工作干部队伍建设，不断完善工作机制，巩固发展党同宗教界的统一战线，为改革、发展创造良好的社会环境。

2. 依法管理宗教事务

对宗教事务进行依法监督和管理是做好宗教工作的基础和保证。各级党委和政府大力宣传法规政策，特别是民族宗教部门在教区广泛宣传和贯彻党的各项方针政策、法律法规。通过宣传，党的方针政策（特别是宗教政策和法规）深入人心，信教群众自觉遵守各种规章制度，积极参加小康社会建设，教区各宗教总体上和睦相处、社会稳定。

## 二　边疆民族地区社会稳定面临的问题

近年来，边疆民族地区经济不断发展，民族团结互助，各宗教整体上和睦相处，但与此同时，边疆民族地区社会稳定也面临一些挑战：相对于东、中部地区来说，边疆民族地区的经济发展速度有待于进一步加快；地区之间的差距有待进一步缩小；须时刻警惕“泛伊斯兰主义”“泛突厥主义”等思想对我国边疆地区的影响；仍需正确处理少数民族（尤其是跨境民族）的民族认同和国家认同的关系；仍需发挥宗教在社会稳定方面的积极作用，防止其消极作用的产生，特别是要防止境外势力利用宗教从事渗透和颠覆活动等。

### （一）经济发展速度有待进一步加快

改革开放后，边疆民族地区的经济发展水平有了很大的提高。然而，由于历史的原因，其经济发展水平仍然比较落后，落后的格局仍未从根本上得到改观。主要表现为生产规模小、生产技术落后、工业化程度低、劳动力素质较低和产业结构不合理。由于其他地区发展得更快，边疆民族地区经济在全国经济总量中所占的比例呈逐年降低的趋势。根据官方数据，2013 年，中国农村贫困人口减少了 1650 万，但截至 2013 年年底，中国还有8249万人口生活在贫困的农村。我国的贫困线可以说是活命线，贫困线以下属于绝对贫困状态，如果算上略超贫困线的准贫困人口，边疆少数民族贫困人口的数量还将大幅度增加。

在遵循经济规律的前提下，适度的利益差别、经济差距有益于社会主义国家的经济发展，但差距过大，甚至差距越拉越大，极不利于共同富裕和各民族共同繁荣目标的实现。在一个多民族国家，民族问题从根本上说总是附带着经济因素的影响；在一个政治上实现了平等的多民族国家，如果边疆民族地区的经济长期处于落后状态，也将导致新的民族问题的产生。邓小平同志曾讲过，“目前中国改革开放的关键在于发展经济。现在周边国家地区经济发展比中国快，如果我们不发展或发展得慢，老百姓一比较，就有问题了”①。对这方面的问题，边疆民族地区就更敏感。“文化大革命”时期，就发生过我国边民跑到邻国居住、生活的情况，现在，如果边疆地区的经济发展得不够快或改善得比邻国慢，同样会不利于边疆地区的社会稳定。

（二）地区差距有待进一步缩小

我国正处在由传统社会向现代社会的转型过程中，这是一个正常的社会变迁方向。但现代化进程又不可能在很短的时间内在所有地区同时展开，相反，它总是从条件相对较好的地区开始，甚至会形成“倒流效应”，即在现代化过程中，边疆民族地区的劳动力、资本等为现代化所需要的因素，往往会被吸引到现代化起步较早的发达地区去。② 于是，边疆民族地区与经济发达地区的差距就会越来越大。并且，在社会转型的过程中，边疆民族地区也处于不断分化中，新的社会分层结构尚未最终定型，人们的社会地位变迁频繁，给人以不安定感，这些都会给边疆民族地区的社会稳定产生消极影响。

（三）政治稳定有待进一步增强

政治稳定，是国家政权和根本制度的性质不变前提下的一种平衡状态。从这方面看，威胁我国边疆民族地区社会稳定的因素主要包括：1991年独立以来的中亚国家的影响、民族认同对国家认同的挑战等。

---

① 《邓小平与深圳经济特区》编委会：《邓小平与深圳经济特区》，海天出版社1993年版，第6页。

② 张琢、马福云：《发展社会学》，中国社会科学出版社2010年增订版，第230页。

1. 中亚国家的影响

苏联解体以后，以前的加盟共和国纷纷独立成为民族国家，在中亚和西亚不断扩张的“泛伊斯兰主义”“泛突厥主义”对我国西北民族地区产生一定的影响。尤其是“东突”组织，披着宗教外衣进行破坏性极大的恐怖主义活动，危及边疆的安全和稳定。此外，哈萨克斯坦的“大哈萨克主义”思潮蔓延，给西北边疆民族地区的社会稳定也带来挑战。

2. 民族认同与国家认同的矛盾

随着边疆民族地区全方位开放，跨境民族不再相互隔绝，交往日益频繁。这种全方位开放，一方面给跨境民族的生产、生活和交往提供了方便；另一方面，跨境民族的民族认同感逐渐增强，如果处理不好，民族认同和国家认同就会出现矛盾，从而威胁边疆的稳定和国家的统一。

3. 民族区域自治制度尚待完善

在实行民族区域自治的地方，一些少数民族同胞认为自治权有点虚，不够“硬”、不够“实”，并且成为分裂主义分子的借口。总体上看，目前自治制度的包容性（兼容性）较差，不适应民族地区情况的变化，尤其是不适应城市化发展的形势；自治地方人大常委会的人员组成，没有充分体现民族区域自治“充分尊重和保障各少数民族管理本民族内部事务权利”（见自治法序言）的精神；自治地方干部配备不够合理，不利于少数民族干部队伍茁壮成长；自治机关自治权“虚置”“软弱”，自治民族当家做主的权利难以得到体现和保障。从自治权的范围及“含金量”来看，我国的民族区域自治是一种民族地方的“低度自治”，自治地方的自治权很小。[①] 如果这些问题能得到及时和切实有效的解决，将对维护边疆民族地区的社会稳定有极大的促进作用。

（四）宗教渗透等问题仍需时刻警惕

宗教具有民族性、长期性、复杂性、群众性和国际性等特征，这些特征在边疆民族地区更加突出。威胁边疆民族地区社会稳定的宗教因素主要有以下方面。

1. 宗教问题往往和民族问题交织在一起

我国边疆地区信仰伊斯兰教的有回族、维吾尔族、哈萨克族、乌孜别

---

① 龚志祥、田孟清：《完善民族区域自治制度的思考与建议》，《湖北民族学院学报》2011年第1期。

克族、塔吉克族、塔塔尔族、柯尔克孜族、撒拉族、东乡族、保安族等少数民族，多数藏民信仰藏传佛教（俗称“喇嘛教”），有的少数民族几乎全民信教。云南少数民族的信教情况更复杂，不仅有不同民族信仰不同的世界性宗教（如佛教、伊斯兰教、基督教、道教），而且在同一民族中也有不同地区、不同社区的成员信仰不同的世界性宗教及其中的不同宗派，还有的民族既受世界性宗教的影响，又保持着本民族独特的宗教信仰（如彝族的毕摩教、纳西族的东巴教、白族的本主信仰、傣族的寨神勐神信仰以及很多少数民族的原始崇拜等）。宗教不仅是这些少数民族的生活习俗，而且是维系整个民族的精神纽带，因而，宗教问题往往和民族问题相互交织、相互纠缠。

2. 部分干部在思想认识上存在误区

一些基层干部看不到宗教问题的长期性和复杂性，认为宗教工作不是中心工作，抓与不抓、管与不管无妨大局。目前的情况是，影响民族宗教关系的不稳定因素增多变杂，协调关系、化解纠纷的任务加重，部分干部的这种认识误区不利于边疆社会稳定。

3. 信教群众数量增加快

一方面，党的宗教政策为群众宗教信仰自由提供了法律保障；另一方面，在社会转型期间，人们面对的各种挑战日趋激烈，来自各方面的风险给人们的心理带来巨大压力，促使一些文化素养较低的群众到宗教中去寻求安慰和寄托，信仰危机有所抬头。如果这种情绪被利用，则会危及边疆地区的社会稳定。

4. 宗教渗透日益严重

其一，渗透深度与广度扩大，渗透手段更加先进。当前，境外分化势力或以旅游观光、文化交流、经贸合作、兴办企业、慈善救济等合法外衣为掩护，通过非宗教渠道对我国边疆民族地区进行宗教渗透；或是派遣专家和教师，以授课、学术研讨、聚会等形式，在我国边疆地区的大专院校甚至中小学师生中秘密传教和发展教徒；或是以资助学术研讨会、出版学术著作、设立研究基金和教学研究机构的形式，对我国边疆地区的教育和学术领域施加影响，并运用电台、网络等平台进行宗教渗透。

其二，分裂主义分子利用宗教问题进行分化的活动越来越频繁，如达赖集团和艾沙集团已经成为境外敌对势力分裂中国的工具。

其三，边疆地区少数佛教寺院有被外国僧人控制的现象。

此外，非法宗教活动时有反弹。一些别有用心的人，打着宗教活动的旗号，背地进行非法活动。有些农村信教群众由于不懂政策法规，分不清合法与非法的界限，无意中参与非法活动。有的宗教工作人员的宗教法规意识淡薄，管理能力不强，素质有待提高。有些宗教组织内部存在矛盾，造成宗教活动混乱，群体性事件时有发生。

## 第四节　边疆民族地区社会控制的现状和问题

社会控制，依照罗斯的观点，指的是一种有意识、有目的的社会统治。我国是一个统一的多民族国家，在多民族"大杂居、小聚居、交错杂居"的共同生活格局中，大多数少数民族自古就居住在边疆地区，他们在维护边疆安全、国家统一方面占有不可或缺的重要地位。边疆地区的社会控制必须以维护民族团结、维护边疆民族地区的社会稳定和国家的统一为最高目标和根本原则。

### 一　边疆民族地区社会控制的现状

#### （一）边疆社会控制的目标彰显"以人为本"的执政精神

社会控制的手段主要有制度性法律控制、社会舆论控制、民间风俗控制和宗教控制等，但无论何种控制手段，最终目标都是维护社会秩序的稳定。边疆民族地区最典型、最明显的特征是多民族杂居、经济社会发展较落后、地理位置较偏僻，因此，社会控制在边疆民族地区的目标主要是维护边疆稳定，以人为本，促进边疆地区和谐发展。"在现代民族国家的场域空间中，由于边疆地区往往处于与中心地区相对的边缘地区，历史上和现实中造就了边疆地区多处于国家权力的边缘和国家主流文化的边缘。在国家与国家之间，边疆更是作为国家间的缓冲带，共同受到来自两方面的文化冲击和文化影响。由此，这也使得在当今世界范围内，边疆民族地区往往成为民族分离运动、宗教分裂主义、极端民族主义的温床，边疆民族地区不稳定问题也存在引发国内冲突和国家分裂的潜在危险性，以及具有扩大化为国际争端的可能性。"① 因此，边疆民族地区的社会稳定问题是

① 何明、王越平：《全球化背景下边疆社会稳定研究的几个问题》，《云南师范大学学报》2009 年第 5 期。

关系到国家统一、民族安危的重大问题。

社会稳定是人们安居乐业的基础，维护稳定是“以人为本”执政精神的体现。一个社会如果混乱失序、动荡不宁，人们不仅会失去基本的尊严，而且连起码的生活条件、甚至生命安全都难以得到保证。维护社会稳定，是治理国家的重要目标，是人类普遍认同的基本准则，也是每个公民基本的权利和义务。稳定与经济、社会发展连在一起，没有稳定就没有经济的发展，“以人为本”也就会成为一句空话。社会控制作为社会秩序的确立和维护的过程，在维护社会稳定的过程中始终扮演着最重要的角色。

（二）制度性社会控制在边疆民族社会发展中起主要作用

“从不同的角度对社会控制进行分类，一般可以分为硬控制与软控制、积极性控制与消极性控制、外在控制与内在控制、制度化控制与非制度化控制、宏观控制与微观控制等”[①]。此处所说的制度性社会控制，即正式社会控制，它主要包括法律、制度等由国家机关颁布和实施的社会控制措施。制度性社会控制的实施主体是国家，实施客体是公民。

中国共产党在建党初期就高度重视边疆民族地区的发展问题，以制度性社会控制的形式提出过许多民族政策和主张，如尊重少数民族的风俗习惯和语言文字，重视培养少数民族干部和团结少数民族上层人士等，这些政策和主张的实践，为中华人民共和国建立民族政策体系奠定了基础。中华人民共和国成立后，我国的民族政策得到进一步发展完善，为解决社会主义时期的民族问题提供了行之有效的理论指导。其中最主要的是确立了民族平等团结、民族区域自治等制度性的社会控制手段。

民族平等团结是社会主义中国解决民族问题的基本原则，其内容涉及各民族的政治、经济、社会、文化等各个领域，具体体现在宪法类规定、法律法规类规定、行政法规、命令、指示、决定之中。1949 年，《中国人民政治协商会议共同纲领》明确规定：“各少数民族聚居的地区，实行民族区域自治，按照民族聚居的人口多少和区域大小，分别建立各种民族自治机关。”后来，民族区域自治又被明确载入历次宪法，使民族区域自治成为我国的一项基本政治制度。这项制度也是具有中国特色的解决中国民族问题的基本形式。实践证明，民族区域自治能最大限度地满足各少数民

① 侯可会：《生态哲学视野中的社会软控制研究》，硕士学位论文，山东师范大学，2007 年。

族平等自治、自主管理本民族和本地区内部事务的需要，它改善了民族关系，在加强我国各民族间的团结、促进少数民族地区经济文化建设和社会发展方面，较好地起到了制度保障作用。

进入20世纪90年代以来，中央根据新形势、新情况提出了民族工作的任务：一是继续巩固和发展社会主义的民族关系；二是坚持和完善民族区域自治制度；三是加快民族地区经济发展和社会进步。这成为今后很长一个时期内我国民族工作的基本指针，也是党的民族政策在新时期发展的主要内容。

2000年10月，党的十五届五中全会通过《中共中央关于制定国民经济和社会发展第十个五年计划的建议》强调："实施西部大开发战略、加快中西部地区发展，关系经济发展、民族团结、社会稳定，关系地区协调发展和最终实现共同富裕，是实现第三步战略目标的重大举措。"实施西部大开发战略，是促进各民族共同发展和富裕的重要举措，是保障边疆巩固和国家安全的必要措施，有利于推动经济结构的战略性调整，促进地区经济协调发展；有利于改善全国的生态状况，为中华民族的生存和发展创造更好的环境。

2005年5月31日，中共中央作出了《关于进一步加强民族工作，加快少数民族地区经济社会发展的决定》。该《决定》把加快少数民族和民族地区经济社会发展，促进各民族共同繁荣发展作为新世纪、新阶段民族工作的主要任务，把扶持民族地区发展教育事业、加强民族地区人才资源开发作为促进民族地区经济社会发展的重要手段和途径之一。《决定》对我们党关于民族问题的基本理论和政策作了新概括，这是在新的历史条件下把马克思主义民族理论与中国民族工作实际相结合取得的新成果。

"十一五"期间，国家还制订了《兴边富民行动"十一五"规划》，对开展兴边富民行动的主要目标、任务作出了部署。兴边富民行动实施以来，边境地区人民生活水平明显提高，民族团结、社会稳定、边防稳固，兴边富民行动对内蒙古、新疆、西藏、云南、广西等西部边境民族地区的经济社会发展起到了积极的促进作用。在总结"十一五"兴边富民行动成绩和经验的基础上，国家继续制订了"十二五"期间的《兴边富民行动规划（2011—2015年）》，用以指导边疆地区的经济社会发展。

### （三）非制度性控制在边疆民族社会发展中起重要辅助作用

非制度性社会控制，也称非正式社会控制，主要指社会控制的主体借助习俗、风俗、社会舆论、伦理道德和信仰信念等手段，对人们进行精神上的教育、引导和感化，从而将人们的思想和行为控制在一定社会秩序之内的控制方式。非制度性社会控制主要体现在思想和精神价值领域对人们的控制，相比制度性社会控制，它更强调对社会控制客体的长期和精神上的指导，让人们从被动地接受社会控制发展成为自觉地遵守和执行。

云南是全国9个边疆省区之一，与越南、老挝、缅甸接壤，国境线长达4060公里，是连接东南亚和南亚的桥梁与纽带。云南还是全国少数民族成分最多的省份。据2010年全国第六次人口普查公布的数据，云南少数民族人口为1533.7万人，占全省总人口数的33.37%。云南区位独特、战略地位重要，地域之间、民族之间、民族内部的发展很不平衡，贫困面大，贫困程度深。在这样一个集多民族、贫困于一体的边疆民族省份，不能忽视非制度性社会控制在经济社会发展中的特殊作用。尊重和保护宗教信仰自由，是我们党和国家对宗教问题的基本政策。我国宪法明文规定：中华人民共和国公民有宗教信仰的自由，各民族群众有宗教信仰的自由。党和政府尊重少数民族的风俗习惯，承认和坚持各民族都有保持或改革自己风俗习惯的权利和自由。这是我们党和国家对待少数民族风俗习惯的一贯政策。

在促进和保障少数民族文化事业发展的过程中，我国制定和实施了一系列法律法规和政策措施，从各个方面帮助少数民族发展文化事业，并取得了显著的成绩。首先，重视少数民族文化机构和设施建设。从中央到民族自治地方，国家帮助建立了包括图书馆、报刊社、出版社、博物馆等少数民族文化机构，实施广播电视村村通工程、“西新工程”①、农村电影放映工程、万里边疆文化长廊工程等项目中，重点支持民族地区文化基础设施建设，使民族地区文化基础设施得到很大改善。其次，大力抢救、保护少数民族文化遗产。50多年来，国家收集了百万余种少数民族古籍，出版了5000余种；出版了全面介绍少数民族各方面情况的5套丛书共400多种；挖掘、整理了大批少数民族传统体育项目和传统医药项目；鼓励、扶持少数民族艺术创作，在继承传统文艺的基础上，文艺工作者创作出了

① 在为西部大开发鼓劲的同时，为进一步推广广播电视“村村通工程”的成果，2000年9月，西藏、新疆等边疆少数民族地区正式启动广播电视覆盖工程，简称“西新工程”。这项工程给地域辽阔、地形复杂、民族众多的西部边远地区的人民群众带来了巨大的实惠。

相当数量的具有浓郁民族特色和时代气息的少数民族文艺精品。再次，国家尊重和保护少数民族使用和发展本民族语言文字的权利。少数民族语言文字在图书、报刊、广播、影视中得到比较广泛的应用，中央人民广播电台和少数民族聚居的地方广播电台每天用 21 种民族语言进行播音。复次，国家尊重少数民族的服饰、饮食、居住、婚姻、礼仪、丧葬等风俗习惯，对少数民族保持或改革本民族风俗习惯的权利加以保护。最后，我国组织开展了形式多样、内容丰富的文化活动，大力促进少数民族文化的对内对外交流。民族地区每年都举办多种多样的民族文化活动，国家也定期或不定期举办全国性的民族文化活动。这些非制度性社会控制形式的实施，对维护边疆民族地区社会稳定、促进边疆民族地区文化繁荣发展起到了极大的促进作用。

## 二　边疆民族地区社会控制面临的问题

### （一）制度化社会控制的实施有局限

从 1995 年开始，云南省民族地区特殊政策调研组用了一年多时间，分别从财政、税收、金融、贸易、资源、基础设施建设、农业和农村经济、扶贫、科教文卫、民族干部及各类人才队伍建设等 10 个方面对云南省情进行调查研究，分析了云南省少数民族地区特殊政策的实施和变化。调研组充分肯定，中华人民共和国成立以来，在民族地区实施的一系列特殊政策有力地推动了少数民族地区社会、经济、文化等各项建设事业的发展。但同时认为，随着改革的深入，开放的扩大，转型期社会的加速发展，过去国家和省对少数民族地区采取的特殊政策，有的由于是阶段性的或是针对某一问题作出的，随着时间的推移和问题的解决而停止执行；有的则在经济体制、经济增长方式转轨、转型中逐步弱化、淡化，甚至不起作用，亟待改进和完善，或以新的政策来代替；这给少数民族众多、社会发育程度低、基础设施薄弱、地处边疆的云南民族地区的深化改革、加快发展带来了一些不利的影响。因此，需要根据经济社会发展的新形势，研究和制定新的特殊政策，对边疆民族地区的问题，要根据各地的情况，制定不同的政策，采取不同的办法，逐步加以解决。

### （二）非制度化社会控制有待进一步加强

以法律为代表的制度化社会控制为主导加强边疆民族地区社会秩序的重构和完善，是边疆民族地区社会现代化的必然选择。但正如有学者警示的那样："建设国家统一的法制果真能够或必须以完全消灭民族民间的各种习惯、规矩等传统的法文化为代价吗？长期以来，国家法制建设在全国不断推进的过程，似乎已基本打破甚至摧毁了传统的那些'旧'的规矩、惯例和习惯法，但若仔细观察，其实不难发现，这尚是一个远未完成，且时时面临抵制、冲突、妥协、结合与默契的错综复杂的过程。这个过程如此艰难，除本土原有的'朝廷'（国家）律法和乡土社会自治或半自治状态之间的复杂关系外，更重要的还是由于现代中国的法制体系是以大规模的移植为特征的。移植的时间尚短，它们基本不是从中国社会及其法文化的传统生长出来的，和中国民族的生活有较大距离。"① 因此，必须充分认识非制度性社会控制在边疆民族地区社会发展中的独特而重要的作用，在新的历史发展时期，充分发掘和利用各民族传统文化中的优良成分，加强边疆地区非制度性社会控制体系的建设，这将会在更大程度上促进边疆民族对国家社会控制的认同。

目前，边疆多民族地区的非制度性社会控制亟待加强，其中，最重要的就是充分认识和利用少数民族传统文化传承、少数民族宗教信仰的社会控制作用。

民族传统文化能长期根植于民族民众的生活并富有生命力，是由其不可替代的独特的社会、文化功能决定的。民族传统文化在边疆社会所起的自我控制、自我调节和自我创新的作用是非常强大的。例如，民族风俗文化中流淌的是一个民族的传统精神，它就像遗传基因一样，从先辈那里传下来，并一代一代地传下去，构成一个民族独特的精神内涵和特殊魅力。所以，民族风俗是一种传承民族精神的重要形式，它能极大地增强一个民族的凝聚力，这种影响是潜移默化、异常深刻而久远的。又如，在居住相对分散、集市不便的边疆民族地区，随着商品经济的发展，商品交易成为生产生活的基本需求，发掘民族传统文化的通商功能就有助于少数民族融入市场经济的现代社会，并能在其中占有不可取代的一席之地。② 这不仅

① 周星：《习惯法与少数民族社会》，转引自赵嘉文、马戎主编《民族发展与社会变迁》，民族出版社 2001 年版，第 545 页。

② 关于少数民族传统文化与市场经济的关系问题，可参考杨志明等《云南少数民族传统文化研究》（人民出版社 2009 年版）一书关于"云南少数民族传统文化的市场化"的分析和论述（第 185—207 页）。

可以改善边疆少数民族的生活质量，增加他们的自信心和自豪感，而且更为重要的是，它能促进少数民族社会与现代社会的互动，帮助少数民族群众尽快融入现代社会并认同现代社会的主流价值取向，进而在社会现代化的动态过程中实现民族社会的自我调节和控制。因此，充分认识民族传统文化的强大功能，研究和探索民族传统文化在非制度性社会控制体系建设中的重要作用，是十分必要的。

在民族众多、民族问题错综复杂的边疆民族地区，在加强非制度化社会控制时，尤其要注意跨境民族宗教信仰的社会控制问题。云南的跨境民族大多数是云南特有的少数民族，他们有丰富多彩的社会文化和宗教信仰，多民族、多宗教并存共处、求同存异的特点十分突出。跨境民族在多元文化氛围中既创造了和谐稳定的社会环境，又保存了自己的文化特色。因此，注意挖掘跨境民族文化发展进程中积淀的文化宝藏，保护和传承它们，丰富人类文化基因库，维护和促进人类社会持续而稳定、和谐的发展，无疑也是边疆地区建立和完善非制度性社会控制体系的重要任务之一。

（三）民族传统教育的社会控制作用有待发掘

教育既是一种社会文化和社会文明传承的重要途径，也是民族共同意志形成和发挥社会控制作用的重要途径。就我们的论题来说，可将教育大致分为国家推行的现代公共教育和民族民间自生的传统教育两类。

就国家现代公共教育来看，边疆民族地区教育的发展水平较内地落后，要加强边疆民族地区的社会控制，实现边疆民族地区的社会稳定与和谐，就必须加速发展边疆民族地区的公共教育。自中华人民共和国成立以来，我国在民族地区开展的现代公共教育取得了巨大成就，但由于历史、经济和自然等原因，民族地区现代公共教育的水平与中东部发达地区相比还存在很大差距，民族地区现代公共教育的推进还面临很多特殊的问题和困难。例如，就云南来看，有 30% 的学生是少数民族，目前全省有 14 个少数民族在用 21 种语言和拼音进行教学，这无疑就会给现代公共教育在云南的发展带来诸多困难。少数民族地区开展现代公共教育面临的最大困难还有：一是学生家庭经济收入低，供孩子上学的经济支撑能力比较差，农村家庭的教育意识不强；二是边疆地区办学条件要进一步改善，但增加办学投入的困难比较多；三是教育资源不足、师资力量短缺，高寒山区的情况尤其突出，截至 2009 年，云南省一师一校的学点仍有 1670 多个。因此，边疆民族地区急需发展现代公共教育事业，通过公共教育事业的发展来加强民族社会的制度化控制，促进边疆民族社会的现代化。

就民族传统教育来看，在国家大力推进公共教育的同时，由于种种原因，它在很大程度受到了弱化和边缘化。关于公共教育与传统教育的关系，罗斯在《社会控制》中曾揭示说："公共义务教育的出现具有多方面的功能。首先，它可以作为社会进步的集结地。当社会仍是家长制、全体国民仍安于大家庭中的生活时，教育便维护家长的权力。由于大家庭的首脑们也是社会规则的创立者和主要维护者，所以，像在古犹太人、荷马时期的希腊、早期罗马、波斯、中国等地那样，道德教育也可以放心地委托这些人来干。而在军事的斯巴达人那里，当社会的存在均系于个人的忠诚和英勇的时候，则政府便把家长抛在一旁而强制推行自己的纪律。在这里我们确实看到了权力与教育、直接的与间接的控制方法之间的一种反方向关系。在罗马重视法律和军事，忽视教育。而在犹太人那里，不发展政治机构，分散在外族人中居住，但却强制推行他们法律的统治，不过方法是通过学校和教堂，而不是通过刑罚和监狱。"① 从罗斯的论述，我们可以感受到民族传统教育与国家公共教育的紧张关系，认识到国家公共教育对推行国家意志的特殊作用，但同时也觉察到了民族传统教育在认同国家公共教育中的特殊影响和作用，认识到了在协调民族传统教育与国家公共教育关系的基础上去构建良性互动教育控制体系的必要性。

① ［美］E. A. 罗斯：《社会控制》，秦志勇、毛永政译，华夏出版社1989年版，第129页。

# 第二章 “社会稳定”“社会控制”概念分析

社会稳定、社会控制既是我们研究转型期边疆民族地区社会问题的中心线索，也是我们研究边疆民族地区社会控制的历史沿革、民族民间自发形成的非正式控制与国家正式控制之间关系、民族民间非正式控制系统中民族习惯法控制、民族宗教控制、民族教育控制与民族伦理控制之间关系所凭借的基本分析工具。作为研究对象和专门术语，迄今为止社会学界对社会稳定、社会控制概念已经有很多论述，然而，学者们的认识至今仍有分歧。至于各种相关研究对这两个概念的具体运用，则更是五花八门，其内涵还远没有达到“不言自明”的程度。因此，无论是作为研究对象，还是作为分析手段，出于严谨的学术态度，都需要对这两个基本概念进行必要的考察、辨析并作出相应的界定和说明。这样，才能使针对边疆民族地区社会问题所展开的研究对象更清晰，分析的手段更有效，相关的学术交流也才更容易。

## 第一节 社会稳定的概念和特征

### 一 社会稳定概念的界定

我国自20世纪80年代进入改革开放时期以来，“社会稳定”一词便成了人们日常生活中广泛、频繁使用的“熟语”。这一“熟语”的频繁使用，主要源于人们对改革开放后社会不稳定因素剧增这一客观现实的切身体验和关注，因此作为日常生活“熟语”的“社会稳定”的内涵是比较感性、模糊的。

基于更宽广的社会背景、更深厚的学理支撑和更丰富的学科内涵的社会稳定概念，得益于社会学学科的形成和发展。

社会学在孕育和形成之初，就与社会稳定问题的研究密切相关。英国社会学家安东尼·吉登斯就认为，社会学产生的背景是法国大革命和工业革命之后新涌现的诸多社会问题。由于社会稳定问题涉及面很广，问题本身极其具体、复杂，因此直至目前，即使在国内社会学界，关于社会稳定概念的内涵也还没有形成完全一致的看法。例如，李景鹏认为："社会稳定就是指社会秩序正常运行的状态……而所谓的正常运行在一般人看来就是维持不变。因此，在许多人看来维护社会稳定就是使各方面的社会秩序保持不变……而社会秩序是不可能不变的……社会稳定归根到底是国家对社会的控制问题。"① 不过，社会稳定概念的内涵似乎在一定范围内也能够达成共识，如广州市建立社会稳定机制理论与对策研讨会就一致认为："社会稳定是指社会保持良性运行和协调发展的状态，即社会障碍、冲突、失调等因素被控制在最小范围内。从本质上说，社会稳定是指社会的生产关系适合生产力发展，上层建筑适应经济基础的要求。"②

总的来看，现有关于社会稳定概念的界定，既有来自社会哲学、历史哲学层面的，也有来自社会学作为实证科学、经验学科层面的，既涉及社会稳定的本质性内涵、外延性体系，也涉及它的静态、动态特征。

我们认为，比较严谨、科学的概念定义应该是内涵与外延的统一，内涵应揭示对象的本质，外延则应容纳对象存在的基本形态。根据这一定义原则，我们倾向于将"社会稳定"概念界定为：社会稳定，是指社会处于生产关系适合生产力发展、上层建筑适应经济基础的要求，社会秩序保持良性运行，经济、政治和人心处于稳固、安定、和谐的状态。

社会秩序保持良性运行，也就是社会秩序稳定。它是指社会治安状况良好，社会风气正常，社会成员的日常生产生活秩序井然，人们能够安居乐业。其中，社会治安是一种刚性的社会控制手段，主要是指国家依照法律和制度的规定打击违法犯罪行为，保证人们享有正常的生产、生活秩序。社会风气是社会或一定范围内人们的情感、志趣、行为习惯、价值标准、生活境界等精神因素的综合反映，是显示一个社会的健康程度、文明水平的重要标志。社会风气好，意味着处在一定社会范围内的人们的情

① 李景鹏：《社会阶层的利益协调与社会稳定》，转引自李世杰《社会学视野中社会稳定的内涵与模式》，《兰州学刊》2008 年第 11 期。

② 黄建林：《我们需要什么样的"社会稳定观"》，《中国青年报》2004 年 11 月 9 日。

感、志趣、价值标准与该社会的基本秩序、发展方向保持正向一致。

经济稳定，是指社会经济生活的协调有序性及其发展态势的可控性。经济稳定的主要表现是，国民经济的各种比例关系协调，宏观经济控制手段灵敏有效，经济建设的配套措施健全，经济稳步增长，人们的物质生活得到不断改善和提高。

政治稳定，是指国家政治系统的有序运行和持续发展。政治稳定包括“一个是政局稳定，一个是政策稳定”① 两个方面，具体表现为政治领导核心具有权威性，政府更迭具有守常性，国家统一和民族团结，国家的政治职能能够得到有效发挥。

人心稳定，是指大多数社会成员认同社会的现状和未来走向。具体表现为大多数社会成员信任和支持政府，自觉自愿地认同国家制定的法律、法规、政策和措施；大多数社会成员的价值标准和行为取向比较一致，并成为主流的社会评价标准和舆论氛围；大多数社会成员对个人、社会和国家的现状比较满意，对其前途具有信心，生活有安全感、安适感和舒畅感。

社会秩序稳定、经济稳定、政治稳定和人心稳定构成有机联系的社会稳定系统。在这个系统中，经济稳定是政治稳定、社会秩序稳定和人心稳定的深厚基础和基本前提；政治稳定是社会稳定的核心，是经济稳定、社会秩序稳定、人心稳定的根本保障；社会秩序稳定是经济稳定、政治稳定、人心稳定的必要条件；人心稳定既是经济稳定、政治稳定和社会秩序稳定的综合反映，同时又能为它们提供强有力的精神支撑。

## 二 社会稳定的特征

社会稳定的特征是对社会稳定的结构体系、运行过程的总体描述。对社会稳定概念进行界定，必然要涉及社会稳定的特征。在上述诸种关于社会稳定概念的界定中，我们可以深切感受到定义者对社会稳定特征的高度重视。这方面的概括和分析还有很多，如将社会稳定的特征概括为整体性、相对性、动态性、时代性，② 或概括为综合性、历史性、相对性、地

① 《邓小平文选》第3卷，人民出版社1993年版，第217页。

② 杨文：《中国现代化进程中的社会稳定研究》，硕士学位论文，内蒙古大学，2005年。

域性，[①] 等等。所有这些概括和分析都是有意义且可以互通、互补的，因此，我们倾向从社会稳定的结构体系、运行（实现）过程和空间范围这三个方面来总结社会稳定的主要特征。

（一）社会稳定的整体性

社会稳定的整体性，又称社会稳定的综合性，是社会稳定的系统特征。社会是由经济、政治、文化、心理等因素构成的复杂系统，构成社会的这些子系统之间是相互影响、相互制约、有机关联的整体，各个子系统都在整体中为整体的存续而发挥作用。因此，社会稳定主要是一个标志经济、政治、文化以及社会生活之间协调发展和动态平衡的集合概念，而不单指某个子系统的稳定或某个局部的稳定。正是在整体性、综合性的意义上，我们才敢肯定地说，全球化、现代化对欠发达国家、地区和民族的异常深刻的影响之一，就是这些国家、地区和民族必须进行经济、政治、文化以及社会生活方式从封闭向开放、从传统向现代的全面转型。由社会转型引起的社会不稳定、社会矛盾和冲突，也相应会表现在社会的经济、政治、文化、观念、生活方式等各个方面，对此，无论是社会的管理者，还是社会的普通成员，都应该有充分的认识和足够的心理准备。

（二）社会稳定的历史性

社会稳定的历史性，又称社会稳定的相对性，或社会稳定的动态性，它是社会稳定的过程特征。社会稳定的历史性，是指社会稳定并不等于构成社会的经济、政治、文化、观念和生活方式等子系统及其局部一成不变，社会的总体稳定总是通过构成社会的经济、政治、文化、观念和生活方式及其局部的变革、调整来动态地实现的。从这个意义说，社会稳定在本质上是一个过程，它是动态的、历史的、相对的，没有局部持续不断的调整和变化，社会就不可能发展，进而社会系统整体存续的生命力也将受到削弱。因此，对任何一个社会来说，一方面是“没有稳定，就不可能发展”，而另一方面则是，在全球化、现代化的背景下，一味强调稳定“就可能丧失时机”，“稳定和协调也是相对的，不是绝对的，是动态的而不是固态的，发展才是硬道理，发展才是保持社会稳定的唯一有效办法”[②]。其中的关键，在于把握社会子系统的局部调整是否适合生产力发

① 李世杰：《社会学视野中社会稳定的内涵与模式》，《兰州学刊》2008 年第 11 期。

② 《邓小平文选》第 3 卷，人民出版社 1993 年版，第 375 页。

展的要求、是否有利于提高人民群众的生活水平，并将各种局部调整合理地限定在保持社会总体稳定的范围之内。

（三）社会稳定的地域性

社会稳定的地域性或区域性，是社会稳定的空间特征。不仅社会是有边界的，而且在边界范围内不同区域的社会稳定的现状和问题也不尽相同。理解这一点，对于认识经济发展、政治发育、文化积淀程度不同及风俗习惯各异的多民族国家的社会稳定来说，是特别重要的。目前，中国社会整体稳定，但社会稳定的现状和问题在边疆与在内地、在边疆的不同区域是不尽相同的。因此，有研究者指出：“边疆地区的社会稳定问题与北京地区、中原地区甚至是全国的社会稳定是不同的，除了面临贫富差距、失业、社会保障、物价、腐败等全国性问题之外，还面临民族、宗教、跨境民族、毒品、艾滋病等特有问题。所以，社会稳定的地域性特征要求我们在进行社会稳定问题研究时，首先要界定清楚你所要研究的社会稳定系统的边界，全面地把握系统内外的特征，在一定理论基础上分析哪些是根本的共性问题，哪些又是具体的个性问题。”①

## 第二节 社会控制的概念和机制

### 一 社会控制概念的界定

社会控制概念源自生物学。19 世纪末的生物进化论认为，自然界存在着一种对生物个体的控制机制，即“自然选择”，是自然选择使生物物种得以不断演变和进化。正是这一生物学思想的影响，导致了社会控制思想的提出。

在社会学发展史上，第一个提出社会控制概念并对之进行系统研究的，是美国社会学家 E. A. 罗斯。在社会控制理论的奠基之作《社会控制》一书中，罗斯在“问题”“自然秩序”“社会控制的必要”“社会控制的界限”等篇章中论述了社会控制的缘起，并形成了以下重要观点。

其一，社会是有秩序的，但社会的有序性并不来自人类的自然遗传特

① 李世杰：《社会学视野中社会稳定的内涵与模式》，《兰州学刊》2008 年第 11 期。

质——动物的“社会性本能”，而是来自人类有计划、有目的的社会活动，即社会控制。罗斯说：“人们总有这样一种错觉，认为秩序是由人类遗传特质所要求的优良品行构成的，而不是由社会对人们施加控制引起的”，然而，事实是“我们的社会秩序决不仅仅是蜂房或兽群的秩序。它似乎是建造物，而不是长成物”。①

其二，社会控制的形成经历了一个由“自然秩序”到“社会秩序”的过程。起初，人类的“社会性本能”如“同情心、友善、正义感和怨恨能够靠它们自身产生出一个纯粹的自然秩序，亦即一个没有人工设计和作用的秩序”，在“自然秩序”状态下，“没有社会的强制，没有专横的法规，没有传统的要求，没有习惯的标准。不存在需要保护的社会制度，不存在需要捍卫的含糊不清的公共福利。几乎每一个道德难题的解决，都是由于人们的共同作用，转变为投票表决”。② 但是，“即使在和平的共同体中，随着社会发展而出现的共同体的更加接近、人们交往和联系的更加密切，使自然秩序遭遇到断裂应变”，随之而起的便是“掠夺成性的人”的“犯罪行为”、“宗派和小集团”的相互“倾轧”、民族“征服”形成的寄生生活、“经济分化”和“私有财产”等社会现象的蔓延，因此，“人们强烈地需要能够提供比天生道德动机更好的秩序。他们渐渐在这方面、那方面懂得了阻碍他们繁荣的因素。他们发现自己处在不同程度的倾轧、冲突和普遍不可靠面前，被它们阻挡在真实的物质利益之外”，因此，一种通过“社会干预”来建立的“人工秩序”（社会控制的秩序，即社会秩序）便应运而生。而且，“由于一代人的道德习惯不能成为下一代的本能，持续的控制是必要的”③。

在《社会控制》一书中，罗斯虽然没有给出“社会控制”概念的简要界定，但把握他的相关论述，对于我们加深对社会控制概念的理解是十分重要的。从罗斯关于社会控制缘起的以上论述，可以领会到，社会控制在本质上是一种通过人为建立的社会秩序来削减个人与社会之间、不同群体之间因利益分化而起的社会冲突的社会运行机制。

---

① ［美］E. A. 罗斯：《社会控制》，秦志勇、毛永政译，华夏出版社 1989 年版，第 3—4 页。

② 同上书，第 32—36 页。

③ 同上书，第 38—46 页。

杨桂华认为,《社会控制》一书的论述表明,罗斯对"社会控制"有如下理解和规定:第一,社会控制优于自然秩序;第二,社会控制是由某种社会组织实施的,因而可以把社会控制和社会秩序联系起来考察;第三,社会控制不同于阶级控制,社会控制既包括"小社会"(如社区、组织、团体等)里的社会控制,也包括"深藏于整个社会力量背后"的社会控制;第四,社会控制通过舆论、法律、信仰、社会暗示、宗教、个人理想、礼仪、艺术、人格、启蒙、幻象、社会价值观、伦理法则等多种手段来实施;第五,社会控制会变迁,但社会控制的变迁应当有利于人类福利、个人自由、社会竞争,从而达到保护社会财产和精神财富的目的。①

社会控制,又称社会约制、社会整合、社会调整。国内关于社会控制概念的讨论有很多,且由来已久。例如,1930 年出版的吴泽霖《社会约制》一书就有关于社会控制概念的讨论。在书中,吴泽霖表示他更愿意用"社会约制"一词来取代"社会控制",因为在他看来,"控制"一词有以上临下之义,而广义的社会控制不是单方面的,而是相互的。他从狭义和广义两方面对社会约制进行了界定。他认为,狭义的社会约制,是指为了形成良好的社会环境,保障人们愉快的生活,"社会上不得不想出各种标准,定出各种限制,积极方面使一般的人都能团体化、社会化;消极方面限制他们的行为,使不致妨碍社会、陨越团体。这积极消极两方面的总和,就是社会约制","总而言之,凡是代表社会团体而施行的约制,就是狭义的社会约制,或可称为社会的约制(social control)"。"狭义的'约制'二字带有以上临下的意思,从广义上看,约制是相互的,没有地位性,没有阶级性。因此,在人类历史上,广义的社会约制比狭义的社会约制发达的早一些",它甚至和人类历史一样久远。② 与吴泽霖同时代的孙本文,在他 1935 年出版的《社会学原理》一书中也对社会控制概念作了界定,并对社会控制的意义、组织、方法和工具等相关问题进行了研究。孙本文认为,社会控制是指社会对个人行为的一切约束,有社会,就有社会行为的规则和制度作为一般人行为的标准,"凡此种种可供社会上个人行为标准的规则与制度,对于个人行为,即具有约束的力量。社会控

① 杨桂华:《社会控制理论的三大历史阶段》,《北京社会科学》1998 年第 3 期。

② 吴泽霖:《社会约制》,世界书局 1930 年版,第 6—10 页。

制，就是此种种行为规则与制度对于个人行为约束的作用”①。

20 世纪 80 年代以后，社会学界关于社会控制概念的研究成果更是层出不穷。综合社会控制理论奠基人及后人研究的相关成果，我们似可总结出一个包含社会控制的依据（本质）、机制和目的等要素在内的、内容较为充实的社会控制的概念。即在一般意义上，社会控制是指某种社会组织根据一定的社会价值观，运用一定的控制手段和方法对个人与社会之间、不同群体之间因利益分化而引起的社会冲突进行化解和规制，使社会成员遵从一定的社会规范，以维护社会运行正常秩序的过程。这个社会控制概念对社会控制目的的限定，首先排除了一切反国家、反社会、反人类、反文明性质的社会控制。

## 二 社会控制机制

“机制”概念源于物理学，原指机器的构造和工作原理。后来，生物学和医学通过类比借用了物理学中的“机制”这个概念，指生物机体结构各组成部分的相互关系，以及其间发生的各种变化过程的物理、化学性质和相互关系。而后，“机制”概念就进一步广泛应用于自然现象和社会现象的分析和解释，泛指系统的内部组织和运行变化的规律。在任何一个系统中，机制都起着基础性的、根本性的作用。

以此类推，在比较简明的意义上，社会控制机制也就是社会控制发挥作用的手段、方法及其组织方式。

### （一）社会控制的手段

在社会学界，与许多学者讨论社会控制时“工具”和“方法”两个概念混用不同，吴泽霖在《社会约制》一书中明确区分了社会控制的工具和手段。他认为，“工具是一样东西，我们可以利用它，借以达到我们做事的目的或满足我们的欲望。不过工具又可以分为两种：一种是具体的，一种是无形的。……抽象的东西，我们固然看不见，摸不到，但是一样可以做我们的工具”②。在他看来，保守心、好新心、求显心和社交心这四种心理既是人类一切行为的原动力，因而也就可以作为社会约制的工具。这似乎是说，“工具”，无论是“具体的”，还是“无形的”，都是指

① 孙本文：《社会学原理》，商务印书馆 1935 年版，第 511 页。

② 吴泽霖：《社会约制》，世界书局 1930 年版，第 29 页。

人类活动作用于对象的媒介或根据，而“方法”，则是指人类如何运用或利用这些媒介或根据。

根据《现代汉语辞典》的解释，“工具”一是指进行生产劳动时所使用的器具，二是比喻用以达到目的的事物；“手段”的中性含义是为达到某种目的而采用的具体方法。① 这表明工具与手段是有区别的。它们之间的区别就在于，工具侧重于主体作用于对象的媒介，手段侧重于主体运用特定媒介作用于对象的具体方法。从这个角度说，对社会控制的工具和手段加以区分是必要的。但吴泽霖将人类的四种心理视为社会控制的工具，则未必妥当。在我们看来，与其将人类的那四种心理视为社会控制的“工具”，还不如把它们当作社会控制的“依据”来看，才显得更为恰当。这一点，战国时期法家理论的集大成者韩非子早就看到了。他说：“凡治天下，必因人情。人情有好恶故赏罚可用，赏罚可用则禁令可立，而治道具矣。”（《韩非子·八经》）意思是说，要治理国家和社会，在设计治理办法的时候，首先得考虑人性人情，并以之为根据；人人都有好利恶害的性情，因此就可以采用赏、罚两种办法来规范人们的行为。这也就是罗斯在《社会控制》一书的第一编“控制的依据”中所讨论内容。按我们的理解，社会组织才是意义最为贴切的社会控制的工具，因为社会控制作用的发挥就是以社会组织为媒介的。引申一步说，社会控制的工具（媒介，即社会组织）与实施社会控制的主体是可以重合的。

关于社会控制的手段，罗斯在《社会控制》一书中专题讨论了舆论、法律、信仰、社会暗示、宗教、个人理想、礼仪、艺术、人格、启蒙、幻象、社会价值观、伦理法则等 13 种，但罗斯在讨论“社会控制的体系”的时候，是对这些手段进行过归类的。即他将社会控制的手段分为“伦理的”和“政治的”两大类：从“原始的道德情感中吸取大部分力量”的舆论、暗示、个人理想、社会宗教、艺术和社会评价等属于“伦理的”社会控制手段；而法律、信仰、礼仪、教育和幻象这些“全然不需来自道德情感”，且“常常是为了达到某种目的而被精心选择的手段”，则属于“政治的”社会控制手段。② 罗斯的概括是值得商榷的，但可以肯定的

① 中国社会科学院语言研究所词典编辑室：《现代汉语辞典》，商务印书馆 1991 年版，第 379、1058 页。

② ［美］E. A. 罗斯：《社会控制》，秦志勇、毛永政译，华夏出版社 1989 年版，第 313 页。

是，作为社会控制具体方法的社会控制手段是多种多样的，甚至还有被不断发现、创制的可能，而远不止学者们已经论及的诸端。因此，我们同意对社会控制的手段进行适当的概括。

在对社会控制的手段进行提炼、概括的时候，国内社会学界基本达成了这样的共识，可将社会控制的手段归结为主要的三种，即法律手段、道德手段和宗教手段。[①] 需要注意的是，法律规范、宗教规范都是在一定的道德判断、道德标准的基础上才得以形成、确立的，因此，在社会控制手段的体系中，道德手段就成了法律手段、宗教手段的价值基础。

（二）社会控制的方法

社会控制的方法，是从社会控制手段发挥作用的方式、途径方面对社会控制手段所做的进一步归类。因此，也有学者用“社会控制的方式”“社会控制的途径”“社会控制的种类（或类型）”来指代社会控制的方法。

诸多学者都对社会控制的方法进行过讨论和概括，如吴泽霖将其分为“武力的方法”和“会意的方法”两类，孙本文将其分为“自然的控制”和“人为的控制”两类，赵利生将其分为“硬控制与软控制”“外在控制与内在控制”“宏观控制与微观控制”“积极控制与消极控制”“正式控制与非正式控制”五类，[②] 还有学者将其分为“内部控制和外部控制”“自然控制和人为控制”“强制性控制和非强制性控制”“社会集团之间的控制、社会及组织对自己成员行为的控制、社会成员之间的控制及社会成员的自我控制”[③]，等等。除“社会集团之间的控制、社会及组织对自己成员行为的控制、社会成员之间的控制及社会成员的自我控制”这种分类似乎错把社会控制的主体、媒介当做社会控制手段发挥作用的方式、途径以外，其他分类方式都各有其分类标准和参照系方面的依据，也因研究者的研究视角和侧重不同，因而都有其合理性。在这些分类方式中，比较有共性的，是将社会控制的方法分为正式控制和非正式控制、外在控制和内在控制、积极控制和消极控制三类。

① 此种归类及其理由，参见蒋传光《中国古代社会控制模式的历史考察—— 一个法社会学的研究》，博士学位论文，中国政法大学，2003 年。

② 赵利生：《民族社会学》，民族出版社 2003 年版，第 210—213 页。

③ 钟年、孙秋云：《从人类学角度看社会控制》，《中南民族学院学报》1995 年第 4 期。

正式控制和非正式控制，又称制度化控制和非制度化控制，区分的主要依据是控制的制度化程度。正式控制是通过一定的控制机构实施的有组织的社会控制，其规范常常以明文规定的形式向社会成员昭示。属于正式控制的社会规范主要有法律、政策、规章制度、纪律、宗教制度等。其中，法律是现代社会中最强有力的社会控制方式。非正式控制的特点在于没有明确的社会控制机构，它的控制作用主要通过人们日常生活的社会互动过程来潜移默化地完成。非正式控制主要通过风俗习惯、道德规范等来实现。

外在控制和内在控制，又称他律性控制和自律性控制，区分的主要依据是控制力的来源。外在控制是通过各种形式的社会规范对社会成员的行为进行直接约束的社会控制，这是一种他律性社会控制。风俗习惯、法律、政策、规章制度和纪律等都属于外在控制。内在控制是通过社会成员的主观作用将社会规范内化为观念，并对自己的行为实施自觉控制的社会控制，它是一种自我控制或自律性控制。道德控制就主要是一种内在控制。相对于外在控制而言，内在控制是一种自觉的、积极的控制过程，而且，风俗习惯、法律、制度、纪律等社会规范都只有通过社会成员的“内化”，才能发挥更强劲、更深入人心的控制作用。孔子的名言“道之以政，齐之以刑，民免而无耻；道之以德，齐之以礼，有耻且格”（《论语·为政》）讲的就是这个道理。

积极控制和消极控制，又称事前控制和事后控制，区分的主要依据是使用社会控制手段的态度。积极控制是运用舆论、宣传、教育、楷模、奖励等方式对社会成员进行正面引导，使社会成员理解和认可社会规范，在价值观念和行为方式上与社会期望保持一致，以间接形式预防社会越轨行为的社会控制。消极控制则表现为对各种社会越轨行为的限制，是建立在惩罚和对惩罚的畏惧心之上的社会控制。

按罗斯的观点，不同的社会控制方法赖以形成的条件是不同的：“在管理结构中，上述（道德的控制和政治的控制——引者注）哪一类更为重要取决于社会构成。借偏见和恐怖发生作用的政治的工具与下列情况相对应：（1）结合在一起的人口组成部分之间是不相容的、不和谐的；（2）根据控制框架，个人意志和福利处于次要地位；（3）社会构成把地位上的差别固定化；（4）经济状况和机遇上的差别很大，并且不断加剧；（5）种族之间、阶级之间、男女之间保持着寄生关系。……作为较温和、较开明和较有说服力的伦理的工具与下列情况相对应：（1）人口是同种族的；（2）文化是相同的并且是普及的；（3）人口组成部分间的社会接触是大量的、和睦的；（4）要求个人承受的负担是较轻的；（5）社会构成并非限定地位和寄生关系的界限，但符合普遍的、简单的合理观念。”①

总体上说，各种社会控制的方法是相互依存、相互补充的。任何社会规范都需要个体社会成员的“内化”才能更深入人心，并在人们自觉的行为选择中发挥更持久的作用。从这个角度看，大体上可以说，正式控制、外在控制、消极控制更具震慑力，而非正式控制、内在控制、积极控制则更具感召力，它们各有优点，也各有不足，应当综合地加以运用。但在不同的社会和社会发展的不同时期，对不同的社会行为，侧重采取什么样的社会控制方法，则应从实际出发，视具体情况而定。

① ［美］E. A. 罗斯：《社会控制》，秦志勇、毛永政译，华夏出版社 1989 年版，第 313—314 页。

# 第三章　边疆社会的正式控制与非正式控制

边疆地区的社会稳定，需要有效的社会控制机制，而诸多控制机制归结起来，可以分为正式控制（或制度化控制、政治控制）与非正式控制（或非制度化控制、非政治控制）两种。正式控制与非正式控制对于边疆民族社会的稳定运行和良性发展都具有重要的意义。维护边疆民族地区的稳定，既要发挥国家正式控制和民族民间非正式控制各自的优势和特点，又要明确各自的作用限度，同时注意处理好两者之间的关系，进而形成维护社会稳定的合力。

## 第一节　边疆社会正式控制的历史沿革

正式控制是人类进入阶级社会并组成国家以来的一种重要社会现象。正式控制是政治主体（主要表现为国家）为了实现共同体的共同价值目标对社会进行规约与调控的活动。边疆民族地区由于特殊的历史、地理、经济、文化等因素，历来是国家政权进行正式控制的重要对象。梳理边疆社会正式控制的演变和发展，对于探索当前正式控制作用的有效发挥，具有重要的启示作用。

### 一　边疆社会正式控制的内涵

所谓边疆社会正式控制，就是政治主体（主要表现为国家）为了实现共同体的共同价值目标而对边疆社会进行规约和调控的活动。边疆社会正式控制的主体有阶级、政府、政党、领袖等，[①] 但集中表现为代表统治

① 《中国大百科全书·政治学卷》，中国大百科全书出版社 1992 年版，第 513 页。

阶级的国家及其政府，控制的对象和范围则是与国家相对应的边疆社会。

马克思主义认为，“由于国家是从阶级对立的需要中产生的，所以，它照例是最强大的、在经济上占统治地位的阶级的国家，这个阶级借助于国家而在政治上也成为占统治地位的阶级，因而获得了镇压和剥削被压迫阶级的新手段”①。国家是适应统治阶级的需要，依照统治阶级的意志建立起来的。作为国家的正式控制，其代表的也必然是统治阶级的意志与利益，这是正式控制的实质。

马克思主义还指出，国家应当缓和冲突，把冲突保持在“秩序”的范围内。这里的“秩序”，实际上就是阶级统治秩序，把冲突保持在“秩序”的范围内，实际上就是维护有利于统治阶级的生产关系，维护在生产关系中占统治地位的阶级的根本利益。② 作为国家，对边疆进行正式控制的最终目标，也就是把边疆社会的冲突保持在统治阶级根本利益许可的社会“秩序”的范围内。

边疆社会正式控制在表现形态上主要是权力在国家与边疆社会之间的双向运动，国家是自变量，而边疆社会则是因变量。国家通常以政治动员、社会重构、利益分配和文化渗透等形式对边疆社会实施规约和调控，而控制的载体则主要有组织、制度、政策、法律和意识形态。这些形式和载体在不同国家、不同时期各有侧重。马克思主义认为，政治归根结底是经济的反映，物质生活的生产方式制约着政治生活。作为一种重要的社会现象，正式控制方式最终是由一定社会的经济基础决定，是由生产力与生产关系、经济基础与上层建筑的矛盾运动决定的。边疆社会正式控制方式的调整与选择，始终要遵守生产关系一定要适应生产力性质这一社会发展的规律。从根本上决定边疆社会正式控制方式的，只能是边疆社会的经济基础，而不是个人意志、意识形态等其他因素。

## 二　古代国家对边疆社会的正式控制

在中华民族的发展过程中，中国历代封建王朝的统治者都认识到了边疆民族地区的特殊性，都十分注意实行特殊的政策来处理民族关系，以维护国家的统一。历代王朝在实行中央集权的君主制的同时，又在一些边疆

① 《马克思恩格斯全集》第4卷，人民出版社1985年版，第166页。

② 王惠岩：《当代政治学基本理论》，天津人民出版社1998年版，第13—15页。

少数民族地区实行自治或半自治的羁縻制度，使少数民族地区行政管理制度保持着一种皇权统治下的二元结构，即“郡县制”与“羁縻制”的长期并立。①

（一）先秦时期

随着中国历史上第一个国家政权——夏王朝的建立，以华夏族为主体，基本形成了一个统一的政治、经济、文化中心——中原地区，而周围则散居着被称为“四夷”（东夷、南蛮、西戎、北狄）的少数民族。中原地区的发展水平远高于四周的少数民族地区，而且各民族、各地区的社会经济发展也不平衡，风俗各异。在文化方面边疆民族地区更是与号称“冠带之国”“礼仪之邦”的中原王朝不可同日而语。那么，该如何统治风俗各异、散处四周的少数民族呢？对于中原王朝而言，最佳选择当然是“以夏变夷”，但面对边疆社会民族众多、部落林立、土酋“世积威约”且“各自雄长”的现实，若不兼顾它们，就很难实现对多民族国家的有效统治。因此，正是中原地区（主要是华夏族）与边疆地区在地域、民族、文化习俗、经济发展水平等方面的差异，才成为传统羁縻政治模式产生和形成的客观基础。羁縻政策正是在这种现实需要下逐渐形成的。

中国传统羁縻政治模式的最早探索，应是夏、商、周时期的要服荒服制。《尚书·禹贡》有“五服”的规定，其中的“要服”与“荒服”即是针对四周蛮夷的。“要服”即“束之以文教”，“荒服”即“因其故俗而治之”。从它们的释话内容看，我国最早的民族政策已内在地包含了因俗而治的羁縻特点。商朝的民族政策尽管来自商统治阶级，但要服与荒服的基本内容并没有多少改变，古书以为是“殷因于夏礼”（《论语·为政》）所致，实则，商与夏的民族关系并没有发生多大变化。到了周朝，周时的民族政策与夏、商时期基本相同，只是周朝更为完善而已。《国语·周语上》载周有五服：“邦内甸服，邦外侯服，侯卫宾服，蛮夷要服，戎狄荒服”。《国语·周语》在叙述了周朝实行甸、侯、宾、要、荒五服制之后说：“甸服者祭，侯服者祀，宾服者享，要服者贡，荒服者王，日祭、月祀、时享、岁贡、终王，先王之训也。”据韦《注》，要服之地的蛮夷酋长每岁纳贡一次，六岁朝王一次。荒服之地的戎狄要“王

① 李根：《论皇权统治下的少数民族行政管理制度的二元结构》，《云南行政学院学报》1999 年第 2 期。

事天子”，即尊周天子为王；其酋长“世一见”周天子，即朝嗣王及即位而来见。换句话说，居于周朝四边的蛮夷戎狄只要承认周天子的最高宗主权，按规定的时间纳贡和朝见周天子，其政治制度、风俗习惯等一切均可照旧，其酋长亦拥有对本民族内部事务的处理权。由此，可以肯定周代五服制中关于要服荒服的规定，就是允许边疆少数民族进行有限度自治的羁縻政治统治模式的雏形。[①]

（二）汉唐时期

汉唐时期，羁縻特征的政治统治模式得到快速发展。经过战国兼并战争的洗礼，秦汉王朝相继建立起中央集权、多民族统一的封建国家。占统治地位的民族通过武力控制、和亲笼络、“羁縻统治”在少数民族地区设中央派出机构或筑城、屯军、移民等手段、民族政策、管理制度对少数民族进行统治管理。魏晋南北朝时期，民族融合的结果是酝酿出了高度发达的中央集权进一步完善的隋唐封建帝国。从秦汉到隋唐，中国封建社会处于由上升到繁荣昌盛的发展时期，封建社会的渐趋成熟，也为封建民族政治的发展成熟创造了条件。汉唐时期，主要采取分而治之、“恩惠抚和”、广设羁縻州等处理方式，通过各少数民族上层进行统治。汉唐的民族政治模式仍以羁縻统治为主。

两汉时期在民族地区设置最早的羁縻统治机构是属国。史载，元狩二年（公元前 121 年），“匈奴昆邪王杀休屠王，并将其众合四万军人来降，置五属国以处之，以其地为武威、酒泉郡”（《汉书·武帝纪》）。“居顷之，乃分降者边五郡故塞外，而皆在河南，因其故俗，为属国”（《史记·辣骑列传》）。汉朝在匈奴活动区置属国的做法接着就在西羌活动区的徨水流域推广，西汉宣帝神爵二年（公元前 60 年），赵充国击溃先零诸羌，“置金城属国以处降羌”（《汉书·武帝纪》）。东汉时期，又相继设置过广汉属国、蜀郡属国、键为属国、张掖属国、居延属国、辽东属国、西河属国、上郡属国、安定属国。

西汉以来，羁縻制度经历了边郡制、羁縻府州与册封制和土司制三个阶段。西汉将在边疆地区新设的郡称为边郡或初郡，这些郡大多在少数民族地区。中原王朝在边郡设立两套官吏系统，一是由中央政府直接派遣任

① 彭建英：《中国传统羁縻政策略论》，《西北大学学报》2004 年第 1 期。

免的流官系统，二是由当地民族首领世袭充任官吏的土官系统。当地少数民族原有的部落和人民都由土官管理，不缴赋税，只是向政府交纳一些土贡（土特产品），以此对中央政府表示政治上的臣服。唐朝建立以后，在民族地区建立了大量羁縻府州。唐的羁縻府州制是两汉属国制的进一步发展。西汉宣帝神爵二年（公元前 60 年），命原“护都善以西校尉”郑吉为“骑都尉谏议大夫使护西域三十六国”，“都护”之名由此简称而来。西汉在西域所设都护一直延续到西汉末，约 80 年。东汉也于永平十七年（公元 74 年）设西域都护及戊己校尉，之后又几废几设。唐的羁縻府州则直接承两汉的西域都护发展而来，不过唐不仅在西域设羁縻府州，同时也在大漠南北推广此制，“自太宗平突厥，西北诸蕃及蛮夷稍稍内属，即其部落列置州县。其大者为都督府”（《新唐书·地理志》）。之后，太宗又在回鹘诸部置六府七州。羁縻府州的都督和刺史都由当地少数民族首领世袭充任。同时，唐朝又在这些边孤地区设都护府和节度使来统领这些羁縻府州。如西域的安西和北庭都护府、东北地区的安东都护府、外蒙古的燕然都护府、内蒙古的安北都护府以及控制吐蕃和蛮、僚等族的剑南节度使等。这些接受册封的地方民族政权和羁縻府州，由当地少数民族首领世袭管理，内部事务自行其是，中央不加过问，中央政府在这些地区不收赋税，仅接受以政治象征意义为主的土贡。唐代以后的宋、辽和金朝在周边民族地区都基本上沿袭了这种制度。

（三）元明清时期

元明清三代，中国已步入封建社会后期，中国的民族政治制度发展到了相当高的程度，民族管理制度变得十分完备，但羁縻统治治理模式逐步走向衰落。理藩院的设置、盟族制、伯克制、达赖、班禅和葛厦制以及土司制的建立，说明了中国古代民族政治制度有了较大的发展，对维护国家统一和促进社会发展作出了巨大贡献。这一时期北方游牧民族羁縻政策所发生的种种变化，已预示着中国奴隶社会与封建社会所执行的民族羁縻统治的衰落，而最能表征羁縻统治治理模式衰落的，还是元明清时期在南方所实行的土官土司制与改土归流政策。

元朝统一全国后，在一些边疆地区实行有别于内地的土官土司制度。元朝的土官制度是一种在西南民族地区推行较普遍的统治政策。土官制的核心是利用当地民族首领担任各级土官。史载，元“平云南，遣将招降其酋长，遂分三十六路，四十八甸皆设土官管辖”[①]。元仁宗在答中书省臣奏疏时说：“远方蛮夷，顽犷难制，必任土人，可以集事。”（《元史·仁宗本纪》）从此诏书可以看出土官制仍属羁縻统治范围。不过，这种土官制度与唐朝起用少数民族首领为刺史等的“五管”制有所不同。土司即土官，因为其官署称为宣慰使司、宣抚司、安抚司、招讨司、长官司等而得名，其中除最高一级的宣慰使司官署内皆为流官，由中央政府任命外，其他各级官署都是土官，由地方少数民族首领世袭。根据各地少数民族首领的辖域和权力大小，中央政府册封的土司规格、职权也不一样。土司所管辖的境域实行自治，朝廷不干预其内部事务，不征赋税。但土司有朝贡的义务，“或三年一朝，或每年朝贡”，给皇帝贡献土特产品，皇帝则根据土司品级的高低给予不同的回赐。土司的袭替必须由朝廷册命。元的土官是仿效内地流官而设置，也分品秩高低，而唐宋的土人刺史带有秦汉名义上的册封性质；土官有的直隶行省，有的隶属州府，这与唐宋时岭南洗冯夫人可以自制僚属，直接与唐中央政府打交道有所不同。土官间有纠纷，要接受行省官员裁决，行省官有处决权，这极大地削弱了少数民族头人对其部属的控制权。故而，元时的土官制是一种与“前代虚名羁縻而异”[②] 的制度。

明、清两代都沿袭了元朝的土司制度。明朝，全国共有土知府以下官阶 298 人。明朝的土司政策是承元土官政策发展而来的，它广泛地推行于云南、贵州、四川、广西、湖广和广东、琼州等南方少数民族地区。明朝还规定了一套比元朝更完整系统的土司承袭、考核、缴纳贡赋、应征等制度。到了清代，由于实行改土归流，土官逐渐减少。据统计，当时在土司比较集中的云南、四川、贵州和广西的土官共 112 人。[③] 不过，无论是土官制还是土司制都要给民族上层保留较大的经济、政治特权，这种特权的保留在一定时期会导致新的民族分裂势力的崛起，故而明朝在实行土司制度的同时，就已开始实行土流合治、改土归流与土官流官化等做法。土流合治是为了监控制约土官，削弱其独断权；改土归流则把治理权从土官手里收归中央政府委任官；土官流官化则是对土官进行改造，并让其与部属

---

① （明）钱古训、李思聪：《百夷传》。

② （元）许有壬：《至正集·大元本草序》。

③ 吴玉章：《中国土司制度渊源与发展史》，四川民族出版社 1988 年版，第 166 页。

相分离。清朝的改土归流是明朝改土归流政策的进一步强化与发展，通过元明清三朝的土官土司政策与改土归流政策的数百年的执行，南方民族地区的封建地主制最终取代了封建领主制。[①]

纵观两千余年的中国政治制度史，无论是夏商周三代的要服荒服政策，春秋战国时期的攘夷政策，两汉时期的属国制，汉唐时期的羁縻府州制，唐宋时期的“五管”制，还是元明时的土官土司制，明清时的改土归流制等，这些政策名目尽管繁多，但基本上脱离不了羁縻统治的底色，因此，可以用民族羁縻统治政策概括之。[②] 羁縻制度和中央集权制度一样，都是贯穿于中国封建社会始终的基本政治制度。不管王朝如何更迭，不管哪个民族掌握政权，这种政治制度和统治形式都一直延续下来。它既有助于打破民族间的隔阂和地区间的分裂割据状态，又有助于每个民族内部和不同民族之间的政治凝聚力的形成。这是中国各地区、各民族有如百川归海、日趋统一的政治基础。可以说，中国古代和近代在民族政策上实行的以“羁縻政策”为特征的间接统治制度，构成了中国民族政策丰富的古典经验。[③]

## 三　近代国家对边疆社会的正式控制

近代以前的清代，虽然中央王朝由满族贵族执掌，但从国家与民族的关系来看，仍然继承了统一的多民族国家的历史与传统，即主体民族与少数民族在中央王朝的统治下共生共存，其政治、经济、文化及社会生活诸领域关系密切。这是中华民族自在发展的历史时期。

进入近代以后，西方列强对中国发动了多次大规模的侵略战争。自鸦片战争开始，先后有第二次鸦片战争、中法战争、中日甲午战争、八国联军侵华及20世纪三四十年代的日本全面侵华战争，这些战争在具体形式和内容上虽有不同，但其目的不外乎掠夺中国的领土和资源，把中国变为其殖民地、半殖民地。自《南京条约》之后，西方列强先后强迫中国签

① 杨永俊：《我国古代民族羁縻统治政策的变迁及其原因探究》，《西北史地》1999年第2期。

② 同上。

③ 关凯：《民族政策的传统模式与民族问题的现代性解决方案》，《西北民族研究》2004年第1期。

订了一系列不平等条约，其内容也无非是割地赔款、领事裁判权、开埠通商、关税协定、自由传教等方面，使得中国的领土完整遭到破坏，主权丧失，积贫积弱，几至亡国灭种的境地。在这种严重的民族危机驱动下，中华民族开始了自我认识的历程，并最终走向自觉的“民族自治”。这种危机驱动下的民族聚合，是一个动态的历史过程。

国民政府成立后，三民主义成为国民政府所遵循的治国纲领，并将其视为国民政府制定民族政策的理论指导。国民政府筹建了管理边疆民族事务的机构，制定了统治少数民族的政策。1929 年 2 月，成立了蒙藏委员会，隶属内政部，下设蒙事、藏事、总务三处以及参事、秘书等人员，是国民党南京政府管理蒙、藏民族事务的最高行政机关。蒙藏委员会的权限主要是掌理：“一、关于蒙古、西藏之行政事项；二、关于蒙古、西藏之各种兴革事项”①，对于其他少数民族并没有提及。这个机构的设置暴露了国民政府民族政策的偏颇和缺陷，忽视了国内绝大多数民族的存在，违背了国民党一直标榜的“国内各民族一律平等，扶植弱小民族，使之能自决自治”② 的主张。同时，国民政府为加强其对少数民族地区的统治，对边疆地区的行政区划进行了改制，其中影响最大的是在内蒙古地区设立行省，以削夺蒙古各盟旗的自主权利。1928 年 9 月 5 日，国民党中央政府会议决定将热河、察哈尔、绥远三个特别区以及青海、西康、宁夏等边疆民族地区正式改设为同内地一样的行省制。这实际上是在实行分而治之的统治策略，它使内蒙古人民长期聚居的共同区域四分五裂，从政治上和地域上起到分割少数民族的作用，有利于国民党中央政府的直接统治。但是，省、县政府新增加的苛捐杂税加重了内蒙古人民的生活负担，特别是国民政府在内蒙古地区移民屯垦，侵占土地，使内蒙古人民生活更加困苦，激起了内蒙古人民的激烈反抗。

同时，国民政府民族政策的制定在客观上也受到了当时中国国情和边疆地区实际情况的限制，一方面是帝国主义利用边疆地区的民族分裂分子频频插手边疆事务，以图达到侵占的目的；另一方面，是国民政府缺乏实力对边疆民族地区进行直接统治。首先，在民族主义方面，完全背叛了孙

① 中国藏学研究中心、中国第二历史档案馆合编：《民国治藏行政法规》，五洲传播出版社 1999 年版，第 38 页。

② 《孙中山全集》第 7 卷，中华书局 1985 年版，第 3 页。

中山在国民党一大时制定的“中华民族自求解放”的原则，放弃了对外打倒帝国主义、内求中华民族的自由解放的原则。其次，实行民族同化政策，把教育作为推行民族同化政策的重要手段。如国民党第五次全国代表大会宣言称“重边政，宏教化以固国族而统一”。另外，国民党对民族地区的文化宣传工作也很重视。再次，“扶植少数民族自治”。国民党的“民族自治”同它所标榜的“地方自治”相一致，即以县为单位，在蒙古地区则以旗为单位，实质上就是“地方自治”而非“民族自治”。因为这种“民族自治”并不是真正由少数民族自己管理本民族事务，而是所谓“优先登录蒙藏人士参加地方行政”。1929 年 6 月，国民党三届二中全会关于蒙藏决议称：“说明本党训政之意义，促成蒙藏民族人民积极培养自治之能力，完全自治之组织，并优先登录蒙藏人士参加地方行政，并奖励蒙藏优秀分子来中央党政机关服务”，这些蒙藏人士即蒙藏上层王公喇嘛，根本不能代表少数民族的利益。因此，可以看出所谓的“民族自治”是国民党欺骗少数民族的政治幌子。复次，维护民族地区的旧制度，笼络少数民族上层，加强对少数民族控制。国民党中央政治会议决议案第五项称：“在蒙藏行政制度未经确定以前，所有名称官职，暂准照旧”；第六项称：“新疆各区行政长官暂准存在。”①

综上所述，从总体来看，虽然国民党关于边疆民族地区经济、文化、教育诸方面的措施，在客观上对少数民族地区的经济、文化的发展起到了一定的积极作用。但从根本上看，国民党政府的民族政策仍是历代统治阶级的民族压迫政策的继续。少数民族享受不到真正的民族平等权利，政治上仍然受压迫，经济上继续受剥削，生活没有改善，而且日益贫困。同时，也没有减轻外国帝国主义入侵所进一步加剧的少数民族地区的灾难。

## 四　中华人民共和国对边疆社会的正式控制

中华人民共和国自成立伊始，就着手在包括边疆少数民族地区在内的全国范围内消灭维护阶级压迫和民族压迫的政治制度，全面改变原有的政治关系，建立新的人民民主政权，实现和维护人民当家做主的权利。这就要求彻底改变原有的边疆少数民族政治体制和政治关系，建立新型的政治

---

① 杨策、彭武麟：《中国近代民族关系史》，中央民族大学出版社 1999 年版，第 305—310 页。

体制和政治关系模式。

在中国共产党及其领导创建中华人民共和国的过程中，通过对中国国情、族情的深切考察和精心分析，逐渐认识到在中国既不能通过实行民族自决解决少数民族的自立自强问题，也不能通过联邦制的形式解决立国和各民族的联合问题。中国共产党在经过长时期的探索和初步实践取得成功经验之后，最终选择了民族区域自治作为解决中国民族问题的根本政策、制度和政治形式。在将民族区域自治确立为解决国内民族问题的基本政策以后，中国共产党便逐步将这一政策付诸实践，首先在有条件的地方实行民族区域自治，夺取全国政权以后便在全国范围内大力推行民族区域自治政策，从而使民族区域自治发展成为一项政治制度变成了现实。

民族区域自治制度的建立，在中国历史上所起的作用和产生的影响是十分巨大的。中国的各个少数民族大都生活在国家的边疆地区，它们在自己的历史发展过程中建立了形式多样、层级不同和影响各异的政治体系，这些民族的政治体系在臣属于、归附于中央王朝和对中央王朝称臣纳贡的同时，也不同程度地保持了自己的独立性，甚至在一定条件下还抗衡中央王朝并与之对峙。历史上的中央王朝采取了多种多样的政治形式和民族政策，最终都未能实现对少数民族地区和少数民族的全面、直接的控制。民族区域自治这种制度安排，合理地解决了中央政治体系与民族地方政治体系的关系。

首先，它体现了中央政治体系的权威性、统一性。民族区域自治这种制度安排，在将少数民族的地方政权转化为国家直接领导下的地方政权的同时，通过保留直接掌控这些政权的少数民族领袖和上层人士的政治地位的方式，在最大限度地降低抵抗的情况下将少数民族的地方政权纳入到国家政权体系当中，摧毁了少数民族的统治者抗衡中央政权的政治基础，实现了少数民族当家做主的权利。

其次，它能给予民族自治地方公民以充分的自主权、参与权。我国《宪法》和《民族区域自治法》都规定，各少数民族聚居的地方实行区域自治，不论是人口多的民族还是人口少的民族，不论是居住在一般的省、直辖市，还是居住在自治区、自治州的范围内，都有实行民族区域自治的权利，设立自治机关，行使自治权。这个自治权主要应由实行自治民族的公民来实施。

民族区域自治制度通过有效的制度供给，调节并从根本上理顺了国内的民族关系，构筑起了国内民族关系的新秩序，为在少数民族地区建立人民政权创造了条件，把国家权力直接深入到了少数民族地区，有效地提升了国内各民族政治整合的程度，增进了中华民族认同，促成了少数民族地区的社会变革，推动了少数民族地区的政治发展，为边疆的稳定、国家的统一及民族的融合和团结奠定了坚实的政治基础。

## 第二节　边疆社会非正式控制的主要因素

国家的正式控制是边疆多民族地区社会稳定的重要保障，但边疆地区社会控制的途径和机制是多种多样的，由国家实施的正式控制只是途径之一。在边疆多民族地区的社会控制体系中，还存在许多非正式控制的因素，这些因素对边疆多民族地区的社会稳定各有其特殊的意义和作用。

### 一　边疆社会非正式控制的内涵和形式

#### （一）边疆社会非正式控制的内涵

边疆社会非正式控制是与国家正式控制相对的概念。作为相对概念，边疆社会非正式控制是对所有不属于国家正式控制范畴的其他社会控制形式的统称，而不单指其他的某种或某类社会控制形式。边疆社会非正式控制的内涵，应从以下方面理解。

其一，边疆社会非正式控制并非只有一种因素或一种形式、途径，而是多种因素、多种形式和途径的集合，因此，像正式控制一样，它也是一个内部各种因素相异而又相互纠结的有序的体系。

其二，相对国家正式控制的人为规定和外在规定而言，边疆社会非正式控制是人们在社会生活中自然形成或者说是随着经验积累演化而来的，因此，它具有较少的人为因素，而往往是以潜移默化的方式内在于社会成员的心灵。

其三，如果说正式控制是国家对边疆多民族地区进行治理的根本手段，那么，非正式控制则往往处于国家意志之外，是边疆多民族地区进行日常自我管理的基本手段。

其四，边疆社会非正式控制往往与初级组织相关，具有较强的伦理性。

必须说明的是，本研究是在不包括那些明显具有反国家、反社会、反人类、反文明性质的异质性社会控制的意义上使用边疆社会非正式控制这个概念的。

（二）边疆社会非正式控制的形式

一般而言，人类社会的规范体系经历了一个“习俗—道德—宗教—制度—法律”的逻辑建构过程。这个逻辑过程展示了人类社会规范从低级形式向高级形式发展的总体趋势，尤其是展示了“原始—奴隶—封建—资本主义”四种社会形态依次更迭明显、社会发展较快、社会发育程度较高的典型文明（如欧洲文明）的社会控制体系演变的一般规律。承认这一逻辑过程的存在，并不意味着同时认为这个过程按单线进化的替代模式来实现，也不意味着认为目前业已步入现代化的世界各国、各民族的社会控制体系的发育都经历过相同的过程。尤其值得注意的是，在我国的边疆民族地区，这个过程往往是以“压缩”“跨越”的方式完成的。如云南边疆的很多少数民族就只经历过由传统社会控制向现代法制社会“直过”的过程，在他们的传统社会中，习俗、道德、宗教等初级社会控制方式是汇融一体、混合作用、难分先后的。因此，只有暂时撇开各国、各民族的历史实际，站在现代社会控制的角度，我们才可以说，制度控制和法律控制是正式控制的核心内容，而道德、习俗、宗教等则构成非正式控制的主要形式。

1. 边疆社会非正式控制的形式之一：民族习俗

民族习俗作为民族地区人们习以为常的行为规范，是民族成员共同生活的产物，是一定民族文化背景下的群体的行为模式，它对民族成员行为的约束往往具有自发意识的成分。民族习俗与民族成员衣食住行等日常社会生活方方面面的行为联系密切，主要协调婚丧嫁娶、节日盛典、人情往来等方面的行为。对民族习俗规范的遵从主要是依赖民族成员的信念、习惯和社会典范的力量来实现，并且，通常都不是建立在理性认可的基础上，人们一般不会去追究遵循和服从这些习俗规范的理由和原因，而往往把它们视为天然的或本来应该如此的行为。民族习俗是现实生活过程中民族成员以往生活经验的自然延续和积累，因此，民族习俗具有继承性。一个民族的习俗总是相沿成习的，因而它对民族社会的控制作用也具有持续性和稳定性。

2. 边疆社会非正式控制的形式之二：民族道德

民族道德是一种调整民族地区人们之间和人与社会之间关系的重要社会

规范。道德规范是人们的一种自觉的行为准则，它由习俗规范中与共同生活联系较紧、较为重大的那部分规范提升、演化而来，但它又与习俗不同。比较而言，习俗对社会的作用范围更大，人们对它也有较高的自由选择度。道德作用的范围相对习俗较小，却应该遵从，因为，不道德就会受到社会舆论的谴责。道德与具有国家强制性的法律也不同，它是依靠羞耻感来维持的人们的自律性的行为规则，主要是通过教育、示范和社会舆论的力量，通过社会成员的内心信念来实施约束。当然，即便是在现代社会，道德和法律之间也并没有不可逾越的界限，一些现代国家甚至还会有意识地通过法律把传统道德固定下来，借以更有效地约束人们的行为。尽管不同的时代、不同的阶级、不同的民族有着不同的道德标准，但由于道德较之法律、纪律有着更大的感召力，作用范围更为广泛，也更为内在、自觉，因而具有更广泛、更持久的约束力。我国各少数民族的传统文化都包含着内容丰富而又各具特点的道德因素，它们对各民族社会的控制作用不可小视。

3. 边疆社会非正式控制的形式之三：民族宗教信仰

宗教是人类历史上普遍存在的一种社会现象。宗教规范是自然力量和社会力量在人们思想中一种虚幻的、歪曲的反映，是一种与神圣物相联系的信仰和行为准则。它由共同的信仰、礼仪和教团组织等要素构成。从社会心理的角度讲，宗教产生的根源是人们对不确定性的恐惧，因此，宗教具有降低不确定性的作用。德国古典哲学家费尔巴哈曾说："宗教的整个本质表现并集中在献祭之中。献祭的根源便是依赖感——恐惧、怀疑、对后果的无把握、未来的不可知、对于所犯罪行的良心上的咎责，而献祭的结果、目的则是自我感——自信、满意、对后果的有把握、自由和幸福。"① 在人与自然的关系当中，宗教的存在反映了人们试图规范这种关系的愿望，尤其反映了人们关心未知世界（或"彼岸世界"）、试图了解未知世界的愿望。在人与人的关系当中，宗教具有加强人们之间相互认知的作用。共同的崇拜对象、普遍接受的教义规则，可以成为人们之间相互认知的符号，从而可以降低人们之间交往乃至博弈的成本。这正如德国政治经济学家、社会学家马克斯·韦伯所言："'宗教'观念对生活方式和

① ［德］路德维希·费尔巴哈：《宗教的本质》，王太庆译，人民出版社 1999 年版，第 39 页。

经济的首要的和基本的影响，总的来说，就是起了固定化的作用。”① 古希腊和古代东方世界普遍存在着人格化的宗教形态，它表现为自然观上的万物有灵论和社会心态上的祖先崇拜。到了古罗马时代，西方宗教逐渐呈现出一种“非人格化”的趋势。在我国边疆地区，民族问题常常与宗教问题交织在一起，少数民族的宗教信仰错综复杂，有的民族甚至全民信教。所以，民族宗教信仰在边疆民族地区的社会控制中也发挥着非常重要的作用。

## 二 边疆社会非正式控制因素的本质

从宽泛的意义上说，习俗、道德、信仰、宗教等都属于广义的习俗范畴，因此，非正式控制因素在本质上是一种习俗性规范。在民族国家产生之前，习俗性规范就是人们日常生产和生活最基本的行为规范。民族国家建立后，伴随国家现代化的实施，习俗性规范将会受现代制度性规范的影响而发生移风易俗式变迁。

### （一）边疆社会非正式控制因素的物质技术层面

原始社会时期由于生产力水平低下，导致个体对群体的绝对依赖，个体意识完全被包摄在不发达的群体意识中，因而原始人不能明确地意识到自我与他人（社会）的利益关系，在原始群体内部也就不会形成比较稳定的共同行为准则，人们的行为和相互关系的协调和维持还只是靠简单的习俗规范。随着初级劳动分工的进一步发展，在社会关系中才出现并渐渐彰显个人利益与人们共同利益的矛盾。为了缓和矛盾冲突，稳定社会秩序，在原始氏族内部逐步形成了较明确的调整人际关系的自觉要求，并通过群体的舆论使其趋于稳定，随着人们内心维护氏族整体利益的义务感和荣辱观念的萌生，这种行为要求就成为氏族社会成员共同遵守的道德规范。

由于生产力落后，那时的人类还不可能驾驭自己的命运，人类对自己周围的世界必然产生尊敬、恐惧和崇拜等感情，致使人们的有些行为规范带有信仰、宗教色彩，人们会把外部世界神化，认为那里栖居着各种神灵。通过与神灵沟通以获得对外部世界的把握和控制，这种心态促成了

① ［德］马克斯·韦伯：《经济与社会》上卷，林荣远译，商务印书馆 1997 年版，第 455 页。

“一切‘职业’中最古老的职业——职业巫师”[①] 的产生。所以，早期宗教的象征性仪式有助于消除人们对外部世界的恐惧，同时，也使同一个生活共同体中的人们对同一套礼仪产生信仰，从而使人们的行为方式趋向于一种具有常规性的秩序。从流传至今的土家族的图腾禁忌、两性禁忌、生产禁忌、食物禁忌等禁忌规范就可看出这一点。

所以，总的来看，非正式控制规范从源头上说是生产力水平不够发达，人们认识世界和改造世界能力低下的产物。换句话说，作为具有习俗属性（服从于习惯力量）的非政治控制规范是人们处于前现代状态下（自然经济水平下）的基本行为规则。我国的边疆多民族地区，由于历史、地理等原因，经济发展水平相对中部和东部地区有着较大的差距，这也是非政治控制因素在边疆社会长期发挥作用的重要原因。

### （二）边疆社会非正式控制因素的组织层面

从社会规范的历史演进来看，非正式控制因素产生于正式控制因素之前，因此，此时的非正式控制因素的更恰当的定位应该是“前正式控制因素”。如果说正式控制因素是随着国家的出现而出现的话，那么前正式控制因素是随着氏族组织（人类社会的最初形态）的出现而产生的。换句话说，从非正式控制因素的初始形态来看，习俗、道德、宗教等形成于原始氏族社会，它们往往是鉴别氏族组织的标志。这也就意味着非正式控制因素的组织基础不是政治国家。非正式控制规范往往形成并作用于群体组织或初级组织，而正式控制规范则根源于国家这样的次生组织，并作用于国家体制范围内的一切次级组织。

### （三）边疆社会非正式控制因素的文化层面

习俗产生于诸多并未明确意识到其所作所为有如此结果的人们的各自行动，因而它是无意识的人类行为的积累结果，是通过学习和模仿而传播沿袭下来的整个文化遗产。[②] 习俗在人类社会中长期存在，世代相传。如同所有文化都是一种手段性的现实，为满足人类直接的或间接的需要而存在一样，各种习俗的产生也是为了满足人们在某一方面的需要的，如行为规范功能、群体维系功能、社会调节功能以及社会教化功能等，即习俗具

---

① ［德］马克斯·韦伯：《经济与社会》上卷，林荣远译，商务印书馆 1997 年版，第 455 页。

② 韦森：《社会秩序的经济分析导论》，上海三联书店 2001 年版，第 180 页。

有重要而特殊的文化秩序功能。

首先，习俗的产生是人类社会秩序从自然走向社会的体现。要认清习俗秩序的这一特点，必须从区分习俗、风俗和习性、习惯两组概念入手。一般来说，习性、习惯可以是本能的，即通过遗传基因（生物遗传）获得，也可以通过后天的改造培养而形成；而风俗、习俗的形成，不能说是本能的、先天便已固有的，它们与习惯、习性虽具有根源性的联系，但它们的真正形成必须通过人类社会这一关键媒介体。简而言之，习俗、风俗是经过人类社会性、团体性固化后的习性、习惯，不能简单地与未经固化的习性、习惯同日而语。例如，动物世界中的所有动物，都有着各自不同的属于本能的、生物遗传的生存习性，这种习性，也见诸植物界。由于动、植物界本身不存在社会化的问题，因而它们的生存只能限定在未经社会性固化的“习性”这一概念或范畴内，与人类社会的习俗、风俗显然有着质的区别。习俗是人类社会的特定产物和必然产物，是人类群体组织相互间和与自然界各种物质条件发生关系后所形成的群体习性或习惯。社会性、团体性是习俗、风俗的最重要、最鲜明的标志，即便是脱离社会生活、与世隔绝的单个人，其在特定环境下形成的生存习性和习惯，严格而言，也不能称为习俗或风俗。因此，习俗一方面反映人类的自然属性，另一方面又体现人类的社会属性，是人类社会从自然走向社会的文化象征。

其次，习俗是一种伦理性规范。要弄清习俗的这一特征，就必须正确认识习俗性与制度性规范的区别。群体和团体是自发形成的，它们是由血缘、地缘或业缘为纽带而结成的熟人社会、圈子社会，由此习俗具有伦理属性，而组织是理性建构的，组织的制度是为组织的运行及其目标的达成，因此制度是一种工具性规范。当然，我们不能忽略一个事实，当国家这种排他性组织产生后，不仅任何组织都面临着一个合法性的问题，而且任何群体、团体及个人都应该接受国家制度的约束。由此，作为国家治理手段，制度规范具有统一性、普遍性和客观性。习俗则不同，它是在一定时期、一定区域内人们长期相处积久成俗的生活方式，正所谓“十里不同俗，百里不同风”。因此，与以法律、规章等为基本内容的制度性规范不同，习俗具有主观性和特殊性的特征。

值得注意的是，随着制度性规范向现代公共规则的转变，习俗则日益被视为一种传统性行为。通常，人们将由习俗主导的社会视为传统社会或前现代社会，而将以现代公共规则为主导的社会视为现代社会。然而从现实生活的角度出发，这两者都存在于当前的社会中，尤其在边疆多民族地区，这两者共存的现象就更为明显。

## 三　边疆社会非正式控制因素的秩序构建功能

边疆社会非正式控制因素在社会、文化秩序构建、维系方面的功能主要体现在以下四个方面。

### （一）规范功能

群体社会就是许多人在一起生活，而许多人在一起生活就必须建立必要的秩序，没有秩序，乱作一团，就会什么事也做不成，什么事也做不好，这个浅显的道理，如今已尽人皆知。就是一群孩子在一起做游戏，也还得约定一个被大家都认可的，并且被大家都遵守的游戏规则，这个游戏才能顺利地进行下去。如果其中一个孩子不认可这个游戏规则，甚至要破坏这个游戏规则，那游戏也就进行不下去了。推而广之，乡村社会的群体生活要能够维持下去，使得人与人之间能够相处好，就需要建立一种适宜于这一群体生活的正常秩序，并用一系列被群体成员普遍认同的行为规范来加以约束，以保证这种秩序的正常运行。否则，群体生活也就会乱作一团而无法继续下去。

恩格斯说过："在社会发展某个很早的阶段，产生了这样一种需要：把每天重复着的产品生产、分配和交换用一个共同规则约束起来，借以使个人服从生产和交换的共同条件。这个规则首先表现为习惯，不久便成了法律。"① 这里说的"习惯"，就是非正式控制因素。文化人类学者用大量材料说明，非正式控制因素的产生早于正式控制因素，正式控制因素则源于非正式控制因素。在边疆民族地区，正是因为长期存在着一系列非正式控制因素在无形之中支配着边疆人民的日常行为，整个边疆社会才得以正常运转和发展。

### （二）维系功能

边疆社会非正式控制因素的规范功能，其实已经涉及维系功能的问题。有了一定的习俗惯制，也就约束了民众的行为和思想，其结果，便是使得社会生活井然有序、安定和睦，使其处于一种健康向上、蓬勃发展的

① 恩格斯：《论住宅问题》，《马克思恩格斯选集》第3卷，人民出版社1995年版，第211页。

态势。于是，社会内的居民便对这个地域群体产生了信心，形成了一种向心力和凝聚力。换言之，非正式控制因素能够把群体成员稳定地维系在群体之中，这就是它的维系功能。

非正式控制因素的维系功能首先表现在维系家庭的稳固方面。有关家庭的一系列习俗惯制，都是在约束人怎样处理好夫妻关系、父子关系、兄弟关系。说到底，处理好这些关系，正是为了维系家庭的稳固，防止家庭的破裂。推而广之，社会里的各种群体组织，包括村落、行帮和形形色色的民间结社，也都需要用各自的非正式控制因素来维系。他们之间，往往会有共同的语言、共同的信仰、共同的祖先崇拜或祖师崇拜、共同的禁忌、共同的节日、共同的仪式礼节、共同的传说故事，甚至有共同的标志，即使在异地他乡，只要他们相遇或见到他们熟悉的社会风俗，他们就会与对方认同。这种维系的功能已经不仅仅停留在行为方式的层面，而是深入到了群体成员的文化心理层面。

在社会发展的历史进程中，每当出现大规模的急剧的社会变革，这种非正式控制因素的传承和渐变就会起到一种缓冲作用，进而能防止文化的断裂，保证群体组织的相对稳定和延续。

（三）调节功能

调节功能通常是指通过娱乐、宣泄、补偿等方式，使得社会生活和心理本能获得一定程度的调适。在边疆社会非正式控制因素这个领域里，我们尤其要指出的是，在人际交往过程中的一系列习俗惯制，往往是协调人际关系的一种“润滑剂”和“调节器”。非正式控制因素通过对人们日常交际行为方式的规范和约束，以达到协调人际关系的目的。在日常生活中，凡是按照非正式控制规范的要求去处理相应的人际关系的，便可以与别人和睦相处，获得人际交往的成功。这时候，非正式控制规范犹如一种润滑剂，起着很好的调适作用，可以用来化解矛盾、增进友谊、沟通感情。当人际关系出现裂痕，或是社会组织面临困境和危机的时候，非正式控制规范也有着弥合裂痕和解除危险的功能。就人们的日常行为而言，跟正式控制规范相比，非正式控制规范显然更有调节效能，因为，事实上，很多人的日常生活，或普通人终其一生的大多数时间，需要诉诸法律等正式控制手段的时候毕竟很少。

（四）教育功能

边疆社会非正式控制因素的教育功能，主要表现在社会群体对其成员的教化作用方面。关于这种教化作用，美国学者本尼迪克特有过一段形象的描述。她说："个体生活历史首先是适应由他的社区代代相传的生活模式和标准。从他出生之时起，他生于其中的风俗就在塑造着他的经验和行为。到他能说话时，他就成了自己文化的小小创造物，而当他长大成人并能参与这种文化的活动时，其文化的习惯就是他的习惯，其文化的信仰就是他的信仰，其文化的不可能性就是他的不可能性。"① 这样一种教化的过程，一般并不是由学校教育来完成，而是由社会民众来实施的。首先，这是在每个孩子自己的家庭里，由家庭这个社会组织来负责实施。在孩子稍稍长大一些之后，在他所在的家族里和村落（社区）里，他周围的人也用各种方式热心地教化他，告诉他，或是暗示他，哪些是民俗允许做的，哪些是不允许做的，并且教会他一系列的行为规范以及行为规范所赖以存在的文化心理。此后，每当他进入一种社会组织，这个社会组织的其他成员也会用种种方式帮助他迅速地习得该社会组织里的非正式控制规范。

非正式控制规范与正式控制规范不同，后者对民众行为的规范约束具有强制性，重在他律；前者，当然有时候也会有一定程度的强制，但总体上说是一种"软控"，重在自律，是一个潜移默化的过程。也就是说，非正式控制规范对社会成员个体的要求，主要是通过示范、灌输、评价、劝阻等教育方法，要求人们自觉遵守社会所倡导的、所允许的那些行为规范，并且自觉纠正社会所反对的、所不允许的行为方式。这一切，通常都在和风细雨之中不知不觉地完成。

比如，孝顺父母、尊敬老人，这是中华民族的传统美德，同时也是我们的祖先长期传下来的非正式控制规范。除了在学校教育中历来十分强调这一内容之外，更多的还在于全社会早已形成了良好风气。成年人在这方面所作出的榜样是至关重要的。在许多家庭里，长辈们不经意间的一言一行，举手投足间，便形成了对下一代的一种熏陶，使他们从小就自觉模仿，认为这是天经地义的事，似乎已经不需要再给他们讲多少道理了。反之，当某个家庭里出现了不孝顺父母或不尊敬老人的行为时，就立即会受到社会舆论的普遍指责，犹如过街老鼠，人人喊打。这对于那些没有犯这

① ［美］露丝·本尼迪克特：《文化模式》，何锡章等译，华夏出版社1987年版，第2页。

种错误的人来说，也是一种形象化的教育，在他心灵深处留下的印象有时候比空洞的说教还要来得深刻。

凡此种种都说明，非正式控制规范被遵循，不仅仅是一种行为方式的习得，同时还会在文化心理上产生深刻的影响。逐渐地，全体社会成员便有可能形成大致相同的价值判断定式。由此可见，非正式控制规范的实施过程实际上也就成了一个社会成员接受教化的过程。在这个过程中，非正式控制规范的教育功能也就得到最大程度的体现。

其实，非正式控制规范的功能也就是“文化”的功能。对此，英国文化人类学家、功能学派大师马林诺夫斯基有过精辟的论述。他认为，“文化根本是一种‘手段性的现实’，为满足人类需要而存在”；“文化是包括一套工具及一套风俗——人体的或心灵的习惯，它们都是直接的或间接的满足人类的需要”①。一切文化要素，若依我们的看法，它们一定都是在活动着，在发生作用，而且是有效的。文化要素的动态性质揭示了人类学的重要工作就在于研究文化的功能。这里所提到的文化要素，有时候我们又称为文化事象，当然也包括民俗事象在内。非正式控制规范无疑也是这样的一种文化要素。它们在边疆民族的社会生活中长期存在，世代相传，总是能在某一方面或在某种程度上满足边疆人民社会生活的需要，并在维护边疆社会稳定的控制体系中扮演着不可替代的重要角色。当然，这个角色所起作用的利弊得失，有无副作用，可否改进，这又是既涉及价值判断，又关系社会变迁的另外的问题了。

## 第三节　边疆社会非正式控制与正式控制的关系

任何社会的存在和发展都离不开一定的秩序，而社会秩序的建立和维持都是社会控制的结果，没有控制就没有秩序。因此，任何国家的治理，总是把社会控制放在头等重要的位置，以建立稳定的政治环境和井然有序的社会生活秩序，从而为现代化建设和社会的全面发展创造良好的社会条件。由于特殊历史和现实原因，我国边疆多民族地区社会稳定的压力加大，在这种环境下，选择什么样的社会控制手段，建立什么样的社会控制

① ［英］马林诺夫斯基:《文化论》，费孝通译，华夏出版社 2002 年版，第 90 页。

模式是需要慎重对待的。

在边疆多民族地区中，正式控制与非正式控制都是维护社会秩序、推动社会发展的重要手段。两者在功能上各具特点，缺一不可。正式控制体现的是国家意志，非正式控制则往往代表的是民族、民间的意愿，承载着民族、民众的感情，因此，维护边疆社会的稳定，重要甚至关键的问题，就是恰当处理他律性国家正式控制与自律性民族、民间非正式控制之间的关系，并使之形成合力。正式控制与非正式控制相结合，应该成为当代中国社会控制模式的最佳选择。

## 一　边疆社会正式控制的功能分析

### （一）边疆社会正式控制的功能

边疆社会正式控制的功能主要表现在以下三个方面。

1. 指示人们行为的方向

国家或政府通过法律、法规和政策等手段规定可以做什么、必须做什么和不许做什么的行为尺度，对人们起着指引、规范行为的作用，使每个成员都能了解国家的基本要求，预测到自己行为的后果，自觉实行符合国家要求的行为。同时，人们还会以法律规定评价他人行为，从而影响人们的行为方向，使受到肯定的合法行为会勇往直前，受到否定的越轨行为会有所收敛或停止；合法的典型示范行为会成为人们效法的楷模，受到制裁的违法行为会给人们以警戒。

2. 规定和调整各种根本的社会关系

国家规定了政治关系、经济关系、社会交往中人际关系的基本原则，以及人们在各种社会关系中的地位、职业和与之相适应的权利与义务。法律、政策的实施，要求各阶级、阶层及其成员对法律规定的认同，行使应有的权利，履行应负的义务，从而形成有秩序的社会结构序列。

3. 规定责任和制裁违法行为

国家通过法律规定违法行为的界限和条件，以及追究违法者法律责任的程序和制度，这些法律规定，一方面对违反法律的行为，依法追究其法律责任，具有制裁作用；另一方面，对其社会成员又具有警戒和防范的作用。

### （二）边疆社会正式控制的优势

正式控制作为边疆社会控制的重要手段，在维护社会秩序方面优于习俗、道德、宗教等非正式控制形式的特点，主要表现在以下几个方面。

1. 正式控制比非正式控制更具确定性和可预见性

正式控制使人们可预先知晓如何行为及行为的后果，而缘起于民间、因袭成俗的非正式控制的标准，通常要比大多数法律规定更笼统、更不准确，难以透彻地理解和把握，有的甚至就经不起纯粹理性、缜密逻辑的推敲。非政治准则的这种模糊性，使得人们不能够或难以估量它们的影响并据此调整自己的行为。

2. 正式控制在刚性地维护社会基本秩序方面优于非正式控制

正式控制通常针对的是根本的社会关系和基本的社会秩序，国家通过正式规范的权威性、普遍性、强制性等调控社会成员之间的根本利益关系并规定人们行为的底线（或俗称的“高压线”），没有政治性规范，有序的基本社会秩序就随时都有可能从根本上受到破坏。非正式控制规范作为一种社会控制力量，它对人的约束由于不具有国家强制力，而主要靠自觉、自律等发挥控制作用，因而在防止有序社会遭到颠覆性破坏，以及在恢复良好的社会基本秩序方面，它发挥控制作用的有效性、及时性要逊色于正式控制。

3. 正式控制在约束人们的外在行为方面更具震慑力

国家规定人们应当如何行为，禁止作出某种行为，并对有违法行为的人施以制裁，从而规范、引导和控制人们的行为，使其行为合乎国家所确立的秩序。正式控制对各种违法行为可施以不同形式的制裁，而这种制裁是以国家强制力为后盾的。就整体而言，强制力乃是正式控制的必要的、不可分割的组成部分，因此，对于社会越轨行为，正式控制要比非正式控制更有震慑力。非正式控制作为约束人们行为的准则，使其得以实现的并不是外部的有形强制与威胁，而是通过人的内心、动机和良心发挥作用从而约束其行为。非正式控制的制裁表现为内在的自我否定和谴责，是一种无形的内在良心的约束。即使受到社会舆论或社会组织的某种外在强制，这种强制也不是国家强制，其震慑作用也相对较小。

（三）边疆社会正式控制的局限性

正式控制以其特有的规范作用和社会作用对社会生活产生深刻的影响，是当代社会经济、政治、文化发展和社会全面进步至关重要的因素。但“它像人类创造的大多数制度一样也存在某些弊端。如果我们对这些弊端不引起足够的重视或者完全视而不见，那么它们就会发展为严重的操作困难"[①]。因此，我们在强调正式控制的作用的时候，又绝不能陷入"正式控制万能论"的误区，而是要清醒地看到正式控制在作用于社会生活时它自身存在着的某些局限，并要以这种对正式控制局限性的认识为基础，把正式控制机制与非正式控制机制有机地结合起来，构建起维护良性社会秩序的完整的社会控制体系。这在边疆民族地区尤为重要。

以作为正式控制主要手段的法律为例，美国法学家庞德认为，法律作为社会控制的主要手段，是依靠强力来发挥调整社会关系和安排人们行为的作用的；"但我们最好记住，如果法律作为社会控制的一种方式，具有强力的全部力量，那末它也具有依赖强力的一切弱点"[②]。在庞德看来，法律的局限性表现在以下几个方面。

其一，有些限制产生于适用法律的事实，这些事实在其确定过程中包含着各种困难，确定事实是一个充满可能出现许许多多错误的困难过程，错误认定曾导致过许多错判。

其二，有些限制产生于许多义务难以捉摸，它们在道德上很重要，但不能在法律上予以执行。

其三，有些限制产生于许多严重侵犯重大利益的行为，其所使用的方式微妙离奇，而法律手段对这些重大利益的保障却无能为力。

其四，有些限制产生于对人类行为的许多方面、许多重要的关系以及某些严重的不良行为不能适用规则和补救等法律手段。换言之，法律惩罚的范围是有限的。

其五，有些限制产生于为了推动和实施法律必须求助于个人，因为法律不会自己实施，而一定要有人来执行法律，人的素质对法律的实施会有一定影响。[③]

因此，法律在担起社会控制的主要角色时，还需要其他控制手段的配合。"如果假定政治组织社会和它用来对个人施加压力的法律，对完成目前复杂社会里的社会控制的任务来说已经绰绰有余，那是错误的。法律必

---

① ［美］E. 博登海默：《法理学—法哲学及其方法》，邓正来、姬敬武译，华夏出版社1987年版，第388页。

② ［美］罗斯科·庞德：《通过法律的社会控制——法律的任务》，沈宗灵、董世忠译，商务印书馆1984年版，第11页。

③ 同上书，第29—33页。

须在存在着其他比较间接的但是重要的手段——家庭、家庭教养、宗教和学校教育——的情况下执行其职能。如果这些手段恰当地并顺利地完成了它们的工作的话，那末，许多本应属于法律的事情将会预先做好。需要管制的反社会的行为和与周围的人们处理得不好的关系，可以通过养育、训练和教育来加以预防，从而导致以理性为准绳的生活。”①

## 二　边疆社会非正式控制的功能分析

### （一）边疆社会非正式控制的功能

在维护边疆社会稳定的过程中，非正式控制因素在指导和规范人的行为、调节人们之间的关系、维护社会生活秩序、建设社会主义物质文明和精神文明方面都起着不可或缺的、独特的作用。非正式控制在边疆社会秩序构建和维护方面的主要功能已如前述，这里想进一步说明其中的两点。

1. 教育功能

在社会非正式控制体系中，道德教育能使人们认识自己对家庭、对他人、对社会、对国家应负的责任和应尽的义务，更正确地认识社会道德生活的规律和原则，从而正确地选择自己的行为和生活方式。道德的教育功能主要通过道德评价和道德判断来实现，通过道德评价和判断，教人懂得什么是美德，什么是恶行，树立正确的义务、荣誉、正义和幸福等观念，其目标是使受教育者成为道德纯洁、理想高尚的人。

2. 调节功能

人在社会中生活，不是孤立的存在物，总是要和自己的同类发生这样或那样的关系和联系，因此，不可避免地要发生各种矛盾。在非对抗性的矛盾范围内，就尤其需要有道德、伦理等非正式控制方式来加以调节。在社会主义社会的当代中国，民族民间的非正式控制必须与国家推行的正式控制保持一致，它们的共同目标是使个人与他人、个人与社会的关系完善与和谐。在实现这一目标的过程中，无论在调节人与人之间的关系方面，还是在调节个人与集体乃至国家的关系方面，道德等非正式控制方式都能对国家的正式控制起辅助、补充的作用。

---

① ［美］罗斯科·庞德：《通过法律的社会控制——法律的任务》，沈宗灵、董世忠译，商务印书馆 1984 年版，第 11 页。

### （二）边疆社会非正式控制的优势

边疆社会非正式控制的优势，即边疆社会非正式控制优于正式控制的特点主要表现在以下几个方面。

1. 非正式控制中的道德促人扬善抑恶

人的动机、行为有善恶两种，道德旨在促人扬其善而抑其恶，有利于人心向善，也有利于民风、社会风气的淳化。

2. 非正式控制对人的内心活动和动机的控制和引导优于正式控制

正式控制，尤其是法律、制度控制，偏重于对人们外在行为的规范，着重要求的是人们外在行为的合法性，而不能离开行为过问动机，单纯的思想不是正式控制的对象。非正式控制所要求的，不仅仅是人们的外在行为合乎规范，而且它还要求人们行为的动机高尚、善良，对人们的行为进行心理上的“内在”干预。这是非正式控制发挥作用的特殊机制，也是它的优势。

3. 非正式控制的范围比正式控制更广

正式控制调整的是那些要求并可能由国家评价和保证的社会关系，而非正式控制调整的范围几乎囊括一切社会关系和社会生活的领域。一方面，“那些被视为是社会交往的基本而必要的道德正义原则，在一切社会中都被赋予了具有强大力量的强制性质。这些道德原则的约束力的增强，是通过将它们转化为法律规则而实现的”①。另一方面，社会生活中也存在着一些仅属非正式规范调整的领域，在这些领域，正式控制是不能也不可能越俎代庖的。例如，凡是违反法律的行为，大都同时会受到道德的谴责，但违反道德的行为，却有很多不是违法行为。

作为边疆社会的社会控制的手段，非正式控制与正式控制相比，也有其明显的不足。这在论述边疆社会正式控制的优势与特点时已有相应的分析，这里就不再赘述。

## 三　边疆社会正式控制与非正式控制的互补

通过以上对边疆社会正式控制与非正式控制功能的分析、比较，我们可以看出，正式控制与非正式控制作为社会控制体系中的两种方式，在性

---

① ［美］E. 博登海默：《法理学——法哲学及其方法》，邓正来、姬敬武译，华夏出版社 1987 年版，第 361 页。

质上和功能上既相互联系又相互区别，它们的功能各有其长，也各有其短，不能互相替代。因此，若从人类社会发展史的整体看，在社会发展的不同阶段及其中的不同时期，在不同国家和地区，在不同民族那里，正式控制和非正式控制所起的作用是不同，甚至是有很大差别的，不能一概而论地得出谁主谁辅、谁重谁轻、谁大谁小的简单抽象结论。只是在与传统社会相区别的意义上，我们才说现代社会是法制社会，才可以认为，以刚性正式控制为主、以柔性非正式控制为辅是现代国家社会控制的主要特征。但即便在现代社会，在各自作用的范围内，就作用的效果而言，作为社会有序化不可或缺的两种手段，它们之间也没有绝对的轻重之分。在不同的场合，它们发挥各自不同的作用。正式控制侧重于外在控制，非正式控制则侧重于内在控制，两者只有协调发展、密切结合，做到外在控制与内在控制的统一，才能完成它们共同承担的社会历史使命，社会秩序才能得到有效维护。边疆社会的政治秩序、经济运行和社会稳定，不可能仅仅依靠正式控制，还必须同时重视非正式控制的社会功能。

### （一）边疆社会正式控制与非正式控制相异相依

用现代的观点来看，正式规范与非正式规范是有严格区别的。它们毕竟是两种不同的社会控制力量，具有不同的质的规定性。在社会控制中，作为维护社会秩序的两种重要手段，正式规范与非正式规范在各自的领域里发挥着社会调整作用，两者的功能是不可互相替代的。正式规范以其强制性约束人们的外部行为，不能脱离主体的行为进入其内心世界。非正式规范则主要依靠人们的内心信念，靠良心，靠善恶观来评价一切事物。一旦离开了情感、意志、良心，非正式规范就无法发挥它的作用。因此，非正式规范发挥作用的主要途径是内在的，是外在的强制作用代替不了的。

正式控制与非正式控制的不同，最重要还在于它们所代表的利益不同。正式控制代表的是国家、政府（在阶级社会就是统治阶级）的利益，而非正式控制往往代表的是民族民众、民间（在阶级社会就是被统治阶级）的利益。当国家、政府的利益不能代表民族民众、民间利益的时候，或当民族民众、民间形成异于国家、政府的利益诉求的时候，正式控制就会与非正式控制相矛盾甚至敌对，非正式控制就会与正式控制相背离，这时，就会产生一种社会离心力，进而导致社会总体上的无序、不稳定甚至社会破裂。

正式控制与非正式控制虽然有区别，在历史的某个时期、国家的某个区域、社会的某个局部它们甚至会有矛盾、冲突，但在生产关系基本适应生产力发展要求、上层建筑基本适应经济基础现状的社会，在国家、政府利益与民族民众、民间利益呈正向关系的时期，它们又是相互依存、相互贯通的。

就正式控制体系内部的制度、法律控制与意识形态的道德控制的关系看，表现如下。

其一，法律控制以道德控制为基础。任何法律体系的建立，都离不开一定的伦理道德基础，都必须获得道德的支持，否则，所制定的法律就会同社会价值背道而驰，就会丧失其存在的意义，进而也“往往会被废弃”①。道德，在黑格尔看来，也是法的一种，即“主观意志的法”②。而德国法学家耶利内克则认为“法是道德的最小限度”③，法律本来就应该把“道德的最小限度”作为其内容。

其二，法律控制和道德控制之间有一种交叉关系。“法律与道德代表着不同的规范性命令，其控制范围在部分上是重叠的”④。有相当部分的法律规范实质上就是道德的提升。如民法中的诚实信用原则，既是法律原则，也是道德规范的内容。婚姻法、继承法、收养法中的一些法律规范和道德规范也是重叠的。

而且随着社会的发展，法律和道德之间相互重叠的部分会越来越大。如经济领域中产生的伪劣产品、不正当竞争、侵犯消费者权益等非道德行为，原来仅靠道德规范来调整，现在随着立法的完善，《产品质量法》《反不正当竞争法》《消费者权益保护法》等法律、法规相继出台，使之也纳入了法律调整的范围。在交叉、重叠以外的领域，则由法律和道德共同发挥着各自的调节作用。“道德中有些领域是位于法律管辖范围之外的，而法律中也有些部门几乎是不受道德判断影响的。”⑤

就正式控制范畴内的道德控制与非正式控制范畴内的民族、民间道德

---

① ［美］伊恩·罗伯逊：《社会学》上册，黄育馥译，商务印书馆 1990 年版，第 77 页。

② ［德］黑格尔：《法哲学原理》，范扬、张企泰译，商务印书馆 1961 年版，第 111 页。

③ 引自中国社会科学院哲学所伦理学研究室编《现代世界伦理学》，贵州人民出版社 1981 年版，第 275 页。

④ ［美］E. 博登海默：《法理学——法哲学及其方法》，邓正来、姬敬武译，华夏出版社 1987 年版，第 368 页。

⑤ 同上。

控制的关系看，在国家、政府的利益和民族民众、民间的利益呈正向关系的历史时期、社会阶段，国家意识形态的道德观念、道德原则和道德规范，在本质上就是民族民众、民间道德在反映社会整体利益方向上的一种概括、凝练和提升。这时，民族民众、民间的道德就成了国家道德意识形态的源头活水，而国家道德意识形态则担当起对民族民众、民间道德规范、伦理关系进行调整和完善的指导者的角色，相应地，在整个社会控制体系中，也就形成国家正式控制和民族民间非正式控制之间的主导与辅助、引领与补充或“大厦”与“基石”的互补、契合关系。

### （二）边疆社会控制模式是正式控制与非正式控制的多样化复合体

如同市场经济的模式一样，社会控制的模式也不是单一的，而是多种多样的。在当今世界，存在着国际市场经济体制一体化的大趋势和总潮流，但由于各国的政治制度、社会意识形态等方面的不同，各国的市场经济体制必然存在明显的不同。即使政治制度和社会意识形态相同或相近，由于历史、文化、地域的不同，也会形成各方面的差异。

社会控制模式也莫不如此。世界各国，以及多民族国家的不同区域，由于历史文化背景的差异，在维护社会秩序、建立社会控制系统的过程中，所选择的社会控制模式也会各不相同。例如，西方一些发达国家特别强调法律控制的作用，赋予法律在社会规范体系中以极其重要的地位，建立了高度发达的法治社会，其他社会控制手段如宗教、道德则处于次要地位。而在一些信奉伊斯兰教的国家中，则非常重视宗教在社会控制中的作用，宗教教义同时也就是法律规范，违背了教义也就违背了法律。即便是在发达国家和地区，部分区域的社会控制模式也与本国、本地区通行的社会控制模式有所不同，如美洲的印第安人保护区、澳大利亚的土著民保护区的社会控制模式就如此。

上述事实表明，世界各国以及多民族国家的不同区域的社会控制系统的建立，并无固定的模式，也很难判断它们孰优孰劣。任何一种社会控制模式的存在，都有其一定的理论和实践基础，一种有效的、较为理想的社会控制模式的选择和建立，必须立足于本国的国情和民族的历史文化传统的基础之上。外国的经验可以借鉴，但不能盲目照搬。孙中山先生在进行中西文化比较时，承认自近代以来欧美种种文明都比中国进步得多，但他同时也指出，中国传统文化并非一无是处，“持中国近代之文明以比欧美，在物质方面，不逮固甚远，其在心性方面，虽不如彼者亦多，而能与彼抗者已不少，即胜彼者，亦间有之”[①]。在此基础上，孙中山提出：“取欧美之民主以为模范，同时仍取数千年旧有文化而融贯之”，“发扬吾固有之文化，且吸收世界之文化而光大之，以期与诸民族并驱于世界”[②]。中国在社会控制模式的选择上也应该将人类的普遍经验、中国的历史经验与边疆民族社会的具体情况结合起来，建立起具有中国特色的边疆民族社会的控制模式。

① 《孙中山全集》第 9 卷，中华书局 1986 年版，第 247 页。

② 《孙中山全集》第 7 卷，中华书局 1986 年版，第 60 页。

# 第四章　民族伦理控制与边疆社会控制

对社会稳定和社会控制的概念及特征、边疆社会稳定和社会控制的现状及问题、边疆社会的正式控制（政治控制、制度化控制）和非正式控制（非政治控制、非制度化控制）及其关系的梳理、分析和澄明，为我们研究边疆社会稳定的民族伦理控制问题奠定了必要的理论基础，提供了基本的事实依据，明确了思考的问题指向。在此基础上，还有必要对本书研究主题的核心短语“民族伦理的社会控制”涉及的相关问题作进一步说明，以框定我们的研究范围，理清我们的研究思路。对“民族伦理的社会控制”涉及的相关问题，本章要着重说明三个方面：民族伦理控制的概念和内容；民族伦理控制的途径和特征；民族伦理控制在边疆社会控制体系中的地位。

## 第一节　民族伦理控制的概念和主要内容

### 一　民族伦理控制的概念

#### （一）伦理控制的自律和他律

1. 伦理与道德

在国内伦理学界，人们大都认为伦理和道德的所指相同，但随近二三十年来伦理学研究的进展，尤其是当人们注意到“伦理”“道德”这两个概念在中西方词源学上的内涵不尽相同，以及被称为“伦理学”的这门学科在研究视角、研究方法上也存在内部差异①之后，一部分专家同时注

---

①　例如，魏英敏教授所主编的《新伦理学教程》（北京大学出版社 1993 年版）一书认为，可将伦理学划分为描述伦理学、规范伦理学、元伦理学三大类型（第 1—37 页）；王海明教授在《新伦理学》（商务印书馆 2001 年版）一书中认为，伦理学有元伦理学、规范伦理学、美德伦理学三大类型（第 1—21 页）。

意到了伦理、道德这两个概念的差别。

例如，北京大学魏英敏教授在其主编的《新伦理学教程》一书中认为："不管是中国还是西方，道德一词包含了社会的道德原则和个人的道德品质两方面的内容"；"'伦理'二字合起来联用，是指人们处理相互关系时所应该遵循的行为准则。可见，伦理与道德具有大体相同的意义。两者均突出了行为准则在人们行为中的重要性。稍有不同的是，伦理并未突出人们个体的心理、品质"①。北京大学王海明教授认为："所谓伦理，就其在中国的词源含义来看，便是人际关系事实如何的规律及其应该如何的规范"；"'道德'一词的词源含义也就无非是应该如何的行为规范"；"可见，道德与伦理，从词源上看，在西方虽为一词，都是指人际行为应该如何的规范；但在中国却是整体与部分关系——伦理是整体，其含义有二：人际行为事实如何的规律及其应该如何的规范；道德是部分，其含义仅一：人际行为应该如何的规范"②。应该说，魏教授、王教授都看到了伦理、道德两个概念在内涵上的不同，也同时注意到了它们之间的联系。所不同的是，似乎魏教授更偏重二者的关联，而王教授则更突出其间的差异。

我们认为，伦理与道德分而言之是有差别的，粗略地说，伦理概念侧重人际关系的"事实"（包括社会行为状态和社会行为规则的事实），偏重实然方面，而道德概念则侧重人际关系的"应该"（包括行为应持的基本理念和基本原则），偏重应然方面。但合而言之，伦理与道德之间又有着内在关联和本质一致，即没有道德（理念、原则）作内在规定的人际关系就不成其为伦理关系，反之，无关人际伦理关系（事实、规则）的行为也无所谓道德（或不道德）。简言之，伦理是道德的外延限定，道德是伦理的内在规定，伦理和道德本质相通，都指向可以用善恶标准来评价和规范的那种人际关系。因此，本书在使用伦理和道德这两个概念的时候，除需要突出其间差异并有特别说明的情况以外，在通常情况下，即在二者具有相同所指的语境中，伦理和道德这两个概念是互通且可以互换的。

---

① 魏英敏主编：《新伦理学教程》，北京大学出版社 1993 年版，第 107—111 页。

② 王海明：《新伦理学》，商务印书馆 2001 年版，第 104—106 页。

2. 伦理控制的自律和他律

伦理控制的自律性，指社会成员能把社会的道德理念和要求、伦理规范内化为个体的自觉意识、内心信念和行为准则，并自主自愿地遵从和奉行。伦理控制的他律性，指道德理念和原则、伦理规范乃社会约定俗成，它外在于社会个体成员，对个体成员具有社会强制性。因此，魏英敏教授认为："从社会生活现象的角度考察，道德不仅是他律的而且也是自律的。……可以说，只要存在着道德原则和道德品质的现象及所谓的社会道德和个人道德，道德就不能不既具有他律性同时又具有自律性。不同个人的道德水平只是他律性和自律性的各自强度不同及构成比重的不同，而不是他律性或自律性的消失。"①

就人际伦理关系的形成、道德的起源和进步而言，魏英敏教授还注意到了这样的事实："社会生活中个体道德的萌生与起源阶段，其道德多是他律的。……即便是青少年时期的道德乃至某些成人的道德，只要他们是顾及名望、身份而勉强地履行道德义务，甚或是基于自身利益的考虑而迫不得已地遵从道德准则，那么他们的道德就是他律的，处在他律道德的阶段。"② 正是依据伦理（道德）根因于社会需要对个体的强制这一事实，王海明教授进一步强调：道德他律才是"真理"，道德自律是"谬论"，因为，"道德是一种必要的恶"，"每一种美德都压抑了欲望"，"每一种美德都侵犯了自由"，道德起源于道德之外的他物——社会存在发展的需要，道德的目的也在于保障道德之外的他物——社会的存在发展。③ 这种认识无疑是深刻的。因为，无论何种社会规范，既曰"社会规范"，就必然根因于社会需要，就是外在并独立于个体意志的社会约定，因而也就生来具有他律的本质。然而，我们并不能就此认为道德自律就全然成了"谬论"、谎言。

实际上，即使是法律规章、宗教禁忌这类典型的正式控制方式，也有要依靠社会个体成员自觉内化并形成内心信念才得以有效维系的自律性一面。这就是说，各种社会规范、社会控制方式起源上、目的上（或者说本质上）的他律，并不排除它们兼具自律性，法律规章、宗教禁忌如此，

---

① 魏英敏主编：《新伦理学教程》，北京大学出版社 1993 年版，第 262 页。

② 同上书，第 261—262 页。

③ 王海明：《新伦理学》，商务印书馆 2001 年版，第 135—148 页。

伦理规范也不例外。

（二）民族伦理控制的概念

所谓民族伦理，即民族性的伦理，指各民族在社会生活中以善恶为评价标准，通过非权力性的社会舆论、风俗习惯和内心信念来加以调节、维系的价值意识、行为规范及生活风习。正如“民族”在我国民族学界有广义和狭义之分，广义的民族包括汉族和少数民族在内的56个民族，狭义的民族则专指少数民族一样，作为交叉学科“民族伦理学”的研究对象，民族伦理尽管有时也泛指汉族和少数民族在内的全国各民族的伦理，但狭义的民族伦理则专指少数民族伦理。除特殊情况以外，本书所论的“民族伦理”即为少数民族伦理。

从伦理控制的自律与他律关系这个角度看，对民族伦理控制概念，我们应有三个方面或三个层次的理解。

其一，在一般意义上，任何社会控制方式对个体社会成员都既有他律的本质，也有自律的要求，作为社会控制方式之一的民族伦理规范也不例外。如前所述，一方面，任何社会规范都应社会需要、都为维系社会运行的正常秩序而形成和存在，都具有独立于个体社会成员意志的外在强制性，因而都具有他律性；另一方面，任何社会规范也都要依靠个体社会成员的内化作用并形成内心信念才能实现对人际关系的有效调节、对社会秩序的有效维系，因而也都有自律性的要求。

其二，在由外部控制和内部控制构成的民族社会控制体系中，国家正式控制属于外部控制，具有他律性，民族伦理控制属于内部控制，具有自律性。国家的法律、政策规章乃至意识形态，无论其内容与民族伦理规范在性质上是否一致、重合程度如何，也不论各民族对其形成作出了多少贡献、对其规范作用有多大程度认同，它们对民族社会的控制都是来自外部（外来）的他律性控制，而民族伦理则在各民族内部的社会实践中形成，并作为传统长期规范着本民族的社会生活，是源自内部（自生）的自律性控制。

其三，在民族社会的内部控制体系中，民族伦理的控制具有更强的自律性。民族政治、民族习惯法、民族宗教、民族伦理都是民族社会内部控制体系的重要组成因素，但民族正式规范、民族习惯法规范、民族宗教规范属于应该而且必须遵循的行为规范，其控制作用的发挥一般都有特定的实施主体（或官方、半官方机构，或民间组织），因此都是权力控制，具有较强的他律性，而民族伦理规范则是应该而非必须遵守的行为规范，且其控制作用的发挥一般没有特定的实施主体，或者说每一个社会成员都既是控制对象又是控制主体，地位平等，个体社会成员对伦理行为的选择总是有更多自主的余地、选择的空间，因此是一种非权力控制，具有较强的自律性。

## 二 民族伦理控制的主要内容

民族伦理对各民族社会生产生活的控制作用，体现在各民族生产劳动、经济贸易、政治生活、社会交往、文化生活的方方面面，贯穿于个体社会成员从出生、童蒙、恋爱、成家、立业到养儿、奉老、送终的全过程，因此，民族伦理在民族社会生活中发挥控制作用的内容是非常丰富的。举其重要内容，有以下几个方面。

### （一）民族生态伦理对民族生产生活的控制

在我国，少数民族主要分布在东北、西北、西南、中南、东南等边疆地区，各地的地理环境、生态条件差异很大，因此形成民族与民族之间甚至各民族内部生产生活方式各不相同的各种经济文化类型。[①] 所谓“靠山吃山，靠水吃水”，独特的地理环境、生态条件和长期的生产生活实践，促使各民族形成保护环境、维护生态平衡的共同认识，以及内容不尽相同的控制人们生产生活行为的生态伦理规范。环境保护意识、生态伦理规范贯穿于少数民族的家庭教育、乡规民约甚至宗教禁忌中，内容具体，违者轻则受公众谴责，重则要受到物质财产方面的惩罚，对维护各民族的长远、根本利益，促进民族地区社会与自然的协调发展，起到了不可替代的

① 我国少数民族归属的经济文化类型，主要有采集渔猎经济文化型（涉及赫哲族、鄂伦春族及部分鄂温克族）、畜牧经济文化型（其中有苔原畜牧型、戈壁草原游牧型、盆地草原游牧型、高山草场畜牧型的不同，涉及的民族有蒙古族、哈萨克族、裕固族、塔吉克族、藏族和部分鄂温克族与达斡尔族）、农耕经济文化型（其中包括涉及门巴族、珞巴族、独龙族、怒族、佤族、德昂族、景颇族、基诺族以及部分傈僳族、苗族、瑶族、黎族、高山族等族在内的山林刀耕火种型，涉及羌族、纳西族、彝族、白族、普米族、拉祜族和部分藏族、傈僳族在内的山地耕牧型，涉及苗族、瑶族、畲族等民族的山地耕猎型，涉及傣族、壮族、侗族、水族、仡佬族、毛南族、黎族等民族的丘陵稻作型，涉及维吾尔族、乌孜别克族、塔塔尔族、东乡族、保安族、撒拉族和部分裕固族、达斡尔族和锡伯族等民族的绿洲耕牧型，涉及满族、回族、维吾尔族和蒙古族的平原集约农耕型）。——参见林耀华主编《民族学通论》（修订本），中央民族大学出版社 1997 年版，第 88—96 页。

积极作用。

（二）民族公共伦理对民族集体生活、社会交往的控制

我国各少数民族大都“大分散，小聚居”，聚居的部分过着共同的集体生活，集体的经济生活、社会生活和文化生活，为他们约定俗成共同的伦理道德文化提供了思想基础和群众基础，也为他们协调集体的行为、创制共同的伦理道德文化提出了目标和要求。于是，一些有关集体生活和活动的公共伦理守则便应运而生，如苗族有“榔规”和“理词”、瑶族有“石牌律”等。还有如共同劳动、平均分配的生产分配原则，互助合作、有难同担、有福同享的集体生活原则和惩恶扬善、爱憎分明、敢作敢为、毫不手软的斗争原则，以及“夜不闭户”“路不拾遗”“非己莫取”“先入为主”“做记为己”“见者有份”等重义轻利的道德风尚和种种禁忌，都是各民族人们在集体生活中形成的带有“原始共产主义”性质的公共伦理守则文化。这些文化对于限定和调整各民族人们的思想和言行，统一人们的行为步调，促进人们的凝聚与团结，维护人们的生存与发展，都有着不可或缺的积极意义。

人是社会性的动物，势必有社会交往并通过它来协调、处理相互之间的各种关系，因此，各少数民族在制定集体生活原则、规范的同时，也会制定出相应的交际原则和交际规范，从而形成民族伦理发挥社会控制作用的又一方面。由于集体观念和重义轻利观念的影响，少数民族在交际生活中普遍崇尚对友和善、谦让、友爱、真诚、礼貌、热情、忠信、义气，对敌仇恨、冷漠、当仁不让、毫不留情、誓不两立的原则，遵从直言不讳、情感外露、行为直接等品格。具体说来，由于各民族的生活条件不同、生活习惯各异，交际方式也多种多样。比如，在迎客方面，蒙古族、藏族首先要献“哈达”，达斡尔族、满族要装烟敬烟，哈萨克族、柯尔克孜族、塔吉克族、维吾尔族则行擦鼻、交颈或吻礼。在待客上，各民族几乎都有以酒待客的习俗（个别忌酒民族，如伊斯兰民族除外），但南方农业民族以米酒、水酒为主，北方牧业民族则以奶酒或其他烈性酒为主。在敬酒和喝酒的方式上，有的用碗，有的用竹桶，有的直接喝，有的用吸管，且礼规形式各不相同，由此构成多姿多彩的各民族礼尚往来的道德文化风尚。这种往来，对人们情感思想上的沟通、相互关系的联结起到了积极的作用。

（三）民族礼制伦理对民族婚恋家庭关系的控制

在中国古代社会，“礼”是指依血缘关系之亲疏长幼、社会地位之尊卑上下而定的一整套伦理正式规范和社会行为准则。其中，重“孝悌”的亲疏长幼关系是根本，重“忠信”的尊卑上下关系则被看成是长幼关系的推衍，即所谓“其为人也孝悌，而好犯上者鲜矣；不好犯上而好作乱者，未之有也。君子务本，本立而道生。孝悌也者，其为仁之本与”（《论语·学而》）。本书所论之“礼制伦理”，即亲疏长幼关系的伦理，亦即婚恋家庭关系的伦理。

我国各少数民族都有内容丰富的调节恋爱关系、婚姻关系和家庭关系的礼制伦理原则和规范，如各民族尊敬老人的心理定势和语言行为礼节，孝敬老人的各种做法，祭奠亡灵和祖先的各种礼规禁忌，遵从老者指挥调遣、保护和教育儿童的责任和义务，实行财产的合理分配和继承，男女间的地位界定，家族内禁止通婚，家族中禁止非婚姻关系的乱伦，家庭中遵守各种秩序和不得超越角色行使权力的内制，甚至有的民族的家庭还明文（言）规定了一整套涉及家庭生活各方面的家规、家法（如布依族的《祖训八条》、瑶族的《孝歌》等）。人们从家庭有序生活、团结稳定、一致对外的目的出发，创制了诸多与社会合拍、与家人要求和愿望相适应的伦理道德原则，从而形成具有浓厚情感色彩的家庭伦理规范。

（四）民族政治伦理对民族认同、国家认同的控制

我国自古是一个统一的多民族国家，在民族之间长期交往、民族地方与统一国家的关系长期存在的过程中，少数民族形成了各具特点的民族认同、国家认同意识和相应的政治伦理观念。例如，云南少数民族中至今流传着丰富的关于人类由来的神话，如彝族、白族、哈尼族、纳西族、傈僳族、佤族、基诺族、拉祜族、德昂族、独龙族、苗族、瑶族、壮族的创世神话和人类起源神话，① 这些神话普遍表达了一种共同观念，即各民族“同根同祖”。不仅如此，民族与民族之间相互认同的观念在云南的重大历史事件中，还具体化为人们处理民族关系的基本行为准则。例如，清末彝族人李文学、回族人杜文秀领导的多民族参与的两次起义，即以“夷

---

① 参见李子贤编《云南少数民族神话选》，云南人民出版社 1990 年版。

皆一体，何分彼此”“汉与夷为敌者，豪强也，贫无与焉”为号召，① 以“族分三教，各有根本，各行其是，……均宜一视同仁，不准互相凌虐”②，“无分汉、回、夷，一以公平处之”③ 为基本行为原则和规范。而早在唐代，以彝族、白族为主体建立的“南诏”多民族地方政权也已有了认同统一国家并以之为政治伦理原则的理念。例如，在击溃唐军的大举进攻后，南诏政权特刊立《德化碑》以铭不得已而叛唐的冤屈，并声称“我自古及今为汉不侵不叛之臣”，“我上世世奉中国，……后嗣容归之”（《新唐书·南蛮传》）。正是这种积极、自觉、自律的民族认同意识、牢固的国家认同观念，促成了云南各民族长期和平共处、共同维护边疆安全、国家统一的优良传统。

## 第二节　民族伦理控制的主要途径和特征

### 一　民族伦理控制的主要途径

民族伦理是通过社会舆论、风俗习惯和内心信念来实现其对社会成员、社会生活的规范、控制作用的。进一步说，从社会舆论、风俗习惯的规范和控制，到形成内心信念的规范和控制，实际上是一个由“外塑”到“内塑”的过程，也就是由他律性教育（社会教育）到自律性教育（自我教育）的过程。因此，粗略地说，社会舆论、风俗习惯和内心信念的作用和影响都可归入广义的“教育”范畴。在这种意义上，我们可以说，民族伦理的社会控制作用是由民族教育的途径来实现的。

值得注意的是，所谓“人言可畏”，所谓“良心谴责”，社会舆论、内心信念的控制作用自然不可小视，但与民族风俗习惯中具有权力半权力性质的民族习惯法、民族宗教这两种更为“刚性”的社会控制途径比较，社会舆论、内心信念的控制作用是相对“柔性”的。因此，在讨论民族

① （清）夏正寅：《哀牢夷雄列传·李文学传》，中国社会科学院民族研究所图书室 1982 年编印。

② （清）杜文秀：《管理军政条例》，参见中国史学会主编《中国近代史资料丛刊·回民起义》第 2 册，神州国光出版社 1952 年版，第 118 页。

③ 中国回教俱进会云南玉溪分会：《新兴河西纪闻》，参见中国史学会主编《中国近代史资料丛刊·回民起义》第 2 册，神州国光出版社 1952 年版，第 65 页。

伦理发挥社会控制作用的途径的时候，我们认为，有必要把民族习惯法、民族宗教的伦理控制作用从广义的民族教育中抽取出来单独加以考察。

### （一）民族习惯法的伦理控制作用

在法学界，人们形成了这样一种共识，即法律的产生和发展大致经历了一个由风俗习惯到习惯法再到成文法的过程。就此而言，习惯法即是介于风俗习惯与法律之间的一种社会规范。在法律人类学意义上，广义的民族习惯法包括所有民族的习惯法，狭义的民族习惯法则专指少数民族的习惯法。狭义的民族习惯法，指独立于国家政权或民族地方政权制定法之外的，在少数民族民间因袭成俗，并由少数民族的社会权威或民间组织实施，在少数民族地区的社会控制方面具有一定强制性的介于习惯和法律之间的行为规范的总和。

民族习惯法有成文的和不成文的两种，其称谓在不同民族那里各有不同，如苗族叫"榔规"，佤族叫"阿佤理"，彝族叫"介外"，侗族叫"款约"，瑶族叫"料令"，翻译成汉语，有的叫"规约""规矩""规条"，有的叫"古法""民法""章程""规律"等。习惯法与风俗习惯的不同，就在于习惯法是制度化的，具有权力强制的特点，如佤族的郎制、基诺族的长老制、黎族的合母制、毛南族的村老制、彝族的家支制、高山族的部落制、壮族的寨老制、苗族的议榔制、瑶族的石牌制等即如此。进而，民族伦理在通过民族习惯法进行社会控制的时候，民族伦理的控制作用也就具有了某种权力强制的特点，其对社会成员行为的约束力、震慑力也就更强。

### （二）民族宗教的伦理控制作用

在普通宗教学中，"民族宗教"是"世界宗教"相对的概念，指具有共同文化特征并相互认同的族群（ethnic group）或民族（nation）的宗教，是该族群或该民族共同的宗教信仰、宗教习俗和宗教思想的统称。在民族宗教学中，"民族宗教"是一个以信仰主体的族属为考察重点的宗教学概念，其核心问题是民族与宗教的关系问题。从民族宗教学的视角看，所谓的世界宗教实质上也是扩大了的民族宗教，因此，民族宗教的外延在民族宗教学中要比在普通宗教学中更宽泛，内涵也更复杂。比如，在讨论我国少数民族的宗教问题时，民族宗教学会把佛教、伊斯兰教、基督教、道教也纳入考察的视野，而普通宗教学则仅将它们看成世界宗教，而不会当作民族宗教来考察。

我国少数民族的宗教信仰是十分复杂的。例如，有些民族信仰世界性的宗教（佛教、伊斯兰教、基督教、道教），有些民族信仰本民族的宗教（如彝族有“毕摩教”、纳西族有“东巴教”、白族有“本主”崇拜、普米族有“汗归教”等）；而且，有的是不同民族信仰同一种宗教（如回族、维吾尔族、哈萨克族、柯尔克孜族、乌孜别克族、塔塔尔族、塔吉克族、撒拉族、东乡族、保安族共同信仰伊斯兰教，藏族、蒙古族、傣族共同信仰佛教，部分苗族、傈僳族、景颇族、佤族信仰基督教等），有的则是同一民族同时信仰几种宗教（如白族既信仰“本主”也信仰佛教和道教，佤族中既有基督教信仰、佛教信仰又有原始宗教信仰，傣族既信仰佛教又有“寨神”“勐神”信仰遗留等），而信仰本民族宗教的民族也往往集自然崇拜、鬼神崇拜、图腾崇拜、祖先崇拜、英雄崇拜于一体等，情况非常复杂。

民族宗教也是宗教，作为宗教，它必定存在某种宗教权威甚至宗教组织，并由这些权威、组织掌控着操持民族宗教事务、实施民族宗教制度的权力。因此，民族宗教对民族社会的控制也是一种权力强制，即一种“神权”意义上的权力强制。与此相应，通过民族宗教途径来实现的民族伦理对民族社会的控制，也就具有了“神权”意义上的权力强制的特点，并且比民族伦理单纯靠社会舆论、内心信念来实现的社会控制更具震慑力。

（三）民族教育的伦理控制作用

从教育实施主体和对象方面看，广义的民族教育是指在民族地区、以民族成员为对象实施的教育，狭义的民族教育则指各民族在本民族社会、以本民族成员为对象实施的教育。其间的主要差别，在于实施的主体不同。即广义的民族教育的实施主体可以是本民族也可以是国家（政府），而狭义的民族教育的实施主体则只能是本民族。本书所讨论的民族教育，除特殊情况并有相应说明外，均指狭义的民族教育，尤其是指各少数民族在本民族社会、以本民族成员为对象实施的教育。

在历史上，民族教育的传统形式主要有学校教育、寺庙教育、社会教育、家庭教育等，而且通常情况是，寺庙教育取代学校教育（如傣族、藏族的佛寺教育、回族的经堂教育等），社会教育主要是以教育经典（如凉山彝族的《玛牧训世教育经典》等）、宗教典籍（如佛教《大藏经》、伊斯兰教《古兰经》、基督教《圣经》、彝族“毕摩经”、傣族“贝叶经”、纳西族“东巴经”等）、文学作品、民间故事和神话、谚语格言等为载体，并通过婚丧、节庆、祭祀、家族家支事务、游戏甚至生产生活过程来实施。民族教育的内容十分广泛，涉及生产生活知识和技能、自然知识、本民族的社会历史、风俗礼仪、宗教信仰、伦理道德等。民族伦理教育就贯穿在民族学校教育、寺庙教育、社会教育、家庭教育等各种形式中，并对各民族的生产活动、社会交往和社会生活、婚恋家庭关系、民族认同和国家认同意识起到引领、控制作用。相对民族习惯法、民族宗教对民族社会的伦理控制而言，民族教育对民族社会的伦理控制是潜移默化的、诱导性和感召性的，而非刚性的权力强制，因此，是一种柔性的（更突出自律的）社会控制途径。

## 二　民族伦理控制的主要特征

### （一）控制主体、对象的民族性

民族伦理控制是民族社会的自律性控制方式之一。民族社会的自律性控制是相对于他律性的国家正式控制而言的，既为“自律性”控制，则其控制的主体当然就是各民族本身，其控制的对象范围也仅限于本民族，超出本民族的范围，则任何一个民族的任何一种社会控制方式都要么会失效，要么会引发民族矛盾，造成民族社会秩序的破坏、不稳定甚至社会动荡。民族伦理作为各民族的自律性社会控制方式之一，其实施控制的主体和控制实施的对象也仅限于本民族，具有鲜明的民族性。尤其是，民族伦理承载着各民族区分人们社会行为善与恶、好与坏、对与错的价值观念和标准，是整合民族文化各种要素的“主旋律”，通过民族伦理的整合，民族文化才得以呈现为具有某种特质的有机系统。因此，民族伦理既是民族文化、民族精神的核心要素，也是民族之为民族、此民族区别于彼民族的关键所在。从这个角度可以说，一旦一个民族的民族伦理丧失对本民族社会的控制，也就意味着该民族在本质上丧失了对本民族社会和文化的控制。对一个民族伦理控制的侵犯，也就意味着对该民族文化、该民族自律性社会控制权力的侵犯。因此，民族伦理自律性社会控制在具有民族性的同时，也具有相当程度的敏感性。

### （二）控制途径的多样性

民族伦理作为一个民族取舍外来文化的价值标准和整合本民族文化的核心要素，作为该民族社会成员所秉持的行为原则和规范，其对民族社会的控制作用渗透在民族习惯法、民族宗教、民族教育的方方面面。其中，通过民族习惯法、民族宗教途径来实现的民族伦理控制，属于带有权力强制特点的社会控制，是一种较为刚性的伦理控制；通过民族教育途径来实现的民族伦理控制，则属于非权力强制的社会控制，是一种较为柔性的伦理控制。民族伦理控制作用的途径是刚性控制与柔性控制的复合，是多种多样的。

（三）控制范围的广泛性

民族伦理控制范围的广泛性，是指民族伦理不仅控制着一个民族对其他民族文化元素的取舍以及本民族文化组合和变迁的基本方向，不仅控制着该民族生产劳作、经济贸易、政治生活、社会交往、家庭生活和文化生活的方方面面，也不仅控制着以直接方式和间接方式呈现的人与人的社会关系和人的社会性，[①] 而且它贯穿于民族个体成员从出生、童蒙、恋爱、成家、立业到养儿、奉老、送终的全过程，控制着社会成员的价值意识、生活信念和社会行为。

（四）控制方式自律性与他律性的统一

包括伦理控制在内的任何社会控制，从本质上说都根因于社会需要，都是对个体成员的欲望和自由的限制，因而都有他律性；但另一方面，任何社会控制的方式又都要依靠个体成员的自觉内化并形成内心信念才能很好地发挥作用，因而又具有自律性。相对于国家的正式控制而言，民族伦理是在各民族社会内部“自然”生成并作为传统代代相袭的社会控制方式，它对本民族社会的控制是自律性的控制。在民族社会的各种自律性控制方式中，民族伦理对民族社会的控制因靠具有权力强制特点的民族习惯法、民族宗教途径来实现而具有他律性，因借诱导性、感召性的民族教育途径来实现而具有自律性。因此从总体上说，民族伦理对民族社会的控制是他律与自律的统一。

（五）控制过程的传统性和稳定性

民族伦理文化是各民族根据自己的生活环境、生产生活方式的特点创制的一种规范性文化，它在各民族的历史上孕育、积淀，从而使民族伦理

---

① 以间接方式呈现的人与人的社会关系，如以人们之间的整体利益和局部利益、长远利益和眼前利益关系为实质和纽带的人与自然的关系；以间接方式呈现的人的社会性，如以幸福观、荣辱观、命运观、生死观等来呈现的人与自我的关系。

文化及其对民族社会的控制具有很强的地域性、民族性和传统性。民族伦理无论是通过民族习惯法、民族宗教，还是通过民族教育发挥社会控制作用，其过程都具有鲜明的民族特点并会形成前后相继、因袭成俗的民族传统。与此相应，少数民族大多生活环境较为闭塞，生产方式的变更和经济发展较为缓慢，大范围、全方位的社会交往相对欠缺，社会发育程度不高，也会使民族伦理观念、道德原则经久难变，深深地扎根在民族文化的深层、民族精神的内质和民族成员的内心世界，因此其对民族社会的控制作用也表现出超常的稳定性和传统性。民族伦理控制作用的稳定性和传统性，突出地表现在三个方面：一是它的原始性，即少数民族的道德观念和伦理规范大都带有“原始共产主义”的特点，如普遍重视维护集体、共同劳动、共同分享、平等对待、胸无自我、困苦相济、崇尚勇武等；二是重义轻利，甚至只讲忠义而不图报酬，只强调集体荣誉而不计个人得失；三是常常表现出极强的自律性，有时甚至会是排他性。

## 第三节　民族伦理控制在边疆社会控制体系中的地位

在环境相对封闭、国家正式控制的影响力相对薄弱的边疆民族地区，民族伦理作为一种典型的自律性社会控制方式，长期以来一直对这些地区的社会稳定发挥着极为重要的自控作用。民族伦理在边疆民族社会控制体系中的重要地位主要表现在两个方面：其一，民族伦理控制是边疆民族社会正式控制的必要补充；其二，民族伦理控制是边疆民族社会非正式控制体系的基础。

### 一　民族伦理控制是边疆民族社会正式控制的必要补充

在边疆民族社会的历史上，民族伦理控制既是统一国家正式控制的必要补充，也是羁縻制背景下民族地方政权实施正式控制的必要补充。

#### （一）民族伦理控制是统一国家正式控制的必要补充

统一国家的政治法律、意识形态控制要融入边疆民族的社会生活，成为边疆民族社会控制的有效手段，一方面要靠国家强制力的全力推行，而更为重要的则是靠各民族社会成员的主动接纳、自觉内化，靠他们对本民族以伦理文化为核心的民族文化、民族生活习俗进行自我调整。在少数民族中，这种主动接纳和自觉内化、自我调整的双向过程，通常是通过少数民族的“精英”（如文人、显贵）来实现的。

例如，约明洪武年间传入云南并广泛分布，在大理白族、丽江纳西族、巍山彝族、邱北壮族中普遍流行的汉族洞经文化，其载体“洞经会”的会长（主持人）、入会者就基本上来自少数民族的文化人或民族地方的行政长官（如大理洞经会的第一任会长就是明代著名的白族学者李元阳，清代丽江大研洞经会会长也多为纳西族的举人、进士或土司、地方行政长官），商人、理发匠、屠户、戏子之类的人往往不许入会。洞经会奉持儒家思想为主、儒道释兼容的信仰（少数民族的“本主”“土主”之类也往往在供奉之列），宣扬“五伦”（父义、母慈、兄友、弟恭、子孝）“八德”（孝、悌、忠、信、礼、义、廉、耻），并声称“礼以陶性而不流于荡，乐以淑性而不思于邪。推而至于安上、治民、移风、易俗，五伦攸叙，八德克敦，如此则身修、家齐、国治，而天下平不难矣”；“谈经则以乐，乐和故百物皆化；演教则以礼，礼序故群生别分。……礼乐兴而五伦八德之行亦逐渐遍于天下，岂天下有不治者乎?!”① 其主导思想与奉儒家为正统的国家意识形态无二，国家意识形态、国家的正式控制也因借少数民族“精英”之力而在边疆民族社会广泛传播。

又如，明末清初著名回族思想家王岱舆，也较好地解决了封建时代中国穆斯林所遇到的既要敬主（真主阿拉）又要忠君孝亲的“二元忠诚”问题，使“夫人有三要，敬主也，忠君也，孝亲也”，“道德所以事主，仁义所以事亲，忠主者必孝，行孝者必忠，忠孝两全，方为至道”② 融入回族的伦理道德规范和行为准则，并成为连接国家政治意识形态和伊斯兰教民族社会生活的重要思想基础和精神纽带。

（二）民族伦理控制是民族地方政权正式控制的必要补充

在国家对民族边疆社会实行羁縻统治的中国古代，民族地方政权通常都会因地制宜、因势利导，通过继承和改造民族传统伦理、民族风俗习惯来进行民族社会的控制。例如，清初贵州水西热卧“土目”（领主）的“布慕”（史官）编纂有《西南彝志》一书，书中认为是“强者做了主，

① 《保山洞经谱》，转引自张兴荣《云南洞经文化——儒道释三教的复合性文化》，云南教育出版社1998年版，第58页。

② （明清）王岱舆：《正教真诠·人伦篇·至孝章》。

弱者降为奴"，自天地开辟便有了"天君地臣"，因此"君臣有分定，主仆有规则，各安分守己"才算道德。又如，藏族有一部成书于吐蕃王朝时期的极其重要的伦理学文献《礼仪问答卷》，其中也强调"应有长幼之序、官仆之分、主奴之别"，并认为"行公正之法"才不至于"出现伤风败俗之事"，而"子与父同心，弟与兄同心，奴与主同心，妻与夫同心，仆与官同心"，才会"公正无误，齐心协力，大家皆得安宁"。显而易见，这种等级森严的道德观念和伦理原则就是为彝族、藏族奴隶制、农奴制时期民族地方政权实施正式控制服务的。

## 二 民族伦理控制是边疆民族社会非正式控制体系的基础

历史上，历代王朝在实行中央集权的君主制的同时，又在边疆少数民族地区实行自治、半自治的羁縻政治统治，这一方面使得少数民族社会的正式控制保持着一种皇权统治下的二元结构，即"郡县制"与"羁縻制"的长期并立；另一方面也使得少数民族传统的民族习惯法、民族宗教、民族伦理等非正式控制方式有了生存和发挥作用的广阔空间。而少数民族大多生活环境较为闭塞，生产方式的变更和经济发展较缓慢，大范围、全方位的社会交往比较欠缺，社会发育程度不高，也使得少数民族民间自发形成的各种自律性社会控制方式容易形成前后相继、因袭成俗的传统，它们的规范、控制作用往往更切合民族社会生活的实际，因此也更容易深入民族社会成员的内心世界，并受民族社会成员的普遍认可和经久奉持。

古往今来，统一国家的政权在不断更迭，羁縻制条件下的民族地方政权也在不断变换，但民族社会的基层组织结构、基层民众的社会生活方式却鲜有显著变化，直至当前，各少数民族基层社会的控制仍有鲜明的习俗性。正如有学者指出的那样："伴随现代化与生产社会化，市场经济的发展，各民族生产领域的联系日益密切，统一性特征成为趋势，但在他们的生活世界，习俗制度则在很大程度上要超过法律，占据着重要地位。人们的婚、丧、嫁、娶等生活领域仍主要以习俗为重要基础而运转着。习俗的广泛性、稳定性、地域性、民族性、民间性等使其深入民族生活的方方面面，流淌在民族的血液里，是民族传统文化的重要组成部分。与法律的自上而下控制不同，习俗是在特定的区域、特定的环境下产生、发展的，对民族生活有更强的渗透力，是社会控制更为基础的要素系统。”① 这里所说的习俗，就包括了民族伦理、民族习惯法、民族宗教、民族教育等非正式控制因素。

在少数民族习俗文化系统中，某个特定的文化元素之所以是“这个”民族的而不是其他民族的，原因就在于它体现着“这个”民族的基本生活态度和价值取向，也就是说，是代表“这个”民族价值观的民族伦理使它成了这个民族文化的有机组成部分，赋予了它存在的价值和理由。因此，民族伦理也就成为整合各种民族文化元素并使之形成系统、具有鲜明民族特征的“主旋律”。民族习惯法、民族宗教、民族教育这些非正式控制方式之所以在少数民族社会生活中长期、稳定地发挥作用，原因也正在于，其中包含的信念、规范符合民族伦理关于善与恶、好与坏、对与错、可行与不可行的价值观念和行为评价标准。

因此，如果说在边疆民族古代社会的社会控制体系中，民族伦理、民族习惯法、民族宗教和民族教育等非正式控制方式对民族基层社会、基层民众的日常生活的控制，比国家正式控制的影响力更为广泛深远、作用更为基础的话，那么，在边疆民族社会的非正式控制体系中，民族伦理控制又是导向性的、更基础和更根本的。

① 贺金瑞、熊坤新、苏日娜：《民族伦理学通论》，中央民族大学出版社 2007 年版，第 17 页。

# 第五章　民族习惯法与边疆社会的伦理控制

民族伦理在边疆社会的非正式控制（非制度化控制）体系中扮演着重要的角色，发挥着特殊的作用。民族伦理包含民族的道德观念（信念）、道德原则、道德规范、道德评价等内容，但一般而言，在少数民族传统社会、传统文化中，民族伦理又往往不是以单独的形态孤立存在，而是与民族习惯法、民族宗教、民族教育等紧密胶合在一起。因此，民族习惯法、民族宗教、民族教育等也就成了民族伦理在边疆民族地区发挥社会控制作用的主要载体或途径。

这里，我们先来分析民族习惯法与边疆社会的民族伦理控制问题。

## 第一节　民族习惯法的概念和主要特点

### 一　民族习惯法的概念

#### （一）习惯法的由来和概念

一般认为，习惯法产生于原始社会，由原始人类的生产生活习惯演变而来。人类先民在长期的社会生产和生活中，由经验的不断重复和积累而形成共同的生活惯例，后来就发展成了习惯。在人类社会的早期，这类生活惯例囊括的内容是非常广泛的。美国人类学家摩尔根在他的《古代社会》一书中指出："北美易洛魁的氏族习惯曾起着十分重要的作用，这些习惯包含十分广泛的内容，如关于共同劳动、平均分配的习惯，关于婚姻家庭和亲属制度的习惯，关于处理公共事务的习惯，关于财产继承的习惯，关于解决纠纷的习惯，关于维护共同利益的习惯，关于宗教方面的习惯等等。”①

国外学者普遍认为：在原始社会的某个时期，当一些习惯用来作为判定社会纠纷具体案件的典例和规则并相对稳定之后，习惯就演变为习惯法；再往后，习惯法进一步固定（如行诸法典）才有了真正意义上的法律，即法典法或成文法；因此，习惯法不仅是法律的前身、母体，而且还是它的渊源、基础。例如，近代美国历史法学家梅茵断言：无论是西方还是东方的法律，都是沿“判决—习惯法—法典法—法规法”的历史线索发展起来的；在人类社会早期，只有家长、首领等假借神意对特定纠纷的判决，只是随着判例的日积月累，解决纠纷所依据的那些习惯原则才演变为公认的习惯法；再往后，随着文字、立法机构的出现，才相应有了法典法和法规法。② 美国学者艾尔曼也指出：“习惯是一种不仅最古老而且也最普遍的法律渊源，它规定了因为经常的遵守而成为习惯的行为，并宣布对背离行为的制裁。”③ 这都是侧重从习惯法是法律的前身这一意义上讲的。而这就引出了一个问题，即在业已形成国家成文法的国度是否还存在着习惯法？对此，学界的认识和意见是有分歧的。

一些学者否定有单独的习惯法存在。例如，国内相当一部分学者认为，“习惯法是指国家认可和由国家强制力保证实施的习惯……在国家产生以前的原始习惯并不具有法的性质，阶级社会中存在的习惯也不都具有法的意义，很多属于道德规范”④。在国家认可、实施的范围内承认习惯法的存在，实质上就是把习惯法消融于国家法，因而也就从根本上否定了习惯法的单独存在。

另一些学者认为，习惯法是存在的，它既可以由国家也可以由社会组织来实施。例如，《〈羌族习惯法〉评介》的作者李绍明认为：“习惯法是维持和调整某一社会组织或群体及其成员之间关系的习惯约束力量的总和，是由该组织或群体的成员出于维护生产和生活需要而约定俗成的，适用一定区域的带有强制性的行为规范。习惯法的强制可以由国家实施，但

① ［美］L. H. 摩尔根：《古代社会》，杨东莼、马雍、马巨译，中央编译出版社2007年版，第96页。

② ［英］H. 梅茵：《古代法》，沈景一译，商务印书馆1984年版，第5页。

③ ［美］H. W. 艾尔曼：《比较法律文化》，贺卫方、高鸿钧译，生活·读书·新知三联书店1990年版，第43—45页。

④ 《中国大百科全书·法学卷》，中国大百科全书出版社1984年版，第87页。

更多的是由一定的组织或群众公认的社会权力来实施，后者或因国家认可和未明确表示不认可而合法，或因社会授权而合法。”① 这种认识从法律渊源上看到了法律与习惯的复杂关系，但却模糊了习惯法之所以为习惯法的自身规定。

更多的学者明确主张，即使在业已形成国家成文法的国度，也依然存在着相对独立的习惯法，而且其作用不可小视。例如，法国思想家卢梭认为，在国家的政治法或根本法、民法、刑法这三种法律之外，“还需要加上第四种，而且是一切之中最重要的一种，这种法律既不是铭刻在大理石上，也不是铭刻在铜表上，而是铭刻在公民的内心里……我所说的就是风尚习惯……具体规章不过是拱顶上的桥梁，而缓慢诞生的风俗习惯才是拱顶上难以撼动的基石”②。《牛津法律大辞典》也指出：“当一些习惯、惯例和通行的做法在相当一部分地区已经确定，被人们所公认并被视为具有法律的约束力，像建立在成文的立法规则之上一样时，它们就理所当然可称为习惯法。……习惯法至今仍在世界上广泛存在。”③ 持类似看法的国内学者有很多。如梁治平将习惯法定义为：“习惯法乃是这样一套地方性规范，它是在乡民长期生活与劳作过程中逐渐形成，它被用来分配乡民之间的权利、义务，调整和解决他们之间的利益冲突，并且主要在一套关系网络中被予以实施。”④ 高其才认为：“习惯法是独立于国家制定法之外，依据某种社会权威和社会组织，具有一定强制性的行为规范的总和。”⑤ 这类认识的一个共同特点是，认为习惯法既非纯粹的道德规范，也不完全是法律规范，而是介于道德和法律之间的一种准法律规范。这是一种法律人类学视角的理解。

从法律人类学的视角出发，可以把习惯法界定为：习惯法是独立于国家制定法之外的，在民间因袭成俗，由民间的某种社会权威或社会组织实施，在社会控制方面具有一定强制性的、介于道德和法律之间的行为规范的总和。

---

① 李绍明：《〈羌族习惯法〉评介》，《中华文化论坛》2002 年第 3 期。

② ［法］让·雅克·卢梭：《社会契约论》，何兆武译，商务印书馆 1980 年版，第 73 页。

③ ［英］戴维·M. 沃克：《牛津法律大辞典》，光明日报出版社 1988 年版，第 236 页。

④ 梁治平：《清代习惯法：社会与国家》，中国政法大学出版社 1996 年版，第 1 页。

⑤ 高其才：《论中国少数民族习惯法文化》，《中国法学》1996 年第 1 期。

## （二）民族习惯法的概念和种类

我们认为，姑且不论单一民族国家的民间是否还存在着习惯法，若仅就多民族国家而言，由于历史和文化的原因，习惯法在民族民间广泛存在则是不争的客观事实；而且，出于民族及民族文化生存权方面的考虑，在考察和探讨多民族国家民族地区的社会控制问题的时候，持一种法律人类学的态度，承认并重视民族习惯法的事实存在不仅必要，而且在一定意义上说是特别重要的。

在国内，“民族”通常指少数民族。相应地，民族习惯法也指少数民族习惯法。沿界定习惯法的思路，我们可以将民族习惯法定义为：民族习惯法是独立于国家、地方民族政权制定法之外的，在少数民族民间因袭成俗，由少数民族的社会权威或民间组织实施，在少数民族地区的社会控制方面具有一定强制性的、介于道德和法律之间的行为规范的总和。

王学辉先生在对西南边疆少数民族原始习惯法系统进行考察后认为：“法的发展经历了图腾崇拜、禁忌到习惯、习惯法再到成文法的运动轨迹。”[①] 但无论历史情况如何，“习惯法”都是一个外来词汇。在我国各少数民族中，不同民族对所谓“习惯法”有不同的称谓，如苗族叫“榔规”，佤族叫“阿佤俚”，彝族叫“介外”，侗族叫“款约”，瑶族叫“料令”（规条），翻译成汉语，即有的叫“规约”，有的叫“章程”，有的叫“古法”，有的叫“规律”，有的叫“民法”，有的叫“规矩”等。[②] 这些习惯法不仅与各民族的制度文化紧密结合，如佤族有“窝郎制”、基诺族有“长老制”、黎族有“合母制”、毛南族有“村老制”、彝族有“家支制”、高山族有“部落制”、壮族有“寨老制”、苗族有“议榔制”、瑶族有“石牌制”等，而且是各民族制度文化的核心部分。

民族习惯法有成文和不成文两种形式，其内涵丰富、种类繁多。仅就社会公共生产生活领域看，主要有如下几种。

### 1. 生产习惯法

生产劳动是人类的衣食之源，是人类得以生存和发展的前提，为了维

① 王学辉：《关于少数民族习惯法文化与法制现代化的思考》，载谢晖、陈金钊主编《民间法》，山东人民出版社 2002 年版。

② 吴宗金：《民族法制的理论与实践》，中国民主法制出版社 1998 年版，第 22、38、466 页。

护生产劳动的正常进行，各民族都有相应的习惯法。

我国西南地区的地形、生态、气候条件复杂多样，少数民族的生产生活对自然环境的依赖特别突出，而且他们大多经历过长期和远距离的迁徙生活，经历过很多的生态灾难，因此他们的习惯法都十分强调对自然生态的保护。早期的石碑、石牌一般都规定了有利于生产发展的条约，如规定不许放火烧山、不准乱捕滥捞、不得破坏水利堰坝沟渠等。例如，嘉庆十二年（公元 1807 年）的《禁示龙堂》石牌是保护森林水源的专项习惯法；光绪十七年（公元 1891 年）的《滴水、容洞、大力、大进石牌》中有诸如"挖田（填）水圳，一条犯（罚）五十两正"之类的规定；彝族《西南彝志》卷八"祖宗明训"中称："树木枯了匠人来培植，树很茂盛不用刀伤害。祖宗有明训，祖宗定下大法，笔之于书，传诸子孙，古如此，而今也如此"；道光年间，云南景东彝族习惯法规定："凡村界内，无论公山、私山，不得擅行砍伐，违者照乡规罚银。一禁纵火焚山，犯者罚银三十三两；二禁砍伐树木，采枝者罚银三两三钱，伐木本身者罚银三两三钱；三禁毁树种地，违者罚银三十三两；若有在公山砍柞把者，每把罚银三十三两"①；丽江纳西族东巴经中常有这样的禁律：不得在水源地杀牲宰兽以免污血秽水污染水源，不得丢弃污物于水中，不得在水源旁大小便，不得在水流中洗涤污物等。这些生产习惯法依各民族生活的特定环境而立，对当地的自然生态、生产生活起到了很好的保护、保障作用。

2. 社会治安习惯法

各民族都希望有一个和谐的生活环境，都希望社会稳定，因此他们对本民族或本地区的社会治安都有很高的要求，制定了相应的习惯法，并且对违者的惩罚往往也相当严厉。据调查显示，彝族、羌族、苗族、土家族、瑶族、侗族、布依族、藏族、纳西族、白族、傣族、景颇族、毛南族、仡佬族等少数民族的习惯法中，一般都将杀人、放火、伤害（因抢劫财物或因打架斗殴）、偷盗，非法使用和侵占他人或公有土地、山林、草场，损毁庄稼和森林，破坏家庭（侮辱或强奸妇女、谋夫夺妻）、侵犯人身权利、侮辱人格（包括损害家庭名义、村寨名义），违反公平交易习惯（伪劣商品、短斤少两、大斗进小斗出等）、侵犯民族禁忌等一概视为

① 引自佟德富、宝贵贞《中国少数民族哲学专题研究》，中央民族大学出版社 2006 年版，第 332 页。

"犯罪"，并施以较严厉的制裁。[①] 这方面的习惯法也见之于少数民族的石牌律。例如，在广西金秀博物馆收集和陈列的瑶族石牌中，《六段、仙家蒲、老矮河三处石牌》规定："凡我瑶知有窝藏匪类，一经查出，公同众议，将产冲（充）公，无贻后悔"；《坪免石牌》规定："不乱（论）河（何）人有事，莫乱山场得香草、竹木"；《互助等村石牌》规定："偷园内小菜、瓜果并柴草，罚银一千（文），拿四百（文）交主，六百归众"，等等。从这些石牌中，我们可以看到被习惯法固化了的民族传统道德观念和细腻的风俗人情规约。

3. 婚姻习惯法

婚姻是家庭的基础和纽带，但婚姻关系的缔结却关系到人际公共关系。在漫长的社会生活过程中，各民族认识到婚姻对人类自身生存及社会稳定和发展的影响，从而制定了许多有关婚姻的习惯法，以规范两性关系的缔结，维护家庭、家族及民族的繁衍兴旺。

例如，彝族的习惯法对婚姻就有较为详细、严格的规定。由于等级制度和强烈的血缘、血统观念，彝族尤其是偏远的彝族山寨（如凉山彝族）中普遍实行严格的本族内婚、等级内婚、家支外婚、姑舅表优先婚等制度。[②] 这种婚姻制度是历史上彝族维护本民族血统和生存利益的工具。而在德宏傣族的婚姻关系中，则是经济因素占有十分重要的地位。例如，傣族男子在将女子娶回家之前，必须先付给女方一定数目的彩礼，彩礼的名目繁多，主要有聘金（傣语称"索嘎兴"，意为身价钱）、婚礼肉、婚礼酒、哺乳费（补偿女方父母）、黑钱（男青年送给未婚妻的钱）等。据1954年的调查材料《潞西县傣族婚姻情况》说："傣族的婚姻费很高，婚礼数额由司署规定，现在正式规定的婚礼费是男家交付女家半开[③] 300个、酒60碗（每碗3市斤），若女方出家前有身孕或寡妇改嫁者，婚礼费照原定数额减去一半，但寡妇有孕后改嫁，只交付婚礼费原定数额的四分之一。"[④] 由此可见，各民族认可并由民族习惯法加以固定的婚姻规范

---

① 陈金全主编：《西南少数民族习惯法研究》，法律出版社2008年版，第263页。

② 孙伶伶：《彝族法文化：构建和谐社会的新视角》，中国人民大学出版社2007年版，第49页。

③ "半开"为辛亥革命后到抗日战争前云南流通的地方货币。

④ 云南省编写组：《德宏傣族社会历史调查（一）》，云南民族出版社1984年版，第276页。

是很不相同的，但它们都有维护和固化本民族传统风俗习惯的作用。

## 二 民族习惯法的主要特点

民族习惯法不属于国家法范畴，亦不具有国家法性质，但若与民族区域自治相结合就会有国家法的某种功能，并且会在形式和内容、实施和程序等方面呈现出既区别于国家法，又与非少数民族习惯法不同的特点。

### （一）保留着原始民主制的残余

中华人民共和国成立以前，云南有不少少数民族还处在由原始社会向奴隶制过渡的阶段，因此在不同程度上保留着原始民主社会的残余。例如，在民主选举方面，各少数民族都有本族、本村、本寨的内部和外部公共事务要处理，也有个人和团体的争执、纠纷要调解，这些都需要有一个或几个人出面来判断是非，调整人们之间的关系，这种人就是通常所说的“头人”，头人一般都通过民主的方式推举产生，因此，他们在民族民间享有较高的声望和威望。

相信神明裁判也是原始民主制的残余。神明裁判假借神的力量来对当事人进行各种严酷的考验，以证明当事人有罪或无罪，人们对神明怀有一种质朴而虔诚的敬仰，认为神明是最公平的，他不会偏袒或压制任何人，在神明面前，人们是绝对平等的，因此心甘情愿地接受神明裁判的判决结果。神明裁判的主持人也往往是公推、公认的有威望的人。神明裁判这种裁决方式曾在一些古代国家和中世纪欧洲盛行，但欧洲到 13 世纪就已经废除了神明裁判，此后有些国家又出现过以神的名义宣誓的形式，但到 18 世纪下半期也已废除。但在我国西南地区，生活环境较封闭、社会和文化发展比较迟缓的很多少数民族中，神明裁判的习惯却一直保留到民主改革以前，如藏族习惯法中的捞油锅、摸黑白石子，傣族的吊簸箕、过火练，彝族的捞开水、捞油锅、打死鸟兽赌咒，傈僳族的捞石头、喝血酒、撒血酒，纳西族的捞油锅、钻牛皮[①]等均属此类。神明裁判虽有非常严格的程式，但结果却有很大的偶然性、不可预测性。另外，“神明裁判”也并非完全意义上的“神判”，而常常是由主持审判者一手操纵“神童”的解释，因此主持人经常是按自己的意图来断案，这就导致形式上一切都听

① 陈金全主编：《西南少数民族习惯法研究》，法律出版社 2008 年版，第 94 页。

从天意，实质上则是人意在起作用。由此可以看出，“神判”的本质仍然是人治。

（二）以罚代刑，民刑不分

以罚代刑，就是以处罚财产代替刑罚的执行，本来触犯的是刑法，却以民事赔偿作为惩罚。这在现代社会的法律体制下，是根本不允许的，但在经济极不发达、物质财富极度匮乏的社会，剥夺理亏者、犯罪人的财物甚至仅有的生产生活资料，又的确是一种相当严厉的惩罚。例如，在有些少数民族聚居地区就保留着“赔命价”的习俗。“命价”数额因人而异，通常地位高的人高于地位低的人，“命价”支付完毕，仇怨皆休，万事皆了，被害人亲属、邻居一般都不会再到司法机关申诉。否则，即便国家法律已对犯罪人给予惩治，“命价”仍需由本人和家属缴纳，不缴则可能引起加倍仇杀。对犯罪的处罚由于普遍没有羁押人犯、剥夺人身自由之类的刑种，所以大都以经济赔偿代替刑罚的执行。例如，景颇族对杀人案的处理一般都不偿命，通常一条人命赔牛 1—10 头不等，另外还要赔偿衣物、火枪、长刀等物。有一位景颇族长老曾说：“杀人本来就是不好的事，他杀人，又把他杀掉，那就更不好了。”① 在劳动力缺乏的社会，“以命偿命”的处罚往往会给罪犯的家庭和其所处的小社会带来破坏性的影响，相反，“以财抵命”，既能让罪犯本人及其家庭、家族因付出沉重的财物代价而得到深刻教训，又可避免因丧失劳力而可能给罪犯家庭、家族带来毁灭性后果。因此，在偏远山区，这种由老辈人留传下来的习惯法至今还时常左右着一些少数民族的思想和行为。

（三）浓重的宗教、道德色彩

各少数民族都有本民族所信仰的宗教。鬼神崇拜在各少数民族习惯法中一直占有重要的地位，习惯法的神圣性也更多来源于民族宗教信仰的支撑，从原始宗教中衍生出来的神明裁判、宗教禁忌与习惯法相互纠缠。有些少数民族的习惯法甚至干脆就是宗教教义。例如，维吾尔族、回族等穆斯林信仰伊斯兰教，《古兰经》是他们的宗教经典，也是行为准则，他们在各个时候都以《古兰经》的教义来约束自己的行为，各种纠纷的解决也主要围绕《古兰经》来进行，因此可以说《古兰经》也就是他们的习

① 吴大华：《民族法学通论》，中国方正出版社 1997 年版，第 386 页。

惯法。大约70年前基督教传入云南泸水县的傈僳族后，在西方传教士的引诱下，由于生产力低下、生活贫困，人们希望能够摆脱贫困、落后、疾病和死亡的威胁，希望得到“永生”，所以信教的人数较多。截至1986年年底，全县信教总数超过15000人，教堂150多所。所有信教人员都严格遵守教规，不仅不抽烟、不喝酒，甚至信教人员的婚姻也由教主做主，而这样一来，他们的习惯法也就渐渐地转变为以宗教教义为主的习惯法。

此外，少数民族的传统道德观念也是习惯法的重要基础。在少数民族的习惯法中随处可见他们的道德准则，他们把道德和习惯法糅合在一起，使习惯法和道德规范统一起来，以习惯法的强制力来确认和推行道德规范，并且以道德的精神力量来加强习惯法的权威性。因此，他们的道德规范在一定程度上也是有强制性的，也是习惯法的一部分。

（四）深厚的民族性和地域性

在中国，各少数民族的分布总体上呈现一种“大杂居、小聚居、交错杂居”的格局，而边疆地区又主要以少数民族的小聚居为主，受当地的地理环境、宗教道德、政治经济、风俗习惯等影响，他们会形成各具民族特色的少数民族习惯法。这些习惯法是各少数民族在生存、发展的漫长过程中逐渐形成并不断新陈代谢的，是少数民族的历史及其所处时代的产物，是在不断总结生产生活经验的基础上逐渐建立起来的制度文化和生活规则，其中贯注着民族的宗教信仰和道德准则，是各少数民族的特定精神文化和物质生活的体现，具有显著的民族特色。因此，他们的习惯法只适用于本民族内部。再说，他们的居住方式是小聚居，有明显的地域性限制，处于相对封闭状态。因为受地理环境的影响，他们各自的生活习惯也就有所不同，进而所形成的制度文化也各不相同，而习惯法就是少数民族制度文化最直接的表现形式，民族习惯法因而也就呈现出显著的地域性特征。

## 第二节　民族习惯法与社会控制

民族习惯法作为民族地区的一种传统的社会规范和习惯规则，作为国家政治制度、法律体系以外的非正式的社会控制机制，它在少数民族地区人们的社会交往、社会整合、社会秩序的构建和维护方面所起的作用，是非常重要也非常广泛的。

## 一　民族习惯法的社会控制作用

### （一）维护社会生产秩序，保护生命财产安全

民族习惯法作为少数民族传统文化中的制度文化，它对社会的规范、控制作用，首先就表现为维护社会生产的正常秩序，保护人们的生命财产安全，通过调节和控制民族成员在生产生活以及社会交往中的关系来平衡各部分成员的社会利益。在民族习惯法形成的过程中，那些有利于民族社会秩序稳定的行为会被肯定下来，受习惯法保护，而那些不利于民族社会稳定的行为则会遭到否定，受习惯法的禁止。例如，滇西北彝族沿用的传统示标习惯法明确规定，要保护森林，严禁砍伐和放牧，违者要受到相应处罚，这种规定有利于当地社会生产的持续发展，因此那里的人们极少违反。① 贵州台江县巫脚乡在 20 世纪 80 年代普遍制定了新的“议榔”条款，以落实计划生育政策，保护森林土地，为生产责任制保驾护航，促进了生产发展，因此也得到当地人们的普遍肯定和遵守。② 这类习惯法都是各民族生产实践活动经验不断积累，并在对人与自然的关系、以及对人们的局部利益和整体利益、眼前利益和长远利益的关系逐渐有了比较正确的认识的基础上形成的，它们维护了生产的正常秩序，能保证物质财富的持久获得，因而为民族社会的存续、稳定提供了重要的保障。此外，很多民族的习惯法还明确规定对杀人、强奸、偷盗、抢劫等行为要进行严厉的惩罚和制裁，虽然采用的方式各不相同，但其目的都是为维护社会生活的正常秩序，保障人们的人身和财产安全。

民族习惯法作为少数民族传统法律文化的重要组成部分，它维护和控制社会稳定的作用主要体现在对本民族中的民族民事纠纷和刑事案件进行调节。我国施行的是“依法治国”的方针政策，习惯法现今大多都已被国家法所取代，但是，我们在构建法治社会的时候，也必须考虑到习惯法的重要性和不可替代性。我国在少数民族聚居的地区实行民族区域自治，在一定程度上肯定了民族习惯法的价值，并用国家法律制度加以确认。尊重少数民族风俗习惯的目的之一，就是为了让少数民族充分发掘本民族的法律文化资源，取其所长，去其所短，发挥其在维护民族社会稳定方面的

① 章虹宇：《原始而神圣的“乡规民约”——示标》，《岭南民俗》1999 年第 6—7 期合刊。

② 贵州省编写组：《贵州民族调查（二）》，贵州省民族研究所，1984 年，第 125 页。

自律性控制作用。在解决民族地区，尤其是边疆民族地区的社会纠纷和矛盾时，少数民族习惯法在一定程度上要比国家制定法还更有效。因为，“法律的力量根植于人们的社会经验中，正是由于人们凭经验感觉到法律是有益的，人们才愿意服从和支持法律”①。民族走向消亡，国家制定法完全取代民族习惯法，还将是一个漫长的历史过程。在这个过程中，历史上形成并长期沿用的民族习惯法仍然体现着民族的意愿和利益，它负载着民族的感情，因此它们也更能得到本民族人民的心理认同，在民族社会控制方面也能更持久、稳定地发挥特殊作用。

（二）维护生态平衡，保障人与自然关系的和谐

在我国西南地区，地形复杂，人们的生活条件比较艰苦，尤其是少数民族，他们大多生活在半山区、山区或高寒山区，村民们世世代代生活在同一个区域，对当地的环境形成依赖，并且在这些民族里，他们都懂得如何与周围的环境形成良性、稳定的关系。所谓“靠山吃山，靠水吃水”，对世世代代依赖的自然环境，几乎每一个少数民族都有与之相融相通的意识，因此，他们都会用习惯法来对自然环境加以保护。另一方面，西南少数民族大多有艰辛的迁徙史，他们经历过很多的生态灾难，尊重和爱护自然以及其他生灵构成了民族的文化心理习俗，这种文化心理已经上升到了生命平等观念的哲学高度，甚至可以同海德格尔所主张的人类回到大地、与自然和谐相处的“诗意的栖居”思想相通。例如，藏民仁青桑珠说：“我们村民保护环境是遵从传统文化，很乐意去做，没有其他的目的。”②

在云南丽江地区，主要居住着纳西族等少数民族。那里的居民多是依水而居，水构成了民族的灵魂，洁净的水是东巴教每个仪式必用之物，纳西族的宗教活动充满对吉祥、如意、平安、顺利的祈求，这种愿望借助于流水加以表达，通过满堂活水来体现。因此，在纳西族人世世代代传承的教育中，首先是要求孩子不做任何污染水源的事。纳西族认为，在人类起源之初，缺水给纳西族的生活带来了严重的危害。东巴经《迎净水》中记载：太阳从若罗山左边出来，月亮从山的右边出来。但是出来的太阳有九个，所有的人热得坐不住，活计做不成，饿了没饭吃，渴了没水喝，所有的人都相互商量，要去寻找水，天上的神灵指点，要去寻找水的母亲。

---

① ［法］孟德斯鸠：《论法的精神》上，张雁深译，商务印书馆 1982 年版，第 104 页。

② 陈金全主编：《西南少数民族习惯法研究》，法律出版社 2008 年版，第 162 页。

经历千辛万苦，人们终于迎来了净水。在经历重重困难迎来净水之后，人们汲取了与“暑”神之争引起洪水暴发带来灾难的教训，于是东巴经中便留下了关于保护水源的种种习惯和禁忌的记载。东巴经中常见的禁律有：不得在水源旁杀牲宰兽，以免污血秽水污染水源；不得丢弃污物于水中；不得在水源旁大小便；不得在水流中洗涤污物。在纳西族地区还有很多刻着保护水源的石碑。1998 年 8 月 19 日，丽江县博物馆文物工作者在丽江九河乡中左村雄支三社杨应寿家中收集到一块清代石碑，经考证系香格里村水源保护碑，立于光绪三十四年三月十三日（公元 1908 年 3 月 12 日）。① 他们不仅对水源进行保护，对采伐森林也制定了许多习惯法进行规范。

在云南文山居住着壮族等少数民族，壮族对自己家园及周围生态环境的保护也有较为全面的规定。壮族先民由于对自然的不解和敬畏产生了“万物有灵”的自然神崇拜，对与自己休戚相关的自然环境中的各种事物顶礼膜拜，以报答自然的馈赠，把对自然神的崇拜态度作为衡量行为善恶的标准，并由此规定了许多禁忌，甚至把违反禁忌的行为视为犯罪，对之进行严厉的制裁。例如，山林禁例在许多壮族村中大同小异，一般都规定，村口林木，关系村中风水，人人有责任保护，任何人不得砍伐；坟头树和寺庙前后的树木，关系到本村命运的风水，是神灵及祖宗灵魂所居，严禁族人前去砍柴打猎；村前村后高岗高阜的树木起造景作用，不许砍伐；房前屋后的树木虽属个人，但一般也不砍伐。有些地方则规定，婴儿出生、老人死亡都要种几棵树，以平衡生态。严禁滥砍滥伐，对滥伐林木者，除罚款外还要按损失的数量补种所砍伐的树木，即便是山林失火，肇事者也要被罚款并补种树木。林木具有明显的涵养水源的作用，壮族先民对山林的禁例，为维护壮族地区的生态平衡起了积极的保护作用。②

### （三）解决社会纠纷，促进民族团结

在少数民族地区，特别是在西南少数民族地区，人们一般都以民族寨子和民族村落的形式居住，各村各寨几乎都有解决内部矛盾和纠纷的习惯法。矛盾和纠纷的表现形式多种多样，引起矛盾和纠纷的原因也有很多不同，因此，各村各寨习惯法所调整的对象也各不相同，各有侧重。总的来

① 陈金全主编：《西南少数民族习惯法研究》，法律出版社 2008 年版，第 164—165 页。

② 陈新建、李洪欣：《试论壮族传统习惯法的社会功能》，《桂海论丛》2003 年第 3 期。

看，引起矛盾和纠纷的原因主要有吸食毒品、打架斗殴、不道德的性行为、偷盗行为、赌博行为、违反计划生育的行为、不尊敬老人的行为等，[①] 相应地，民族习惯法中也就有针对这些不和谐行为的解决方式。这些解决方式，以云南少数民族习惯法为例，主要有：一是罚款，这是最普通的惩罚方式，少则几元多则上千元，由于少数民族地区村民的收入不多，这种惩罚方式是有很大的威慑力的；二是"洗寨子"，例如傣族、布朗族、阿昌族等民族中，会要求杀猪宰牛请全寨子或村里有威望的人吃喝，以洗去肇事者给村寨带来的羞辱；三是赔偿，例如"赔命价"等。这些都是解决纷争和矛盾的具体措施，这些措施往往重在惩戒性的教育，一般比较温和，而极少严刑峻法，这有利于稳定生产、团结民族成员，有利于在本民族内部形成一种和睦友好、团结友善的良好氛围。

（四）保护客商贸易，促进商品交流

民族习惯法一般适用于本民族、本区域，但在西南地区，特别是云南，由于多种少数民族共同生活在同一区域内，相距不远的地方就会有另一些民族的存在，加上云南的地理、气候比较复杂，各地方的物产不一样，对于稀缺的必需品他们会进行简单的交易，因此民族习惯法也会对民族与民族之间、地区与地区之间的物资交易活动的规则进行规定，以保护客商贸易，促进商品交流。

在少数民族地区，人们的物质生活相对匮乏，对一些生活必需品，他们不得不进行一些交易，在这些交易中，有他们本民族与本民族的交易，也有外来的其他民族商客在民族地区或村寨里进行的商品交易。在交易中，有一些投机倒把或是破坏交易的行为，因此，需要习惯法加以规范，以形成正常的、稳定的、平等的交易环境。例如，居住在山区的傈僳族，由于生产力低下，几乎没有剩余产品，因而可供出卖的农产品不多，他们就只有用少许农副业产品和野生药材换回自己所必需的物品。在有些地区，一般会有外地商人带着商品进行走村销售，而这些商品多是铁制农具、铁三脚架、食盐、装饰品、成衣、土布、牛羊等物，用以交换本地的生漆、漆油、黄连、贝母和麻布等土特产品。傈僳族内部常进行以物易物，物品的价值约定俗成，比如两只小鸡换一头小猪，两头小猪换一头小

① 刘希：《论我国少数民族地区犯罪的社会控制——基于法律人类学视角》，《犯罪研究》2006 年第 3 期。

牛。土地买卖也多用猪、牛、粮计价。[①] 而在这些交易中，他们也使用习惯法来加以约束。比如，双方要完全自愿，不允许强买强卖，在比较重大的交易中，他们一般会找一个中间人，中间人的主要作用就是衡量各方物品的价值，确保交易能公平、公正等。直到现在，很多村民尤其是生活在山上的少数民族仍然喜欢以物易物的原始交易方式，对这种原始的交易也都用习惯法来进行规范，其目的是为了保护客商的正常贸易活动，促进商品交流，给本民族成员带来更便利的生活。

（五）传承民族文化，承递民族精神

各少数民族的文化，是靠民族成员不断总结和积累、继承和发展起来的，民族文化的传承，依赖言传身教、文字记载及其他载体和渠道。许多少数民族传统文化的承递都要靠上辈人向下辈人口耳相传来实现，有些少数民族有自己的文字便会以文字记载为主，辅之以口授，有些则用碑文刻录。总的来说，传承和发展民族文化的方式是多种多样的，议定和执行习惯法本身就是一项重要的社会文化活动，习惯法作为民族文化的重要组成部分，其对民族地区的影响也是深远的。

在社会发展过程中，少数民族会对本民族的习惯法不断地进行继承和创新，形成长久的规范效应，这种规范通过宣传逐渐形成民族地区的特殊文化，此种文化涉及社会生活的各个领域。由于习惯法具有一定程度的强制性，因此它也就成了承载民族文化的重要载体，在一定程度上甚至可以说，在民族文化的生存、继承、传递和发展的过程中，民族习惯法就是保护和保存民族传统文化的主要形式。少数民族习惯法已经形成一种固定的文化，并已深深铭刻在民族成员的心中，形成一种自觉的行为。卢梭有一句话最能说明这一现象，他说："它可以保持一个民族的创新精神，可以不知不觉的以习惯的力量代替权威的力量。"[②]

## 二　民族习惯法的社会控制范围

民族习惯法涉及的范围比较广泛，它对少数民族社会生活的主要方面几乎都发挥着指导和规范作用。概括起来，主要有以下几个方面。

---

① 王学辉：《法人类学的体验——云南省怒江大峡谷傈僳族习惯法文化简析》，《西南民族学院学报》2002 年第 7 期。

② ［法］让·雅克·卢梭：《社会契约论》，何兆武译，商务印书馆 1980 年版，第 73 页。

（一）社会治安控制

民族习惯法在社会治安管理方面的作用前文已有论述，这里要强调的是，社会治安是各民族或各村寨社会秩序最基本的保障，因此，民族习惯法最基本的社会控制作用也体现在社会治安方面。

在国家推行依法治国的情况下，在许多社会发育程度较高的地方，原有的习惯法已经不能成为主导人们行为的基本规范，而只能起到辅助的作用。但在少数民族地区，就社会治安而言，民族习惯法所起到的作用却依然不可小视。一方面，对于社会治安案件，国家制定法的治理手段和民族习惯法的治理手段存在许多的不同，民族习惯法对肇事者惩处的方式也有别于国家制定法，两者相较，民族民众在心理上一般会更认同本民族约定俗成的习惯法的处理方式；另一方面，少数民族大多居住分散，国家司法、执法机构的布点相对很少，在这种情况下，民族民间按习惯处理治安案件往往要比政府来得更及时。例如，“山杠爷的困惑和悲剧”案例，就很能说明问题：山杠爷是一个农村的党支部书记，他为人公正、果断，在村里很有威信，村民都很敬重他，并且他对于民族的各项行为规范都很了解，在他的治理下，该村的秩序一直都很好。他的治村之法虽然行之有效，但毕竟于法不合，在他对一个虐待婆婆的媳妇进行捆绑游街而导致该媳妇自杀后，山杠爷被公安机关逮捕了。但山杠爷自己和大多数村民对此都茫然不解，甚至备感冤屈。① 两者的处理方式截然不同，而村民往往会选择民族习惯法进行调解。

（二）民事纠纷控制

目前，民族习惯法的作用已越来越偏重对民事法律关系的调节。在国家法律实践和法制建设的过程中，在处理刑事案件方面，国家制定的刑法已在很大程度上取代了各民族的习惯法，但在民事案件的调解方面，民族习惯法仍然有用武之地，并发挥着不可替代的作用。

在公共财物所有权的处置方面，民族习惯法对所有权的取得方式都有明确规定。例如，苗族的习惯法认可所有权的标志是“结草为记”，规定无论是准备开垦的荒地，砍倒的树木，打倒的猎物，待运的柴草等，只要用一把野草挽成一个草结放在上面或拴在上面，就证明该物已有属主，除

① 黄小筝：《少数民族习惯法探析——以广西金秀瑶族石牌制为例》，硕士学位论文，湘潭大学，2008 年。

该物的主人外，其他任何人未经许可都不得私自触动。

在土地买卖方面，以前，土地在各少数民族地区是可以自由买卖的，而土地是农民的生命线，因此在买卖土地的时候人们都特别慎重，需要通过约定的习惯来达成和保证。例如，苗族习惯法允许土地买卖，但买卖土地时，同家族的人有优先权，外族买主即使确定了田价，只要家族内有人要，且所出的田价不低于外人，那仍然要让家族成员优先取得。[①] 在我国实行土地承包经营责任制以后，土地的所有权属于国家和集体，因此也就没有了买卖土地所有权的现象，而是变成了转让土地的使用权、经营权。而在转让过程中，同家族优先的习惯仍然有效。

在财产继承方面，在民族地区，父母的财产一般都由儿子继承，女儿是没有继承权的，因为在他们的传统习惯中，“女儿是泼出去的水”，一般不承担赡养父母的责任。例如，贵州省剑河县久仰乡久丢村习惯法规定，父母遗产仅由儿子继承，出嫁的女儿无权继承，未出嫁的女儿也只能使用不能所有。只有在没有儿子的家庭，才以招婿（俗称“上门”）的方式让女儿继承父母的财产，并承担赡养父母的责任。在继承父母的财产时，如果一个家庭有多个儿子，父母往往是将财产在他们之间进行平均分配。但也有例外，如贵州省黔东南苗族侗族自治州剑河县柳川镇巫堆村规定，父母去世后，财产只能由家中最小的男孩继承，其余的所有子女无权继承，因为按他们的习惯，赡养父母的责任要由最小的那个儿子来承担，为父母操办丧事也是最小的那个儿子的责任，其余的子女是否出力、出多大力，就仅凭各自的良心。[②] 而在纳西族摩梭人中，他们传统的家庭组织方式是母系制，因此情况正好相反，习惯法规定家庭财产只能由女儿继承。

在侵权责任方面，自古以来，民族地区农民的生计方式都以自给自足的自然经济为主，农业是西南地区各民族的主要生活支柱，因此，西南少数民族都非常重视对农业的保护，并在民族习惯法中作出明确规定：禽畜糟蹋庄稼必须赔偿。例如，云南楚雄地区彝族的习惯法就规定：牲畜糟蹋了他人的庄稼，畜主要按损坏庄稼的面积和该地当年的产量进行等量赔偿，糟蹋了多少就赔偿多少，但不能打死家畜，打死家畜要向畜主赔偿相

① 黄彬：《国家法与民族习惯法关系探析》，硕士学位论文，贵州大学，2007 年。

② 同上。

应的家畜或折钱若干赔偿。

（三）婚姻习俗控制

民族习惯法是民族文化长期积淀的产物，它常常与各民族的宗教信仰、生活禁忌、伦理道德混合交叉，并和各民族的伦理道德观念相一致，因此习惯法也就成了民族心理惯性的发动机和调节器。这在少数民族的婚姻习惯法中表现得尤为明显。婚姻关系既反映男女两性关系，又是构成家庭关系和血缘关系的基础，这些关系不仅由社会的经济基础决定，而且还要受到道德伦理、宗教习惯、礼俗文化等的影响。因此，可以说家庭就是一个“伦理的实体”，民族习惯法所规定的婚姻当事人的权利和义务，就是以该民族的伦理道德和价值观念为基础的。

早在1950年第一部《婚姻法》颁布时，毛泽东同志就一再强调：婚姻法的普遍性仅次于宪法。因为，它关系到男女老幼、千家万户，关系到社会生产和生活的各个方面，更关系到整个社会的稳定。我国颁布的婚姻法适用于国内的各个民族和每一个公民，然而，在少数民族聚居的地区，各民族长期以来都受传统婚姻习俗及婚姻习惯法的制约和影响，这些习俗、习惯法在民族地区的社会控制中起着不可低估的重要作用。[①]

例如，云南小凉山地区的彝族，一般都实行“一夫一妻”的婚姻制度，但是在婚姻关系中，他们规定：同族内婚，即在彝族内部通婚，不同民族之间是被禁止通婚的。等级内婚，有严格的习惯法限制不同等级间的通婚；家支外婚，如“曲诺”与“诺伙”家支。[②] 其中同族内婚一直是当地民族延续其家支和家族血统的最重要的形式，并一直保持至今。随着国家婚姻法的普及和推广，这种情况虽有所改变，但他们在心理上仍然钟情于本民族的婚姻习惯。

又如，云南德宏地区的傣族也比较重视血缘关系，他们一般是一个家族一个姓氏，但他们奉行的习惯则是男性一律娶外姓女子为妻，女性一律嫁与外姓男子，同一姓氏的男女青年一般不相互谈情说爱和缔结婚姻。当互不相识的男女青年相逢、邂逅想谈情说爱之时，他们都会很自然地首先要打听对方的姓氏，若对方是同姓，便立刻打消谈情说爱的念头。当男青

① 黄彬：《国家法与民族习惯法关系探析》，硕士学位论文，贵州大学，2007年。

② 乔亨瑞：《云南少数民族婚姻家庭的变迁——以傣族、彝族、纳西族为例》，《学术探索》1999年第4期。

年告知父母自己已有恋爱对象时，父母也会首先弄清楚女方姓氏，双方异姓，方可考虑婚事。在历史上偶有同姓婚的现象出现，但这种现象一般是通过“拐婚”亦即“男女私奔”的方式实现的，因此，这种现象被公众视为违反道德规范的行为，要受到社会舆论的谴责。目前，德宏傣族人的家族观念已随着社会结构和社会关系的复杂化而有所淡化，但同姓不结婚的习俗仍然保持着。[①]

（四）宗教信仰控制

居住在我国边疆的少数民族，几乎每一个民族都有本民族的宗教信仰。有的民族信仰的是佛教、伊斯兰教、基督教、道教中的一种或几种，甚至是其中的某些宗派，而有的民族则一直保留着原始的自然崇拜、图腾信仰和祖先崇拜。相应地，各少数民族也都有约定俗成的习惯法来规范其成员的信仰行为。民族地区的生活条件都比较艰苦，科学技术和知识体系也不发达，要继续生存生活在这片土地上，他们就必须通过建立自己的信仰来解释他们周遭的一切，解脱他们的困苦，支撑他们的精神世界。信仰是神圣的，是民族精神文化的突出体现，因此，大多数少数民族都比较重视，都会在制定本民族的习惯法时对民族成员的宗教信仰及相应的行为作出规定。久而久之，他们甚至会对宗教习惯法也产生一种信仰意识和心理敬畏，而这又会进一步强化民族习惯法在社会控制方面的作用。

## 第三节　民族习惯法中的伦理因素

### 一　生命伦理因素

现今生活在云南的各少数民族，他们的祖先在远古时期分属于西北氐羌族群、中南百濮族群、东南百越族群和西南孟高棉族群，大多都由其他地方迁徙而来。漫长的迁徙过程充满艰辛、坎坷和斗争，为了种族的繁衍，他们便特别重视生命的依托和存续，并以习惯法的形式进行指导和规范。

为了生存，各少数民族的祖先们一方面在不断地与自然界作斗争，另

① 刀承华：《德宏傣族婚姻习俗与社会文化的关系》，《云南民族大学学报》2006年第3期。

一方面又对自然环境怀有敬畏、崇拜、感激之情，他们无法解释很多自然现象，也无力去回答人对自然的依赖、人类由来与自然的关系等问题，因此，他们心里就产生了种种人类生命与自然相连接的幻想，并以神话的形式表达出来。少数民族中流传着丰富的人类生命起源于自然的神话，这些神话既是先民们集体意识的历史沉淀，也是他们对人类生命延续的一种道义担待和伦理规约。

在云南少数民族中流传着很多关于人类由自然物演化而来的图腾神话，而每一个神话的背后也几乎都有对人与自然之间关系的一种伦理承诺和规约。例如，布朗族中有以水为图腾的氏族，他们认为人类的生命由水演化而来，人与水之间有亲缘关系，因此，规定平时用水要到远离村寨的山涧河谷去取，禁忌随意取水，若有违反，就会认为这会给氏族和本人带来灾难，进而要受同族人的制止和谴责。又如，怒江的傈僳族每个氏族都用一种植物或动物作族称，如荞麦氏族、茶树氏族、蘑菇氏族等，他们认为自己的氏族就由这些动植物演化衍生而来，与它们有血缘关系，因此称它们为自己的长辈、亲属或兄弟姐妹，并禁止对它们进行无度的采伐和猎取。再如，怒族有蛇与蜂交配生出女始祖的神话，彝族有竹子变成人的神话，佤族有石头变人的神话等，也都认为万物都有灵性，是它们塑造出人类的祖先，因此各民族在生活中就用禁忌或习惯法来约束人们与这些神圣自然物之间发生的行为。水源、竹林、荞麦、蜜蜂、茶树甚至蘑菇之类，都是居住山区半山区各少数民族的衣食来源、生活依靠，他们用习惯法来对人们的采伐行为加以规范，而以人与自然同源的神话来加以解释和说明。其中，习惯法为生命伦理观念提供规范性保障，而生命伦理观念则为习惯法提供了精神信仰的支撑。

英国功能主义文化学派的代表马林诺夫斯基在考察美拉尼西亚原始土著民族的文化时，也看到了神话所承载的道德观念、道德信条对土著民社会行为所起的强大支配作用。他因此指出：“存在于野蛮社会里的神话，以原始的活的形式而出现的神话，不只是说一说的故事，乃是要活下去的实体。那不是我们近代小说中所见到的虚构，乃是认为在荒古的时候发生过的实事，而在那以后便继续影响世界，影响人类的命运。野蛮人看神话，就等于忠实的基督徒看创世纪，看失乐园，看基督死在十字架上给人赎罪等新旧的故事那样。我们的神圣故事是活在我们的典礼，我们的道德里面，而且制裁我们的行为，支配我们的信仰，野蛮人的神话也对于野蛮人那样。”[①] 撇开“野蛮人”这一严重贬义的称呼，而代之以社会、文化发育相对滞后的“少数民族”，那么，马林诺夫斯基的话就无疑道出了这样一个真理：神话中蕴含的道德力量对少数民族社会行为的规范作用，对他们社会生活风习的引导、支撑作用，在全世界范围内都是非常普遍的。从中国，尤其是从西南少数民族的情况看，人与自然不分的人类生命起源神话，既蕴含着他们的先民关于人与自然相互依存、相互转换和贯通的生存智慧，又寄托着少数民族对世世代代生养自己的自然环境的依恋、感激之情，而更为重要的是，这些扑朔迷离的人类生命起源神话已昭示着人类生态伦理意识的觉醒，并表达了要在人与自然的亲缘关系中为人的生产活动建章立制的强烈诉求。

## 二　生态伦理因素

美国当代著名环境史学家唐纳德·沃斯特 1998 年曾来过中国，美丽的山川和中国古代文化给他留下了深刻的印象，他说：“中国在科学和哲学上拥有她自己的丰富遗产，她的遗产很多可以提供给其他的国家，去建立与自然的新关系。”[②] 这是对中国古老自然生态文化资源及其价值的肯定。这种生态文化资源在西南少数民族习惯法中也甚为丰富，在我们调查过的彝族、藏族、苗族、侗族、瑶族、壮族、佤族、纳西族等少数民族习惯法中，就有很多保护土地、山川、森林、草原、动物等自然资源的规定。

在丽江坝区的束河古镇，78 岁的老者杨沛诚向我们回忆了束河古镇关于水资源保护的乡规民约：不能向河中倒垃圾及杂物和扔死猫死狗等家畜；居民吃早饭之前不能在河水里洗衣服、洗菜等，必须让取水者先取饮用水。小孩的尿片、妇女的衣裤等不洁，并会触犯水神“署”，不能直接放在河里洗涤，而只能用盆取水在岸边洗，并且用过的水必须倒在离河较远的地方，以免污染河水。若有人违反上述洗涤规定，其他任何人可以将其物品和盆子一起扔掉，以示警告。这些看似琐碎的生活规定，在纳西族

① ［英］马林诺夫斯基：《巫术、科学、宗教和神话》，李安宅译，商务印书馆 1936 年版，第 121 页。

② ［美］唐纳德·沃斯特：《自然与经济体系》，侯文惠译，商务印书馆 1999 年版，第 12 页。

地区具有很强的操作性，而且每一代纳西人从小就在接受长辈的这方面教育，都不会去违反，因此，时至今日，在纳西人居住的地方，河水都清澈见底。从这些习惯法可以看出，污染水源是被纳西人所耻的不道德行为，因而他们要用习惯法来对这类行为加以禁止。

在丽江周边的村镇中，还有许多清朝就有的乡规民约是关于保护森林的。如规定：只有到冬季才可以按规定捡拾落到地上的树叶，可以采伐已经枯干的树枝。三年一次（现在改为每年一次），每家可以采伐高三尺、宽五尺的一垛柴禾（现为 15 担），而且只能采伐栗树枝，而不砍伐整株树木。如果哪户村民违反了上述规定，则不准该户参加全村周期性的有计划的砍伐集体林后的分配。且每个村子都有自己的护林员，护林员平时在山上巡逻，防止他人偷伐树木，特别是清明节前后，如果偷砍了树木，影响了树木的成长，则护林员有权将砍刀、斧头没收。在纳西族中，这些从清朝起就实行的乡规民约至今仍然起着保护环境的作用。不仅纳西族，还有迪庆的藏族、大理的白族、楚雄的彝族、红河的哈尼族等少数民族，对他们周围的自然环境也都有一种很强的生态保护意识。

在云南，少数民族的生态保护、生态伦理意识是自觉的。例如，傣族人普遍都有这样的意识：没有森林就没有水，没有水就没有农田，没有农田就没有粮食，而没有粮食，人就不能活命。所以，每迁到新的地方，傣族人都要起誓像爱护生命一样爱护森林，都要订立乡规民约，明令禁止乱砍滥伐森林和滥用水资源，并且，还对各家各户所需的燃料、建材、农用水和生活用水进行量化分配和严格管理，违者即被施以重罚。不仅如此，在一些少数民族中，生态伦理意识还进一步转化、上升到了生态审美意识。傣族中就流传着这样的传说：有一位“阿占”（知识渊博的人）告诉景洪的傣族人民，他们生活的地方之所以美丽，原因就在于那里有菩提树、贝叶树、铁犁木、大青树和槟榔树这五种树，有鸡蛋花、荷花、凤凰花、缅桂花、玉兰花、仙女花（野姜花）这六种花，以及有孔雀和大象陪伴他们，因此“只要大家保护和发展这些东西，我们这个坝子就一定会更加美丽、吉祥”。大家一致赞同，于是形成了植树养花和爱护孔雀的习俗。生态伦理意识本质上是一种功利意识，即一种整体利益、长远利益意识，而将功利意识上升为非功利意识，即一种追求精神愉悦的生态审美意识，那就是在精神生活领域开拓出了一种新的、更高的境界了。这种境界，不仅傣族有，在白族、纳西族等云南的很多少数民族中都普遍存在。

## 三　婚姻、家庭伦理因素

婚姻、家庭伦理可谓是民族习惯法中的主要因素之一。在生产生活中，一方面，家庭作为组成社会的最基本的单位，是社会存在的最主要的形式；另一方面，婚姻又是构成家庭的必备要件。因此，在各民族的习惯法中婚姻、家庭伦理因素是最主要的因素之一。

### （一）婚姻伦理因素

婚姻关系是家庭形成和存在的基础。在男女双方缔结姻缘、形成夫妻关系的整个过程中，各种习惯法都会将他们的权利和义务直接联系在一起，而且，各种习惯法中都渗透着许多婚姻伦理规范、道德理念。

云南一些少数民族实行严格的民族内婚制，禁止同外族通婚，以维持本民族的信仰风俗和血统纯正。例如，彝族、苗族、侗族、布依族、瑶族等，特别是苗族，不仅不与外族通婚，而且本民族内不同服饰的各支系之间也互不通婚。又如藏族，因为宗教信仰的问题，禁止和回族通婚，但不太严格。而一些少数民族则实行氏族外婚，他们认为，有血缘关系的人如果婚配或发生性行为，就会玷污祖先的神灵，搅乱伦常。例如，云南的藏族就认为“这种人（指有血缘关系而婚配的人）踏过的地方不长草，蹚过的水不能喝”；“近亲结婚会使整个村庄连续八代不吉利”。

在云南的一些少数民族习惯法中还能看到一种现象，这就是姑舅表优先婚。它有两种形式：一种是姑姑家的女儿一定要优先嫁给舅舅家的儿子，舅舅家对外甥女的婚姻有优先权，除非舅舅家表示不要，否则不得许配他人；另一种形式是舅父家的女儿优先嫁给姑妈家的儿子（布依族俗称“侄女赶姑妈”）。这两种婚姻形式都是为了加强血亲关系，维护家族血统的纯正。在实行姑舅表优先婚的民族看来，这种婚姻关系是道德的，因此它才会被这些民族的习惯法所认可。

不管是内婚、外婚还是姑舅表优先婚，在婚后，夫妻之间都有相应的权利和义务，确因婚姻关系不和而需要离婚的，在习惯法中也都有相应的规定。例如，苗族的习惯法对离婚有这样的规定：（1）夫妻双方自愿离婚的，父母调解无效时，由双方父母私下商量解除婚姻关系，结婚时所花费用和礼品概不退还。（2）男方主动提出离婚，经调解无效的，男方要出十斤酒、杀一只羊来请客，这叫“羊酒服理”，宴客之后婚姻关系便告解除。但男方逼迫离婚导致女方自杀的，男方要被处以“五牛分尸”。

（3）女方主动提出离婚的，也要经过“羊酒服理”才能解除婚姻关系，男方不负任何赔偿责任。男方知其妻另有情人，可以单方解除婚姻关系，女方要多给男方一头羊或一头牛。（4）已婚男子与妇女通奸，视情节轻重，或公开批评，或“羊酒服理”，受罚费用由通奸双方承担。未婚男子与已婚妇女通奸，若被亲夫捉获，处罚与已婚男子同，如系男方主动，男方还要受“裸体杖”。（5）夫妻争吵，若是丈夫无理，致使妻子不能忍受，回娘家居住，男方得请媒人登门劝慰，并以一头牛做赔礼；属妻子无理回娘家居住，事后自知理屈，则要送给丈夫家一头猪或一只羊，表示重来“开门”。又如，傣族乡规民约规定，若夫妻感情破裂，不得争吵打骂，有离婚自由，离婚手续也较简便：若为女方提出，只要送给男方一对腊条，男方接受后收拾行装，女方送到家门口就算离了婚。若为男方提出，须请村寨头人和亲友到家里，男方当众将一块砍出缺口的本刻交给女方，女方接受此物就表示同意离婚，女方可凭此物再嫁他人，原夫和任何亲友都无权干涉。

一般说来，每个少数民族都有自己的一套行之有效的婚姻习惯法，这些习惯规定都是在各少数民族婚姻实践的历史过程中逐渐形成的，都对本民族的婚姻关系起到了良好的规范作用，因此这种习惯法大都深入人心，并成为所有成员共同遵循的道德要求和伦理准则。

（二）家庭伦理因素

在边疆少数民族地区，民族社会都有一定封闭性，每个民族村寨几乎就是一个大家庭，他们有的一个村寨就由一个家庭所繁衍，即使在不同民族生活的大村寨，人们之间也都有或近或远的亲缘关系。云南的少数民族通常都生活在较为封闭、自成体系的小型社会，在这种社会中，家庭作为社会结构的基本单位，复合了社会的多种功能，它既是同居共产的经济实体，又是繁衍人口、教育子女的由血缘和姻缘建构的群体组织，社会的诸多功能基本上都由家庭来运作。

在原始社会中，人们以血缘亲属关系结合在一起，构成社会组织的基本单位，即氏族公社，氏族的成员出自同一个祖先，他们被血缘关系牢固地联系在一起，居住在共同的地域，因而出现许许多多的家庭氏族村落。现在，中国的大部分地区已经不是这种情况了，但云南的很多少数民族村寨至今仍是以血缘为纽带的结合体。少数民族村寨中的家庭规模一般都不大，大多在3—5人，这一方面是因为很多少数民族往往有一种婚后分家析产的习俗，在他们看来，“人大分家，树大分丫”是很自然的事。什么时候分家，在不同的民族中有不同的约定俗成，但多数是在孩子结婚之后即开始分家自立，哈尼族、毛南族等几个少数民族则是在孩子结婚生育子嗣后才跟父母分居并建立自己的家庭，而在盛行幼子继承制的景颇族社会中，除幼子外，其余的孩子结婚后都要携带妻子离开老家，在新的土地上自谋生计。当然，不管采取什么样的分家方式，也总是有一个孩子始终与父母居住在一起，承担赡养父母的义务。究其根本原因，云南很多少数民族都生活在山地，环境较差，地形破碎，地方狭窄，可供耕作的土地是极其有限的，部分地区直至中华人民共和国成立仍不会使用耕牛和铁制工具，这种山地农牧生产方式无法承受大量的人口，因此，必须分家析产，各自谋生，方能维持起码的生活水平。此外，云南少数民族的聚落多依山而建，狭小的空间也限制了家庭规模的扩大。不过，也有独龙族、布朗族等几个少数民族在近代仍然存在着人口较多且所有家庭成员共同居住在同一栋超大房屋中的大家庭。

在很多少数民族家庭中，壮年的已婚男子是家庭的“主心骨”，他们既是生产生活经验丰富的强劳动力，又要上奉父母、下养妻儿，因此尊父意味着保家，父亲的权威受家庭成员的承认和维护。例如，羌族认为，子女的生命是父母给的，没有父母就没有子女，父子之间是一种天生不平等的领属关系，父亲的意志不容违抗，父亲的权威毋庸置疑，父子之间的尊卑地位是不容篡改和颠覆的。

在大多数少数民族中，夫妻间的分工也是比较明显的，一般是丈夫从事比较重的体力活，而妻子则起协助作用，但妻子常常要包揽一切家务，服侍丈夫、孩子，妻子的言行受丈夫的节制，一般不在较大事件的处理中抛头露面。比如，织布、缝纫、洗衣、煮饭等多由妻子操持，而伐木、犁田等重体力活则多由丈夫完成。但妻子也要做田间的体力劳动，甚至劳动量往往不比丈夫小（只是强度可能不同），而且很多时候是妻子管家，因此，在云南少数民族的传统社会里普遍没有男尊女卑的观念。

云南很多少数民族中还存在着“舅权”。“舅权”的存在，是为了使已出嫁的姊妹的合理权益得到保护。当出嫁的姊妹与公婆、丈夫、儿子、儿媳产生家庭矛盾和冲突时，往往就需要舅舅出面进行协调，消解矛盾，达成共识，促进家庭和睦。对于夫家的家庭暴力，舅舅一定会向施暴者讨说法，并要求向女方家庭赔礼道歉，承诺不再使用暴力，这样才会平息家庭矛盾，否则舅舅家一般都会趁机闹事，以武力方式向男方家庭讨还公道。

## 四 公共伦理因素

不论是同一民族的成员在一起生活，还是不同民族生活在同一区域、同一社区，人们在相处的过程中难免会发生矛盾甚至冲突。因此，在共同生活的过程中，就需要有一些道德规范和行为准则来对人们的言行举止进行控制。在少数民族的习惯法中就有许多准则是用来规范人们的社会公共行为的。

例如，侗族《款词》的"款"就是"款约"的意思，其订立的主要目的就是为了规范人们的社会公共行为。《侗族古规起源的传说及古规十二条》中说："古时候，侗族寨上无法可依，无章可循"，盗贼猖獗，社会混乱，坏人得不到应有的惩罚，好人得不到应有的保护，甚至受冤枉、遭陷害，人们的生命财产安全得不到保证，为改变这种混乱的局面，侗家"合千家为大众，汇小河成大江，大家聚拢来议定条款"，"八万侗乡的人民，邀请了各处侗寨九十九个有威望的'林老'（老人）开了个款会，共同商议了款约十二条"①。其中，不仅介绍了侗族习惯法的产生和产生的背景，而且对如何保护公共财产、维护社会安定和谐作了详细规定，并要求侗族人民以之为行动指南。例如，其中有一条款约称"万众一条心，抗击官府欺压"，这是专门为对抗外敌侵犯或官府、土司、头人欺压而订立的款约，此后，这条款约便一直被侗族人民当作政治道德原则继承了下来。

又如，壮族同样有他们自己的社会公共道德守则，这就是《传扬诗》。《传扬诗》既是壮族民间广泛流传的一部伦理著作诗和道德教科书，也可以看作是壮族的一部关于社会生活的习惯法典。因此，在很多涉及公共社会生活的事情上，壮族人都会以之为据来规范个人的行为、处理人际公共关系。例如，《传扬诗》中说："壮家本好客，待客讲真心"，"人家请赴宴，处处讲礼节。敬老席上座，酒菜相劝让"。这就要求族人在任何时候、任何场合，都要热诚待人、以心交友，要懂得尊敬长辈、礼敬

① 参见佟德富、宝贵贞《中国少数民族哲学专题研究》，中央民族大学出版社 2006 年版，第 344—345 页。

老人。

## 第四节　民族习惯法的伦理控制机制

民族习惯法之所以能够发挥社会控制作用，不仅仅因为它在民族地区是各民族在生产生活过程中形成的习惯，人们乐于遵守，也不仅仅因为民族习惯法由某些人或某种组织来实施，有明确的处罚方式，具有一定的权威性和强制性，而且因为其中始终有一种伦理机制在引导和规范人们的思想意识和生活行为。这种伦理机制使人们在采取行动之前就知道了什么事情是合乎情理的，什么事情有违伦理道德，因而，当某人受到习惯法的惩罚时，他也会心甘情愿地接受。

### 一　民族习惯法实现伦理控制的载体

民族伦理通过民族习惯法发挥社会控制作用的“载体”有两层含义，一是指控制的主体，即由谁来实施控制；二是指控制的依据，即依据什么来实施控制。

（一）控制主体

民族习惯法要发挥社会伦理控制的作用，就需要有某些人或某种社会组织来执行和实施，不然习惯法就会变成“一纸空文”，没有任何存在的意义。在少数民族的传统社会，实施习惯法的主体一般有两种，一种是民间组织，另一种是民间自发产生的社会权威。

前一种情况，如纳西族的“老民会”。老民会是通过村民大会公推出来的德高望重的老人组织，“‘老民会’负责制定全村的村规民约，并负责评判事端，调解民事纠纷，监督选出或由‘老民会’指定的管山员或看苗员看管好公山和田地，如有乱砍滥伐、破坏庄稼等违反村规民约者，由‘老民会’依村规民约惩罚”①。

后一种情况，即中间人或纠纷调解人，如彝族的“德古”、藏族的“红保”和“老蓝”等。德古是在师徒（父子）亲传亲授或社会约定俗成并得到群众公推公认的基础上自发产生的，他们非常熟悉本地区、本民

① 杨福泉：《纳西族文化史论》，云南大学出版社2006年版，第460页。

族的道德观念、风土人情、风俗习惯，因此他们解决纠纷的方式也容易被族人接受。例如，川西南昭觉县库伊乡的彝族德诂瓦扎屋义，其曾祖父、祖父、父亲均是当地有名的德诂。他从17岁开始旁听纠纷案件的处理，22岁和他人一起调解处理民间纠纷，24岁开始单独操持，其活动范围达到西昌等地，处理的纠纷也开始多起来。他从旁听到独立调解处理民间纠纷，经过了6年的学习时间，实际上这就是他了解民族风俗习惯、掌握各地村规民约并在实践中不断磨炼的六年。在川西南地区，这样的彝族德诂还有美姑县柳洪区的日尺恰。他14岁时开始跟随他的叔叔（也是一名"德诂"）旁听民间纠纷的处理，到23岁时与其他德诂一起调解纠纷，其学习时间长达十余年。[①] 其他少数民族中，也有类似的纠纷调解人，如白族、傈僳族、壮族等。是这些人使得本地、本民族的村规民约及其所承载的民族道德观念、伦理规范得以世代相传，并在当地社会控制方面起到了很好的作用。在藏族的一个叫"浪加"的部落里，一般的打架斗殴、亲戚邻里间的讼争和出现伤风败俗的行为，当事人即可自行处理，若发生较复杂的纠纷，就得由"红保""老蓝"前往当事人家中进行调解，当事人双方都得供给伙食和费用，直到事情了结为止。调解圆满结束后，双方当事人还要付给一定的报酬，一种叫"日撒"，是在外费用的意思，一种叫"苟尕"[②]。

（二）控制依据

民族习惯法不是从来就有的，而是经历了一个从原始宗教信仰笼罩下的禁忌习俗到习惯法，习惯法又从不成文到成文的演变、形成过程。不同阶段、不同形态的行为规范，其标准和内涵的明确性、可供引征的可信度都是不同的，因而它们发挥社会控制作用的效力也不一样。

在遥远的古代，少数民族先民主要以采集、捕鱼、狩猎等生产活动谋生，对自然条件的依赖性很大，这就使得他们对自然产生一种敬畏感。起初，他们认为万物都是有灵魂的，并以自然崇拜、图腾崇拜、巫术等形式表现出来。他们认为，大自然是万物父母，人是自然界的一部分，是某种自然物长期演化而来的，人与大自然之间是一种一体关系。他们甚至把自然界和自然物神化，从而产生了对天、地、山水、树石等自然物的崇拜，

① 张明泽：《彝族习惯法之效力渊源考》，《甘肃政法学院学报》2006年第1期。

② 吕志祥：《藏族习惯法及其转型研究》，博士学位论文，兰州大学，2007年。

并对所崇拜之物产生了很多的禁忌。这些禁忌很多就来自于先民宗教仪式对崇拜物的神圣化，如藏族对神山、圣湖的崇拜，侗族对万物的崇拜，以及布依族的图腾崇拜等。彝族先民普遍认为，他们的祖先是由某些植物演变而来的，或者某些植物曾经救了他们的祖先才使彝族得以繁衍，因此他们用这些植物的枝条或根做成人形以象征图腾，并作为灵牌加以供奉，绝对禁止外人触摸。这些民族对所崇拜的自然物都有相应的行为禁忌和规范，久而久之，这些禁忌和规范就成了约束和规范人们行为的一种习惯，进而形成人们共同遵守的习俗，并被后人所效仿，最终形成被人所尊崇的村规民约和习惯法。例如，苗族榔规、理词规定："烧山遇到风，玩狗雷声响。烧完山岭上的树干，死完谷里的树根，地方不依，寨子不满。"这就是最后形成的习惯法，它的约束力是极强的，人们必须遵循。因此，在边疆少数民族社会，民族习惯法一般来说就有民族禁忌和村规民约两种形式，习惯法对边疆民族社会的伦理控制也就通过民族禁忌、村规民约来实现。

在云南，各少数民族都有自己聚居的村寨，而几乎各村寨也都有自己的村规民约。村规民约的形式多种多样，云南没有文字的少数民族的村规民约一般都以口耳相传的形式存在，有文字的民族的村规民约则有可能有相应的文字记载。在没有文字的少数民族中，村规民约和禁忌习俗等的传承通常是靠父子相袭或师徒相授。在这些民族中，老一辈的传承人会选择一位大家信得过的继承人，通过传帮带的方式负责向他传授本地的村规民约和本民族的文化习俗，他们一般也是村寨中调解纠纷的主持人，因此老一辈的人会在解决具体纠纷的实践中针对不同的情况进行讲解，直至后继者熟悉本地、本民族的风俗习惯、风土人情，并能独立开展民间纠纷的调解。

成文的习惯法在少数民族地区主要以石碑为主。在很多有文字的少数民族社会都存在这样的石碑，如瑶族的石牌律、苗族的石碑、侗族的款碑等。石碑习惯法的出现，很可能起因于后人对传统习惯法的误传误解、遗忘甚至随意篡改。各民族订立的规约最初都是不成文的，后来为了让传统习惯法"永存后记"，警诫后人，才凿石以记之。石头具有不怕火烧和水淹、非常坚硬耐磨等物理特性，这些特性恰好能满足使习惯法不会轻易改变、消失的要求。石碑习惯法的出现，可能还有另一个原因，这就是少数民族先民的石头崇拜。原始社会的先民们不能制造先进的劳动工具，石头成了他们天然的劳动工具和武器。他们不仅能用石头杀死飞禽走兽，还能利用石头制成简单的石斧等工具，石头在这样的社会中有极为重要的作用。因此，人们便对石头产生了特殊的感情，认为石头具有特殊的力量，进而产生了对石头的崇拜。习惯性与石头崇拜结合，就使得习惯法在人们的心中增添了它的神圣性。

还有一些少数民族的民族习惯法以文本的形式存在。这种形式更为规范，几近于近现代的法律文本，是民族习惯法发展的最高形式。例如，滇南红河两岸彝家山寨的彝文经书《彝族礼法经》就是一部彝族的习惯法典，它教人习文、知书达理、仁义道德、尊天敬地、尊师重道、团结友爱、忠君守法、惜时勤奋、自由正义、抑恶从善，以及如何为人处事、待人接物等，从不同的角度论述人生在世怎样做人，做什么样的人。其中讲："治世礼法经"，"尊敬礼和仪"，"用地府刑律，教训阳间人"；偷盗赌嫖为不善，到阴间必受报应，"掏出他的心，剜出他的肝，给他受刑"①。又如傈僳族现今使用的《圣经》、回族的《古兰经》等，也都可以算是文本（经典）的习惯法。随着汉文化不断涌入云南并产生越来越广、越来越深的影响，清代以后，很多少数民族的习惯法都已形成文本进行规范。

## 二 民族习惯法实现伦理控制的方式

在群居的村寨生活、互助的生产方式下，和睦相处、团结友爱、同享幸福是社区共同的价值追求，任何纠纷、矛盾都是对这种和谐关系的破坏。在云南藏区有句谚语"与其沟头建寺庙，不如沟尾无争执"，它反映了云南少数民族较为普遍的认识和生活追求。少数民族的生活态度往往是非常现实的，在他们中的很多人看来，人与人之间和平相处甚至比宗教上的追求来得更为重要、更为迫切。因此，即使是矛盾纠纷无可避免地发生，当事人首先想到的还是靠自己去化解。藏族还有这样一句俗语叫"口伤口养"，意思就是口里的伤由自己去养，不需要医治，纠纷不需要别人去工作，而由自己去解决，大多抱着息事宁人的态度，大事化小，小事化了。这种解决方式实际上是民族风俗习惯、传统道德观念长期内化为

① 参见陈金全主编《西南少数民族习惯法研究》，法律出版社 2008 年版，第 278 页。

社会成员的自觉信念的结果，因此，习惯法中的道德信条和伦理规范往往有使社会纠纷自愈的功能。

只有在矛盾和纠纷超出当事人自行解决的能力范围之外时，他们才会邀请中间人和民间组织参与调解裁判。而这个中间人或民间组织一般是村寨的头人、长老、宗教人物、家族内的长辈等构成，有的民族如彝族和藏族还有专职的调解人。这是一种解决纠纷的最主要的方式，藏族称为“说口嘴”。吐蕃时期，不管是什么纠纷，当事人均可以请部落的长老斡旋调停。近世的甘南藏族部落中甚至有专职调解的“老民”，川康地区叫“速巴”[①]。这种调解的效力是得到保障的，谚语说：“穿羊皮者调解的纠纷，穿虎皮者也不得翻案。”这是说，即使是普通人（实际上是政治上无权位，在民间却享有较高威望的人）对纠纷进行调解的结果，就连政治上有权的领主或头人也不能更改。

生活在云南剑川地区的白族，把民间的调解称为“议话”（羌族也是如此），就是讲道理的意思。若双方发生殴打，则由其中一方准备酒菜，要请本村有威信的老人、知识分子或旧时的保甲长到家评理。双方到齐后，先由当事人分别叙述事件发生的原因和经过，然后由其他人评理。对盗窃、通奸等违反习惯法的行为，一般也是请人议话，不对的一方即为输理，要赔偿损失并接受罚款。相同的方式如毛南族的“匠讲”，主持人是村老、排头（村里有威望的人）、学者（本民族内有学识的人）、文武相公（本民族有地位的人）等。[②] 调解的过程，就是以本民族道德观念、伦理原则为指导，根据本地、本民族的习惯法和纠纷的具体情由来进行的。这种解决方式不仅要诉诸当事人对民族道德的理性自觉，而且更重要的是依靠社会舆论的压力，因为调解人在当地、本民族中享有较高声望，他们的判决往往也就是公众意见的表达。

在习惯法发挥社会控制作用的过程中，民族伦理所起的自律性社会控制作用还有借民族宗教信仰这种方式来实现的，这就是神明裁判。神明裁判作为民族社会的一种司法手段，是在无法靠纠纷当事人自觉，中间人也无法调解或调而不解的情况下的一种选择，它靠的是民族的宗教信仰对人

---

① 参见陈庆英主编《藏族部落制度研究》，中国藏学出版社1995年版，第239页。

② 刘黎明：《契约·神裁·打赌——中国民间习惯法则》，四川人民出版社2003年版，第142—143页。

们精神世界的控制力，以人们公认的神灵的力量作为罪与非罪的裁判者以及惩罚的执行者，神灵无上权威的存在是神明裁判得以有效运转的首要前提。

神明裁判的社会纠纷需要有三个条件有：（1）证据不足、清浊难分的疑难纠纷。只有案件的复杂情况超出了人们正常的认知范围和知识结构，人们无法以现有的知识使纠纷得到合乎本民族道德观念和规范、传统习惯法规定的裁决，人们处于一种无助的境地时，才会诉诸超自然的神力来做评判。（2）嫌疑人有宗教信仰，因而神明裁判能将其置于一种现实的或潜在的危险境地。在流行神明裁判的民族中，人们大都认为，他们所信仰、崇拜的神灵是不会眷顾和保护为非作歹之徒的。因此，神明裁判会使嫌疑人置身于一种带有神秘色彩的危险境地，如果他能安然无恙摆脱危险，那说明他是清白、无辜的，否则他的“恶行”就会在公正的神灵面前形迹败露，并罪有应得。像这样的例子在云南有很多，如彝族的端犁铧、嚼白米，壮族、景颇族有捞开水，阿昌族有捧石头，怒江有捞石头、喝血酒，纳西族有捞油锅、钻牛皮，等等。（3）请一个大家公认的具有公信力的神明裁判的主持人，相信他能够直秉神意地主持公道。

神明裁判有民族宗教信仰的支撑，得到这些民族人们的共同认可，但判决的结果却有很大的偶然性。其实，神明裁判的有效性要依靠两个方面：一方面，就是依靠宗教信仰，在威严的“神灵”面前，宗教信仰坚定的犯事者往往会从心理上败下阵来，“不打自招”；另一方面，更主要的还是依靠道德的力量，因为说到底，只有民族的道德信条已经内化为犯事人的内心信念，他自知“理亏”，才会在“神灵”面前心虚而自露形迹。

由此可见，在少数民族社会中，民族习惯法无论以当事人自我调适的方式，还是以“中间人”调解的方式，甚至是以神明裁判的方式来解决社会矛盾纠纷，民族传统的道德观念、道德准则都在其中起着重要的统领作用。

# 第六章　民族宗教与边疆社会的伦理控制

在边疆民族地区的社会控制体系中，民族宗教控制是一种重要的社会控制形式，它对于社会交往相对封闭、社会正式控制的影响力相对薄弱的边疆民族地区，无疑是增强民族凝聚力、提升民族认同感，进而实现民族内部、民族之间以及整个民族社会和谐稳定的重要社会控制手段。因为民族宗教就其本质而言，它是一个民族的共同心理、共同信仰或共同精神关怀的集中体现，是民族精神文化的重要组成部分。尤其在少数民族众多的云南，虽然每个少数民族不一定笃信同一种宗教，但几乎任何一个少数民族都有宗教信仰，因此，民族宗教比其他任何一种社会控制机制都更有群众基础。民族宗教以其独特的伦理机制和制度规范，深深地渗透到一个民族的心理之中，潜移默化地影响着整个民族的思维方式和行为模式，使一个民族向着内在凝聚的方向发展。

## 第一节　民族宗教的概念和主要特点

### 一　民族宗教的概念

“民族宗教”这一概念，可以从多种角度进行诠释。从宗教进化论或宗教发展史的角度来看，民族宗教是宗教发展进程中的一种形态或一个类别，其可能的趋势就是随宗教的演进以及宗教内部的演化，最终发展成为一种世界宗教。从宗教与民族的关系看，民族宗教是指一个民族所共同信仰（或大多数人所信仰）的宗教。它以一个有共同心理素质、共同语言系统及共同文化特征的族群为主体，是它们共同的宗教信仰与宗教思想的统称。就此而言，国内宗教学界在近年来兴起了一门新兴学科，即民族宗教学。虽然这门学科的性质和研究对象，甚至是学科称谓都还存在争论，但可以断定的是，民族宗教学的研究主题或基本问题就是民族与宗教的关系问题，且可以指明民族宗教学的核心概念就是“民族宗教”[①]。因此，在考察民族宗教概念的时候，除了从宗教发展史的角度出发之外，还应从宗教与民族的关系基调中去审视它。

（一）民族宗教是宗教发展的一种历史形态

在宗教学界，已经形成了比较固定的三个概念，即部落宗教（或氏族宗教）、民族宗教和世界宗教，并且认为宗教发展的规律就是从部落宗教发展到民族宗教，再发展成为世界宗教。

在《布鲁诺·鲍威尔和早期基督教》中，恩格斯提到了部落宗教、民族宗教以及民族宗教必然走向消亡的社会历史原因：“古代一切宗教都是自发的部落宗教和后来的民族宗教，它们从各民族的社会和政治条件中产生，并和它们一起生长。宗教的这些基础一旦遭到破灭，那么与之相适应的宗教也就崩溃了。本民族神可以容许异民族和自己并立（这在古代是通常现象），但不能容许他们居于自己之上。……民族神一旦不能保卫本民族的独立和自主，就会自取灭亡。”[②] 在《路德维希·费尔巴哈和德国古典哲学的终结》一书中，恩格斯又说明了从“民族宗教”到“世界宗教”的历史进程：“这样在每一个民族中形成的神，都是民族的神，这些神的王国不越出它们所守护的民族领域，在这个界线以外，就由别的神无可争辩地统治了。只要这些民族存在，这些神也就继续活在人们的观念中；这些民族落没了，这些神也就随着消亡。罗马帝国使得旧有的民族没落了……旧有的民族的神就消亡了……罗马曾企图清楚地表现了拿一种世界宗教来充实世界帝国的需要。但是一种新的世界宗教是不能这样用皇帝的敕令创造出来的。”[③]

恩格斯关于宗教历史发展及其三种历史形态的论断，深刻体现了其历史唯物主义的宗教观，从宏观上对宗教形态的历史演变作出了整体性的把握。基于此，我们可得出：从宗教进化论或宗教发展史的角度来看，民族宗教是宗教历史演进的基本形态之一，它产生于特定民族的社会、经济、政治条件之中，并以低级形态的部落宗教为基础，在社会基础稳固的前提

---

① 曹兴：《民族宗教学的学科性质、研究对象的综合性》，《中国民族报》2008 年 7 月 29 日，第 6 版。

② 《马克思恩格斯全集》第 19 卷，人民出版社 1979 版，第 333 页。

③ 《马克思恩格斯全集》第 4 卷，人民出版社 1979 年版，第 250—251 页。

下，其发展趋势是世界宗教。

当然，宗教从“部落宗教”到“民族宗教”再到“世界宗教”的历史发展规律，或许并非是一个“放之四海而皆准”的宗教发展规律。毕竟，在业已形成的基督教、佛教、伊斯兰教这三大世界宗教之外，世界上许多种族和族群的民族宗教至今并未发展成为世界宗教。特别是对于众多少数民族而言，在未来很长的一段历史时期内，他们的民族宗教都不可能发展成为世界性宗教。诚如宗教学家吕大吉先生所言：“也许有那么一天有可能出现一个大同世界和世界大同的宗教。但那一天毕竟太遥远了。科学不能建立在‘也许’之上。”[①] 因此，我们还是有必要从民族与宗教的关系这一层面上来对“民族宗教”的概念加以审视。

（二）民族宗教是特定民族的宗教信仰与宗教思想的统称

民族与宗教往往是一对联系紧密的范畴。民族作为一种人们的共同体，是人类社会特有的现象，而宗教则是人类对客观世界的能动反映。所谓能动反映，就是说宗教作为一种文化意识形态，它既是人类认识外部世界与内心世界的思维表达，又以其内在的文化体系和伦理机制反过来对一个民族的形成和发展产生深远的影响。因此，我们应以把握民族与宗教及其互动关系作为审视“民族宗教”概念的基础。

我们认为，宗教作为一种世界观、一种意识形态、一种文化现象，它与民族的形成、发展和认同是分不开的。实质上，就一个民族的本质而言，除了地域、经济、语言等表层因素之外，“以民族精神和民族认同意识为核心的观念文化系统”这一深层结构才是最根本的。[②] 在这种意义上，民族，从而是民族文化系统的深层结构是与宗教的核心层次，即宗教的思想观念层次在根源上是相一致的，而后者实际上就寓于前者之中。虽然从发生学的角度来看，宗教的起源比民族更早，但是它通过对民族的形成与发展的影响，已深深地融入了民族文化当中，成为民族文化的一个重要组成部分。尤其对众多少数民族而言，其宗教文化往往就是本民族区别于其他民族的主要特征，因此其宗教信仰也就成了该民族作为独立族群的根本依据。可以说，所有民族在其形成与发展过程当中，无不打上与本民族特点相符的宗教信仰的烙印，宗教以其信仰体系、文化功能和伦理机制，对民族的形

---

① 吕大吉：《宗教学通论新编》，中国社会科学出版社 1998 年版，第 103 页。

② 伍雄武：《中华民族的形成与凝聚新论》，云南人民出版社 2000 年版，第 216—217 页。

成、民族的心理素质、民族认同感的提升产生了极其重大的作用。

因此，就宗教与民族的这种紧密关系来看，我们可以说，所谓的民族宗教就是指在一个民族的文化系统中，尤其是在观念文化体系中，能够对民族心理、民族行为的稳定及民族精神、民族认同意识的形成与凝聚产生深刻影响的宗教信仰与宗教思想及其相应的制度与器物文化的统称。我国是一个少数民族众多的国家，“民族”的通常含义即少数民族，在这个意义上，狭义的民族宗教就是指少数民族宗教，它包括少数民族所信仰的原生性宗教和后来部分民族转而信仰的世界性宗教。需要提醒的是，很多少数民族的原生性宗教实际上已经脱离了原始宗教的范围，并步入了民族宗教的行列；而所谓的世界宗教实质上是扩大化了的民族宗教，且它们在少数民族地区的传播都经历了一个与当地民族文化冲突、融合的本土化过程，并最终都打上了少数民族文化的鲜明印记。

## 二　民族宗教的主要特点

民族宗教作为一个民族信仰体系与宗教思想的集中体现，其宗教形态也有着诸多鲜明的特点。其中，除了民族性与宗教性这一根本特点之外，它还有着传统性与原生性、区域性与地方性以及多样性与融合性等特征。

### （一）民族性与宗教性

民族宗教，从其内涵来看，民族性与宗教性就是最根本的特征。因此，众多研究民族宗教的学者都把“民族的宗教性和宗教的民族性”作为解决民族与宗教关系的普遍性与规律性问题。如牟钟鉴先生指出：“古今中外，一切民族都具有不同程度的宗教性，一切宗教也都具有不同程度的民族性，这是没有例外的。无神论的人群是存在的，无神论的民族是没有的；跨民族的宗教是存在的，不具有民族特色的宗教是没有的。”① 这就在民族与宗教关系的层面上，指出了民族性与宗教性是民族宗教的根本特征，二者的融合也就构成了民族宗教的本质。民族宗教作为一种宗教形态，其宗教性与神圣性是不言而喻的。与此同时，其民族性在各民族尤其是边疆各少数民族的传统宗教中也尤为突出。在云南，几乎每个少数民族都有自己的传统宗教，都有自己的民族神。如彝族、白族、纳西族、藏

① 牟钟鉴：《试论民族的宗教性和宗教的民族性》，《中国宗教》2006年第1期。

族、普米族等都分别信仰自己的本土原生性宗教，崇奉自己的民族神，具有鲜明的民族性，并使之成为区别于其他民族的基本特征。

（二）传统性与原生性

所谓民族宗教的传统性，指民族宗教存在于一个民族的传统文化之中，是一个民族在漫长的历史过程中基于神灵信仰和宗教意识所形成的传统。因此，每种民族宗教都会有该民族历史发展留下的深刻印记，而这些印记就是一个民族赖以生存并一以贯之的传统文化。同时，在各种传统宗教文化体系中，边疆地区少数民族宗教又表现出更多的原生性特征。由于受居住地自然环境的长期制约和影响，少数民族的传统宗教都有较多自然崇拜、祖先崇拜、神灵崇拜的因素，于是在此基础上发展而成的民族宗教也就多为原生性的宗教形态。

（三）区域性和地方性

民族宗教的区域性和地方性是从地缘文化的角度而言的，在少数民族杂居、聚居的西部边疆地区，由于大多数民族在地域上相邻、交叉或混合，这些片区的民族宗教信仰就呈现出区域文化的共同特征。如主要居住在滇西地区的“氐羌”系统各族群，包括藏族、彝族、纳西族、白族、傈僳族等，他们的宗教神祇体系在很多地方都是交叉并存的。如在纳西族东巴教神祇排序中，排在头两位的是“盘”神和“禅”神，而这两个大神在东巴经里面又被视为异族之神，其中“盘”神是藏族之神，而“禅”神则是白族之神。东巴经里有这样的描述：藏族人是“盘”神的后代，白族人是“禅”神的后代。这就说明历史上纳西族和藏族、白族在地缘文化上有紧密关系。①

（四）多样性与融合性

少数民族宗教在类型上和信仰体系上均呈现出多样性与融合性的特征。首先，民族宗教类型复杂多样。例如，云南大多数少数民族既有本民族的原生性宗教信仰，又有从内地传来的道教、汉传佛教，或境外传来的南传上座部佛教、基督教等信仰的影响，其中，又有相当部分的少数民族一直以信仰本民族特有的宗教为主，如纳西族、佤族、基诺族、哈尼族、彝族、苗族、瑶族、水族等即如此。其次，在信仰体系上的融合性。如纳

① 杨福泉：《略论东巴教的本土神祇谱系》，《思想战线》2009年第1期。

西族的民族宗教以东巴教为主体，同时又和藏族的苯教、藏传佛教有密切联系，另外，汉族的儒、道、佛三教，甚至邻近的白族“本主”信仰，也在纳西族地区有重要影响。因此，从绝对意义上说，云南少数民族宗教几乎都具有多元融合的特点。同时，多元宗教并存也是云南少数民族宗教文化最显著的特点。

## 第二节 民族宗教与社会控制

边疆地区社会的稳定与和谐是以有效的社会控制机制为基础的，除国家实施的政治（正式）控制之外，在民族民间实施的一系列非政治（正式）社会控制手段中，宗教控制就是一种重要的控制手段。尤其是在宗教信仰普遍且复杂多样的边疆少数民族地区，民族宗教更是发挥着非常重要的社会控制作用。

### 一 民族宗教的社会控制作用

民族宗教的社会控制，主要是以宗教信仰、情感、仪式及教义等约束人们的社会行为，而宗教对人的这种约束就是它的社会控制作用。在普遍重视宗教、崇奉神灵的少数民族地区，把民族宗教作为辅助国家法律体系的主要社会控制机制，往往能起到良好的效果。因为民族宗教是一个民族深度精神关怀以及民族心理的表现形态，在漫长的社会历史进程中，宗教信仰已深深地渗透到民族心理之中，在潜移默化中规范制约着民族成员的行为举止。而社会控制，无论是国家的法律控制，还是民族的宗教控制，最终都要落实到对个人行为的控制上。再者，由于民族宗教是民族意志的体现以及宗教固有的神圣性，少数民族的人们似乎更认同，或者说更容易自觉接受民族宗教这种社会控制的形式。相比民族宗教而言，现代国家的法律规范在本质上是统治阶级意志的体现，对于各民族社会而言，它显然是一种外在的强制力，而这种强制力通常都不是从少数民族共同体内部的传统文化机体中提升出来的，因而，民族宗教对少数民族群体的人们而言，是一种更本原的规范形态，更易于被民族成员所认同。这样，民族宗教就会构成边疆少数民族地区社会和谐与稳定的根源性基础。可以说，民族宗教能通过其社会控制作用，把社会上不同个体及群体的价值观、利益观整合为整个民族的共识，同时，还能够把宗教的神圣性与现存制度的不可否定性紧密联系起来，从而增强民族和社会内部的凝聚力，使个体愿望服从于民族群体的共同目标。它“通过宗教信仰和崇拜仪式，为人们提供了一种超验关系，让人们获得某种安全感，并在历史变迁中获得更稳固的认同感”①。

在这种意义上，民族宗教的社会控制作用就主要体现在道德和伦理的层面上。民族的道德观念会将民族意志内化为宗教心理，并在神圣性与权威性的支配下对个体行为的规约化与社会运行的有序化产生重要的影响。当然，部分民族宗教也有制度层面上的控制作用，但就云南各少数民族的宗教形态而言，以尚未制度化的原生性宗教居多，这样，对云南少数民族地区的和谐稳定产生社会控制作用的民族宗教，仍然是以道德和伦理层面上的软控制机制为主。具体而言，民族宗教的社会控制作用就主要体现在其整合民族内部的多元价值观念、维系民族内部的各种社会关系以及规范民族成员的社会行为等方面。

（一）整合多元价值，增进民族认同

价值整合功能是民族宗教的基本功能，民族宗教的社会控制作用也首先表现在它对民族社会内部多元价值观念的协调与整合，以增进民族的文化认同，尤其是对民族宗教文化的认同方面。而民族认同感又是一个民族在心理深层实现自律控制的关键因素。

所谓整合，在系统论意义上，就是指把一个系统内部分散并存的诸要素，用某种方式协调和联结起来，以实现系统资源的充分共享和有效协同。其主要的精髓在于能够将各个分散的要素组合在一起，最终形成一个有价值、有效率的整体。无论在普遍意义上是好的还是坏的，每个事物本身都具有其存在的价值，把这些价值有机地整合起来，就能够使原来的系统变得更有价值，使各个单一的要素在系统中变得更有意义。多元文化并存是云南少数民族文化最显著的特征，在多元并存的文化关系中，各种价值观念、思想主张的有效整合，是社会和谐稳定的根本保证。这种系统整合理论在民族文化领域的实践，就是要把一个民族内部的多元化价值观念以及一定区域内不同民族的多样化信仰主张，通过国家法律体系的正式控制和民族的自律控制等方式的调节作用，实现民族内部的高度认同及族际

① 张跃、高发元：《中国民族村寨研究》，云南大学出版社2004年版，第217页。

区域文化的广泛认同，从而共同促进社会的稳定发展。

云南是一个多民族聚居的边疆省份，同时也是宗教类别最齐全、宗教事象最丰富的省份。在云南，同一地域、同一民族甚至同一家庭内部都有多种宗教信仰并存的现象。其中，除了回族全民统一信仰伊斯兰教以外，其余的各少数民族在普遍信仰各自的原生性宗教的同时，也分别接受了多种其他宗教形态的信仰，从而造就了云南少数民族当中一种宗教被多民族所信仰，而一个民族内部又信仰多种宗教的独特现象。如纳西族就是一个以多元宗教文化并存而著称的民族。他们在信仰本民族原生性东巴教的同时，各支系还分别信仰汉传佛教、藏传佛教噶举派（白教）、格鲁派（黄教）以及道教等。在这些信仰的基础上才形成了东巴文化、汉传佛教、藏传佛教及道教文化等多元并存的民族文化，并在纳西族人的心理上塑成了对这些文化的认同，其中最为普遍的就是对最具本民族特色的东巴文化认同，或者说就是对东巴教的认同。① 此外，彝族在信仰原生性毕摩教的同时，也有对汉传佛教、道教、基督教的信仰；普米族在信仰本民族的汗归教的同时，也接受了对藏传佛教、道教等的信仰；而傈僳族、怒族等部分民族在近现代有对基督教的信仰转向，但也依然存在着对各自民族原生性宗教、藏传佛教、天主教等的信仰，而并没有打破多元宗教文化并存的格局。

此外，云南各少数民族宗教发展的另外一个鲜明特征，就是一个民族所信仰的同一宗教吸纳和融合了多种宗教的思想义理，是多种宗教、多个教派间的相互渗透和融合。同样以东巴教为例，东巴教是纳西族本土的原生性宗教，它在早期受到藏族苯教的影响，这在其神祇体系设置上就有着明显的印迹；后来随着藏传佛教、道教、汉传佛教等的逐渐传入，也对东巴教产生了重要的影响，这在众多的东巴经典中可以找到很多相应的依据。这就说明了藏传佛教、汉传佛教、道教及邻近民族的原生性宗教已对东巴教产生了较大的影响，且东巴教吸纳了这些宗教形态的多种元素，充实和发展了自身的信仰体系，形成了纳西族宗教信仰的多元并行及东巴教信仰的多源融合。

人们往往会认为，由于受封闭型地域环境及社会历史发展长期滞后等因素的影响，少数民族应该是心胸狭隘、目光浅短的民族，但事实恰恰相

① 杨福泉：《社会与文化变迁对民族宗教文化认同的影响——纳西人对东巴教认同及其变迁研究》，《思想战线》2010 年第 4 期。

反，少数民族固有的开放性与包容性的民族性格在其宗教信仰中一览无余，而民族宗教的价值整合功能就在此间产生了关键的作用。同时，在如此众多的少数民族宗教形态并存格局下，每一种宗教所宣扬的价值理念是有差异的。按理来讲，如此格局下的少数民族宗教间应该是以矛盾性和冲突性为主，然而不同的是，云南少数民族的民族宗教呈现出的是一幅多民族、多宗教、多文化相互并存与交融的和谐画卷。那么，是一股什么样的力量在整合差异、多样化突出的各种价值观念的呢？那就是云南各少数民族对不同宗教信仰的宽容与认同，而这种宽容与认同意识就根源于各民族宗教固有的多元价值整合功能之中。通过对多元价值理念的整合，能够有效促进少数民族内部认同感及族际区域文化认同感的提升，在这种认同感的支配下，能够有效地控制少数民族社会中的"越轨"行为，稳定民族社会秩序。因为所谓认同感，在实质上就是个体对所属群体的归属感，而有了归属感的人们在理论上是不会给自己所属群体制造事端，至少他在心理层面上是不愿意作出这种行为的，这就如我们谁都不愿意作出危害自己家庭的事情一样。而这种心理层面上的责任意识和行为动机上的道德担待，就构成了民族宗教实现其社会控制作用的伦理、道德基础。

（二）维系社会关系，稳定社会秩序

民族宗教的社会控制作用还表现在，它能够有效地维系民族内部的各种社会关系，包括经济、政治、文化关系等。它在宗教世界观、宇宙观，以及宗教伦理观、价值观的层面上，不断推动着民族社会这张关系大网络，向着一个共同的中心目标靠拢，并促成一股能够敦促每个民族成员内心强烈指向共同目标的向心力，这股向心力就是所谓的民族凝聚力。在这个意义上，民族宗教的社会控制作用就是通过维系民族社会中的各种关系，使其得以有效地调和与规整，进而增强民族内部的凝聚和认同，最终促进社会的安定与和谐的。

可以说，"一切宗教体系实际上都是通过宣扬和加强某种道德规范来促进社会的有序化，调整社会中的各种关系，其中包括人际之间的行为准则"①。同样地，民族宗教也是依靠其独特的世界观、价值观和伦理观，帮助少数民族社会建立起一个维护社会秩序的控制体系，这个体系与社会

① ［美］玛丽·乔·梅多等：《宗教心理学》，陈麟书等译，四川人民出版社1990年版，第45页。

上的其他控制体系结合起来，构成一个完整的社会控制关系网，并把民族社会的所有成员纳入各种道德规范之中，从而发挥维护民族社会秩序的作用。因此，在少数民族地区，尤其在西南边疆少数民族当中，实行社会控制的不仅仅有国家法律，还有基于民族宗教信仰基础的一套社会控制体系，而且后者在本民族内部还发挥着尤为突出的社会控制功能，起到维系社会关系、稳定社会秩序的多重作用。这也是为什么有学者指出“在有民族宗教控制的地方，人们大多遵纪守法，犯罪率远远低于社会平均水平”① 的原因所在。更何况，民族在本质上就是社会关系的一种，是民族内部各种关系的统称，而且是该种社会关系的主体（或实体）。② 这也就奠定了民族宗教在维系各种社会关系的基础之上，实现民族内部的凝聚与认同，最终促进社会的有序化和安定化的可能性。

在少数民族内部一系列复杂的社会关系之中，最基本的就是个体之间的人际关系，它是整个民族社会关系系统得以稳定的基础。实质上，在云南少数民族的民族宗教信仰中，众多宗教经典、宗教仪式及宗教神祇的设置都体现出它们在调节人际关系、维护社会安定方面的重要性。而在几乎所有的民族宗教中，实现人际关系和谐共处的途径就是把神灵体系引入到人际关系当中，以神灵的神圣性和权威性来调节人与人之间的关系。民族宗教中的神祇体系都是以现实人际关系为“蓝本”来设置的，它会以现实的社会人际脉络为主体，将神圣化的宗教思想贯穿于整个信仰体系当中。例如，从纳西族东巴教祭天仪式中所祭祀的天神、地神、柏神来看，天神被看成是纳西人的男性远祖孜劳阿普（祖父），地神被看成是纳西人的女性远祖衬恒阿姿（祖母），而柏神则被看成是纳西族人的舅舅，因此东巴在祭天时要把代表这三位大神的木牌插在祭坛上，天神居左，地神居右，柏神居中来加以供奉。它不仅满足了纳西人信仰上的需求，而且在很大程度上更是向人们展示了一幅具有神圣性与权威性的稳固的人际关系图景。实际上，在云南大多数民族宗教信仰中，都是以人神关系呈现的和谐谱来规约人际关系的，它主要体现在用现实社会的人际关系结构来设置神祇体系，并在全民族最重要的宗教祭祀仪式中呈现出来以教化民族成员。

---

① 杨玉荣：《鄂西南民族地区宗教信仰及其社会控制功能》，《中南民族学院学报》2002 年第 1 期。

② 伍雄武：《中华民族的形成与凝聚新论》，云南人民出版社 2000 年版，第 206 页。

其次，民族宗教的这种神灵体系与祭祀仪式的功能还在于，在共同的神灵崇拜和祭祀活动中，将分散的民众、氏族的力量有效地凝聚起来，以增强民族的凝聚力，促进一个民族变成一个精神层面联系更加紧密的文化共同体。共同的宗教活动使得这个文化共同体内各成员的关系变得更为密切，增进了家庭间、村社间、氏族间的团结，保障了社会安定。

此外，民族宗教对社会关系的维系，还体现为它与传统社会制度及民族习惯法相结合来发挥社会控制作用。首先，在形成全民通用的传统社会制度的少数民族中，其社会制度的运行通常都有赖于民族宗教在背后的支撑。以彝族为例，彝族的家支制度同样奠基于毕摩文化之中。毕摩教的《指路经》就是根据不同家支而诞生的，它详细描述了每个家支的亡灵应该经过的路线及地名，这些地名是亡灵祖先曾经居住过或经过的地方。它实际上就是彝族先民的迁徙路线，同时也呈现了彝族内部家支分化的历史过程，因而是彝族凝聚及血缘家支认同的原始依据。[①] 这与纳西族东巴教中长卷巨幅的《神路图》的意义和功能是一致的。同时，毕摩举行祭祀活动，也是在为彝族人寻求精神依托和强化家支理念。其次，在没有形成传统社会制度的众多少数民族中，同样形成了各自的乡规民约或民族习惯法，而这些规范的建立在很大程度上也是依靠了民族宗教的力量。如在云南少数民族当中，把乡规民约或不成文的民族习惯法刻在氏族、村寨的祠堂、庙宇中是极其普遍的现象，而各地的祠堂和庙宇又通常是一个民族信仰中神圣不可侵犯的象征。把乡规民约刻在祠堂、庙宇里，把它们当作处理民族关系的场所，就使得各种乡规民约在其固有的规范作用基础上，又增加了一层宗教神圣的威慑力，起到了稳定社会秩序的重要作用。

（三）规范个体行为，促进道德自觉

民族宗教的社会控制作用，在社会意识层面表现为整合多元价值观念，在社会秩序层面表现为维系社会关系，而在社会伦理道德层面则表现为对个体行为的诱导和规范。

如上文所述，任何形式的社会控制，其最终落脚点都在于对个人行为的控制。同样地，民族宗教也是通过对个人行为的规范和制约来实现社会控制的，而它对个体行为的控制在民族地区显得尤为重要。法律规

① 张晓蓓：《论凉山彝族毕摩文化与法文化的联系》，《西南民族大学学报》2008 年第 7 期。

制是国家进行社会控制的主要手段，但国家法律作为外在于民族社会的控制手段，它并非是万能的，它需要依托相应的政治机构来强制执行。而民族宗教的社会基础则是开放性和群众性的，它源于民族内部，出于民族成员自身的精神关怀，其所受的外力干扰比较微弱。可以说，一个个体选择一种宗教信仰，其前提是他在内心当中认可了它，或者说是自愿接受了它。因此，国家法律与民族宗教两种社会控制手段的根本区别，也就是外部控制与内部控制、他律控制与自律控制，或所谓硬控制与软控制的区别。

民族宗教作为软控制方式的一种，它主要依靠的就是每个民族成员的个体道德自觉。所谓道德自觉，是指人们内心伦理道德意识的主动觉解，是个体对社会道德规范的自觉内化和实践。可以说，道德自觉要比其他任何形式的外力强制更容易对个体行为产生持久、稳定的控制效果。当然不可否认，在特定历史时期也需要借助外力来催动民族道德的觉醒，但从长远来看，道德觉醒依然是每个民族长期对民族成员进行道德教化的结果。在此过程中，民族宗教对个体道德的自觉起着不容忽视的作用，而个体的道德自觉也同样是民族宗教发挥社会控制作用的根本保证。

民族宗教对个体道德自觉的促进作用，就是依靠宗教的神圣性在心理和意识层面上更有效地促使民族成员自觉地约束个体行为、履行各种道德义务。以佤族的神灵信仰对男女性行为的社会控制作用为例，佤族是严格禁止同姓成员之间发生性行为的，他们认为这种性关系会触怒神灵，因为同姓不婚是神的意志，如有违背就会招致神的惩罚，导致人畜不旺、收成不好、雷会劈人以及各种自然灾害等。也就是说，这种神灵的惩罚不仅会加之于发生同姓性行为的当事人双方，而且会殃及整个村寨人们的利益。因此，如果发现有同姓的人结婚或发生了性关系，就要受到当事者双方族人和同寨人的严厉惩罚，严重者甚至要逐出寨子。同时，为了避免遭受神灵的惩罚，还要让当事人献出牛、羊等最贵重的家财作为牺牲祭神，以祈求神灵的饶恕。可以看出，佤族社会对性行为的有效控制是基于其原生性民族宗教的神圣性、权威性以及对性行为的神秘化认识之上的。这种意识虽然有浓厚的原始思维和社会功利色彩，但是它在佤族社会当中依然产生了现代法律所难以企及的社会控制功效。[①] 因此，民族宗教的神圣性及其神灵信仰的权威性，常常会使少数民族成员自觉地告诫自己遵守传统伦理道德，从而达到个体行为与整个社会的价值取向保持一致的社会控制目标。

## 二　民族宗教的社会控制范围

民族宗教作为少数民族地区重要的社会控制方式，其作用的范围涉及民族内部社会关系的多个方面，甚至延及区域民族文化的建设。这可以从广度、深度两个方面看。所谓民族宗教社会控制的广度，主要是指民族宗教发挥社会控制作用所涉及的横向领域，它主要包括民族个体、民族群体、民族社会及区域民族共同体四个方面。而民族宗教社会控制的深度，则主要是指它在纵向层面上所涉及的领域，包括心理和行为两个层次。民族宗教社会控制作用的广度和深度相互交织，深度寓于广度之中。

### （一）对民族个体心理和行为的控制

通过上文的分析，我们发现民族宗教发挥社会控制作用主要是通过对个体的心理调适和行为引导来实现的，这是民族宗教的社会控制作用所涉及的最基本的范围。首先是对民族个体心理的调适。在影响社会稳定的各种因素中，人们对社会现实的心理接受和承受能力具有十分重要的作用。在当今社会市场经济条件下，源自现实竞争的生活压力越来越大，人们常常感到空虚、压抑与困惑，患有心理疾病的人越来越多，这在实质上是由世人在物质生活的挣扎中精神生活极度缺失所致。民族宗教虽然不能直接解决现实问题，但以其独特的人文关怀，可以对人们的心理进行调适与慰藉，提高人们应对各种现实问题的心理强度，能在一定程度上为社会稳定消除心理隐患。其次是对个体行为的引导。如前文所述，对个体行为的规范是民族宗教进行社会控制的基本功能之一，民族宗教中的各种行为规范，实质上是一种对人们的潜意识产生影响的引导性规范，它能使人们自觉地按社会规范约束自己的行为。这些能够有效引导人们行为方式的社会规范，就是民族宗教进行社会控制的基本依据。因为“民族社会控制是以特定的社会规范为依据而实现的，离开了特定的社会规范，也就无所谓

---

① 朱和双、李金莲：《佤族的神灵信仰及其对男女性关系的社会控制》，《湖北民族学院学报》2003 年第 4 期。

民族社会控制”①。

（二）对民族群体意识与行为模式的控制

群体是连接个体和社会的中介，因此我们应该把民族群体置于个体和社会的关系之中来加以审视。在这个意义上，民族宗教对民族群体的控制主要涉及民族的共同意识和行为模式。首先是对民族共同意识的控制。民族宗教在少数民族地区，往往会成为信众加强对本民族的认同感、归属感和凝聚力的重要精神纽带。在西南少数民族地区，这种民族宗教信仰的心理认同主要表现在文化认同上。每个民族成员对本民族的宗教信仰都有着一种特殊的感情，并自然而然地内化为民族心理，升华为本民族的重要标志。这是民族宗教对民族共同意识形成和巩固所产生的深层作用。其次是对民族群体行为模式的控制。对信仰单一的民族（如回族）是如此，对具有多元宗教信仰的民族也如此。云南少数民族大都有多元宗教信仰，但无论如何，各民族内部又都有共同的宗教信仰，这就是本民族的原生性宗教信仰。云南各少数民族原生性宗教的宗教规范和禁忌产生于早期的崇拜、祭祀等宗教活动，这些规范和禁忌久而久之就成了本民族共同的心理需要和个体行为的依归，从而形成较为固定的行为模式。在这一行为模式之中存在着明确的指令系统，即要求人们应该做什么，不应做什么，以及以何种方式去做等。这种行为模式的指令系统对于信众而言，就是他们的认知和情感的宗教伦理、宗教哲学基础。② 这是民族宗教对民族群体行为模式进行控制的基本方式。

（三）对民族内部关系的控制

民族社会是特定民族的内部社会关系的总和。民族宗教在民族社会中的控制作用，主要体现在维系社会关系及稳定社会秩序等方面。如前所述，民族宗教通过自身固有的神灵信仰体系及宗教的神圣性与权威性，来实现对民族社会内部各种关系的有效维系，进而促进社会秩序的安定与和谐。这是民族宗教在民族社会所企及的控制范围，在此范围内，它能够有效地减少少数民族内部的社会冲突、缓解社会矛盾并促进社会的有序化。

（四）对区域民族关系的控制

民族宗教的社会控制作用不仅涉及民族内部社会关系的许多主要方

① 赵利生：《民族社会学》，民族出版社 2009 年版，第 173 页。

② 耿明：《傣族历史上的原始宗教及其与法律的关系》，《云南社会科学》1999 年第 3 期。

面，而且也对区域性的民族关系产生影响。随着社会的发展进步，民族之间的交往和互动不断增多，民族宗教的控制范围因此也不再囿于特定民族当中。云南是一个多民族省份，几乎每个民族都有自己的宗教信仰，然而如此众多的民族却能够和睦相处、共同发展，如此多元的宗教信仰却能够并行不悖、共存共荣，一个重要的原因，就在于各民族的宗教信仰都有互容互谅甚至兼容并包的品格和气韵，它们在以宽容、开放的姿态塑造着各民族的文化意识，规范和引导着各民族成员的社会行为。因此，在共同地域内，民族宗教的社会控制作用还在于能够有效地调和民族之间的关系，减少因宗教排他性而引发的社会冲突，保持整个少数民族地区的社会稳定，促进区域民族共同体利益的维护。这是民族宗教发挥社会控制作用所涉及的最大范围。

## 第三节　民族宗教中的伦理因素

民族宗教发挥社会控制作用，其内在机理在于它通过一种建立在民族宗教基础之上的伦理道德观念，对民族成员的社会意识和价值观念产生渗透性影响，进而实现调和社会关系、规范社会行为的社会控制目的。正如德国社会学家马克斯·韦伯所言："一种建立在宗教基础上的伦理观念只要维持了宗教规定的态度，就能产生一定的心理约束力。只要宗教信仰存在，这种约束就极其有效。"① 实际上，民族宗教的社会控制依靠的就是这样一种能够在民族成员心理层面上产生影响的内在约束力，亦即所谓的"自律"控制模式。而该模式得以产生社会控制功效的逻辑前提，就在于民族宗教在本质上不仅是一种神圣的信仰体系，而且也是一种伦理道德的规范体系。因此，宗教情感与民族情感相结合，便能使其信仰和伦理观念在民族社会控制中起着重要的作用。在一定意义上可以说，没有信仰体系和伦理规范体系的支撑，民族社会控制就将失去最基本的依据。

"一定的道德形式总是存在于一定的民族形式之中，一定的民族道德

① ［德］马克斯·韦伯：《新教伦理与资本主义精神》，于晓、陈维纲等译，生活·读书·新知三联书店 1987 年版，第 60 页。

总是会带有其自身的民族性特征。”[①] 民族与道德的这种互寓关系在云南各少数民族当中显得尤为突出。在云南各少数民族的社会文化生活中，伦理道德总是占据很高的地位，人们总是习惯于把本民族长期以来约定俗成的行为道德规范当作纯粹是本来如此的、确定不移的法则，无须作出任何的逻辑论证和哲理解释。在这个意义上，我们可以把少数民族的伦理道德看作是一种“他律”强于“自律”的特殊伦理规范，也就是说，民族伦理规范在相当程度上履行着法律规范的职能。[②]

## 一　生命伦理因素

云南各少数民族的传统宗教，几乎无一例外地对生命的根源与伦常进行过思考，并由此形成了各民族独特的生死观、灵魂观乃至人生观在内的生命伦理意识。围绕着“人从哪里来”“人为什么会有生老病死”“人将往何处去”这样一些一直困扰人们的问题，每个民族都结合原生性的信仰意识来试图作出合理的解释。而所有这些都深刻反映了各少数民族关于人的生命的思考的心理、思想轨迹，这种心理的、思想的轨迹与各少数民族社会生活的发展进程和伦理道德的形成过程紧密相连，促成了各民族朴素生命伦理意识的觉醒。

### （一）独具意蕴的生命观

在各民族的传统宗教信仰中，关于生命的根源与生命的主宰等问题，由于认识水平的差异，其思考模式与思维结果也各有不同。如纳西族和彝族试图从阴阳五行的层面上去解释生命的本源，而其他大多数民族则还处于神灵造人造物的解释层面上。而对于生命的主宰问题的思考，则无一逾越神灵主宰的认识范围，体现出各少数民族生命意识所具有的一致性。

在纳西族东巴教中，人们从阴阳五行观念出发，认为人是由五行中出生的，生命由五行所构成。阴阳五行在纳西语当中称为“精威哇徐”，常称为“精威五行”，直译为“出生（之）五种”。“五种”即木、火、土、铁、水五种物质元素，其对应的方位为东、南、中、西、北，具体体现在一张“巴格”图即青蛙八卦图之中。东巴经中说，“精威五行”是一个金

① 贺金瑞、熊坤新、苏日娜：《民族伦理学通论》，中央民族大学出版社 2007 年版，第 15 页。

② 杨志明等：《云南少数民族传统文化研究》，人民出版社 2009 年版，第 85 页。

黄大蛙在吞食了经书而被神人射杀之后化生的。因此，“巴格”图的形状以一支箭镞穿过其身的金黄大蛙为中心，上北（水）、下南（火）、左西（铁）、右东（木），从北开始顺时针排列十二属相，而木、火、土、铁、水五种元素又各分阴阳，成为十天干。进而认为包括人在内的所有生命都是“精威五行”所化生的，这就是纳西族以“精威五行”为基础的世界观和生命本源观。《祭拉姆仪式火化灶里杀鬼》经书中说：“很古的时候，每一个死去的长辈，都是从精威五行中变化出来的。”①《吊死者分离经》中也说：“很古的时候，一切活着的（人）都是从‘精我（威）’五样中生出来的。”②

彝族毕摩教也试图从五行的角度来解释人的生命之源。彝族的《宇宙人文论》中说：“人体与天体相仿，同样具有‘五行’的变化，形成人体的根本。‘五行’中水是人的血，金是人的骨，火是人的心，木是人的筋，土是人的肉”；“天的‘五行’就是天南、天北、天东和天中，……地的‘五行’就是金木水火土，人的‘五行’就是肺肝肾心脾。……这些都是五行变化来的。”③

可见，从阴阳五行观念衍生出的生命观，是这些少数民族的世界观、哲学思想的有机组成部分，它表明人类对生命起源的探索最初是与对世界的认识结合在一起，并且是在宗教崇拜意识与生产生活经验的交互作用中进行的。其中，人文道德关怀与自然知识理性、宗教信仰情感是紧密结合在一起的。

（二）信仰灵魂不灭的生死观

对生命的崇拜和对人生的热爱是云南各少数民族传统文化中十分突出的基调，在此基础上形成的生死观包含了对永生的探索，对长寿的追求及对灵魂回归祖地的渴望等。在这些观念中既包含民族宗教固有的神秘性，也有各民族先民对生死充满理性的认知，其间就蕴含了对生死现象伦理意义的道德认知，并突出地反映在一个民族面对死亡时体现出的传统观念和

---

① 和云彩讲述，习煜华译：《东巴经〈祭拉姆仪式火化灶里杀鬼〉》，丽江东巴文化研究室油印本，1984 年，第 8 页。

② 杨树兴讲述，王世英译：《东巴经〈吊死者分离经〉》，丽江东巴文化研究室油印本，1984 年，第 18 页。

③ 李延良：《宇宙人文论初探》，云南人民出版社 1993 年版，第 96 页。

意识当中。

各少数民族原生性宗教中体现出来的生死观有极其复杂的特征。主要表现在：一方面，以“人之生死乃自然规律”的认识为基础，形成了肯定生命体必然终结的生死观。这表明云南各少数民族都极为注重现世生活，因而云南各少数民族宗教都呈现出极具世俗化的特点，而这就为民族宗教对世俗社会的控制奠定了坚实的基础。另一方面，又以灵魂永存观念的信仰为基础，产生了对生命终结的终极否定。这主要体现为各少数民族充满伦理意蕴的不畏生死、崇勇尚武，可以为理想、爱情、民族、国家而奉献生命的豁达的生死观。

其一，以“生死乃自然规律”的认知体现出泰然的处世态度。云南各少数民族注重现世生活，追求现世生命的安康富足、长寿繁衍等，且力图借助宗教的力量使生命得以安宁。人们有着“生死乃自然规律”的人生感悟，能够理智地看待死亡这一生命现象。这种理智的生命思考在各少数民族的丧葬仪式中有充分、直观的反映。云南大多数少数民族的丧葬仪式中都有一项重要内容，这就是唱挽歌，人们用挽歌来告慰死者，体现了一种理性豁达的生死观。云南哈尼族的丧葬仪式更是载歌载舞，有“把丧事当作喜事办”的传统，人们在一种欢快的气氛中寄托哀思、告慰亡灵，祈求日后的风调雨顺与人畜平安。这实际上体现了民族宗教信仰对生命的一种独特关怀。

其二，各少数民族宗教信仰中都有灵魂永存的观念。这种灵魂观实际上是一种试图在宗教信仰领域寻求生命无限延续性的观念实践，是对生命终结的一种终极否定。除了信仰佛教的民族有“灵魂不灭”观之外，在其他各少数民族的宗教信仰体系中也都有灵魂观念，都认为人的生命是由肉体和灵魂所组成的。于是人们就对肉体消亡之后灵魂的去向问题进行苦苦思索，在根深蒂固的祖先崇拜意识的影响下，便形成人死后其灵魂要回归祖先居住地的观念。因此，云南大部分少数民族都要在人死之后为其亡魂指路送行。如彝族的《指路经》、纳西族的《神路图》等都是送亡灵之魂回归远祖故地的线路。实质上，这种灵魂应回归远祖故地的观念，是云南各少数民族在漫长的民族迁徙过程中积淀下来的一种文化“基因”，是一种追根溯源的伦理道德意识。在这种意识支配下，少数民族的每个成员都唯恐自己死后其灵魂回归不了祖先故地，故而在现实生活中积极行善，而这就大大有利于民族凝聚与社会和谐。

在云南各少数民族中，灵魂观念的内涵最为丰富的当数彝族。因为大多数民族都认为人只有一个灵魂，而彝族则认为人有“三魂”。三个灵魂各有不同的归宿，其中一个魂守火化场或坟墓，一个魂居于家中供奉的祖先灵位上，另一个则回归祖先的发源地。也就是说“三魂”在离开人体之后将各得其所，继续对世俗生活产生影响。其中，回归祖界之魂因能到达祖先的发源地而为后人所敬仰，守家中灵位之魂因能泽及后代而为人所铭记，而守坟之魂则因会作祟人间而为人所畏惧并远避之。不难看出，这实质上是将人性中的真善美与假恶丑的道德判断寓于灵魂观之中，是人伦观念在生死观与灵魂观当中的体现，是少数民族宗教中所蕴含的独特的生命伦理意识。

## 二　生态伦理因素

正如恩格斯所说：“一个部落或民族生活于其中的特定自然条件和自然产物，都被搬进了它的宗教里。”① 尽管各种宗教文化各有特色，自成体系，但对生态环境的保护意识，对人与自然和谐统一的尊崇却有着内在的相似性。同样地，在云南各少数民族的宗教信仰中，每个民族都有着强烈的生态保护意识，并形成传统的生态伦理观，对民族地区的生态和谐产生了极其重要的思想支撑作用。

受认识水平的限制，云南各少数民族先民都认为自然万物均有灵性，且是神灵在主宰和支配着整个世界，于是将自然物赋予神的意旨和色彩，这就是最初的原始宗教信仰。由此，在敬畏神灵心理因素的支配下产生了对自然物的崇拜。正是这种对神灵的敬畏，使各少数民族的人们深刻认识到：善待自然万物就是尊重神灵，神灵就会保佑世间风调雨顺及人畜平安，否则就会招致神灵的惩罚。在此基础之上，人们对各种自然物心存敬意，加以保护，而对任意捕杀动物、砍伐森林等行为心怀歉意，正是这样一种对人与自然关系的朴素认识，以及由此衍生的生态伦理意识，有力地保护了云南少数民族地区良好的生态环境。

随着佛教、伊斯兰教及基督教的传入，它们在与云南少数民族文化的融合中，其生态观念也随之对这些民族的生态伦理观产生了深刻的影响。

① 《马克思恩格斯全集》第 27 卷，人民出版社 1979 年版，第 63 页。

如佛教的慈悲行善、因果轮回、知行合一等思想所蕴含的生态伦理观。伊斯兰教主张的和谐共生、重生爱物的生态价值取向及戒杀、素食、放生、节欲等教义教规都深深地渗透到这些少数民族生活中的各个方面，尤其是其中尊重万物生灵的态度，影响着人们的价值观念、生活方式和行为习惯，成为社会生活中一种重要的行为规范。这些宗教信仰中反映出来的生态意识不仅调整着社会实践中人与自然之间的关系，而且也规范着人们的行为方式，客观上起到了保护自然和生物多样性的作用。同时，宗教信仰伴有的祭祀仪式、宗教神话等，具有广泛的流传性，在世代相传的过程中，蕴含于宗教信仰中的生态伦理道德观念及其行为规范逐渐深入人心，形成根深蒂固的民族精神。

具体而言，在云南各少数民族宗教中，人与自然和谐共存是其生态伦理观念最为核心的价值取向，而这一价值取向是建立在人与自然同源共生的认识基础上的。例如，纳西族的东巴教中有“人与自然是同父异母之兄弟”的观点。在东巴教的神灵体系中，专门有一种掌管和统领自然界的精灵——“署”，它被认为是人类同父异母的兄弟。起初，人与自然（“署”）这两兄弟各司其职，和睦相处，但后来人类开始变得贪婪，大肆地砍伐森林、猎杀动物，于是两兄弟最终闹翻了脸，人类遭到大自然的报复，灾难频频。最终在东巴和大鹏鸟的调解下，两兄弟约法三章，人与自然的关系才得以和好。这样，在东巴教中，人与自然之间的关系就完成了从单纯的索取、谋夺关系向有亲缘关系可寻的人伦关系的转换，进而为人与自然的和谐相处奠定了宗教伦理基础。

在其他少数民族宗教信仰中，人与自然和谐共存的生态伦理观念也同样有突出的体现。如彝族的典籍《勒俄特衣·阿俄书补》中提到：远古时大地并无植被，阿俄书补将树来植上；但有了树木，树林之中无动物就显得无生机，于是引来鹿子于林中，鹿子玩得欢，树林有生机；大地无青草，阿俄书补将草来植上，草原无生机，引来云雀于草原上，草原有生机……[①]它给人描绘的就是一幅人与自然万物相互依存、相互制约的生态系统图。在这一系统中，任何一方受到破坏都会影响到整个生态系统的运行，所以只有人与自然万物和谐共存，才能保证人类社会和自然界的可持

① 参见赵雅锟《云南少数民族传统生态伦理思想及其现代审视》，硕士学位论文，河北师范大学，2009 年。

续发展。傣族也有着“没有森林就没有水源，没有水源就没有水稻田，没有水稻田就没有鱼和水，人类就不能繁衍生息”的观念。这也充分说明了人与自然相互依存的关系。只有与自然和谐相处，才能长久繁衍生存下去。

## 三　社会伦理因素

纵观云南少数民族宗教，其所蕴含的社会伦理观念中最为基础和核心的应该是质朴率真的善恶观，其次是基于祖先崇拜及神灵崇拜的家庭、婚姻伦理观。

其一，质朴率真的善恶观是民族宗教涉及社会伦理的核心观念。在云南各少数民族的宗教信仰中，很多民族都认为神灵是有善恶之别的，并在此基础上形成了各民族的善恶观，而这种善恶观念也成了人们处理各种社会关系所遵循的基本是非标准，成了各民族社会生活的道德法则。例如，苗族认为善神会同情人，能保佑人们的生产和生活，人们有什么困难，可以祈求它们帮助，因此人们应该对它们采取虔诚的崇敬态度，祭祀它们时要摆设丰盛的祭品，讴歌它们的恩德，以满足人类生活需要的形式来取悦它们，以求得它们的保佑；而恶鬼则多贪图人们的供品，把疾病与灾难降临到人们的身上，与人作祟为乱，因而每当遇到人畜患病，或遇到什么奇异现象，就认为是恶鬼作祟，要进行祭神驱鬼等仪式。应该说，这种尊崇善神、远离恶鬼的鬼神善恶观是每个有着鬼神崇拜的民族所共有的民族伦理意识。这种伦理意识的本质在于，借助宗教神灵信仰的形式，把人伦因素寓于人神关系之中，从而又反过来规约人伦关系。

这种在神灵信仰体系中形成的善恶观念，在纳西族的东巴教中似乎更为成熟。纵观东巴经的各类篇章，可以看到，凡是涉及社会历史领域的问题，都贯穿着一条重要的线索，即善与恶的对立和斗争。东巴教把人类社会历史看成了一部善与恶的斗争史。在东巴教中，“董”和“骤”就是纳西人“善”“恶”观念的化身，认为“董”是使人向往和追求、给人以幸福的善的力量，需要发扬光大，世代相传；而“骤”则是令人厌恶可怕的，需要摒弃、清除并为众人所谴责的。于是，在纳西族东巴教中，在神灵善恶有别观念的基础上，还出现了专门掌管社会伦理的神灵，赋予社会伦理更多的宗教规定性，使其在维系各种社会关系方面具有更多的神圣性与权威性。

其二，是基于祖先崇拜及神灵崇拜的家庭、婚姻伦理观。因为家庭是每一个家庭成员进入社会化的初始场所，也是民族伦理道德得以传承的重要领域。在云南各少数民族宗教信仰体系下的家庭伦理观中，主要包括了尊敬长辈、孝敬父母老人及夫妻和睦、关爱子女等内容。就尊敬老人而言，应该说，它是一切民族的道德规范与伦理要求，云南各少数民族也不例外，甚至表现得更为明显。因为在云南各少数民族的宗教信仰中，祖先崇拜意识是极为普遍的，我们甚至可以说，祖先崇拜就是云南少数民族原生性宗教信仰的核心，而祖先崇拜在本质上是神灵崇拜与血缘观念相结合的产物。在具有祖先崇拜的民族中，家家户户都供奉着先祖的灵位，逢年过节甚至初一、十五都要祭祀祖先。随着血缘观念的增强，各少数民族的人们也更加信奉、依赖祖先，相信祖先的灵魂一定能够庇佑家庭兴旺。在祖先崇拜的强大气场中，尊敬老人、孝敬父母就成了一种“内定”的宗教伦理要求。如在拉祜族的观念中，“厄莎”既是至上神，也是祖先，尊重祖先、尊重老人就是尊重“厄莎”，正是这一观念的存在，使整个拉祜族形成了尊重长辈、孝敬老人的良好的社会伦理意识和行为习惯。

在婚姻伦理观念方面，拉祜族由于受祖先崇拜的影响，在传统上形成了禁止与外族通婚的观念，至今他们仍认为先祖留下来的规矩是不容更改的。而同样受祖先崇拜影响比较深的佤族，则禁止族内婚，尤其注重“同姓不婚”，认为同姓的人源出于同一祖先并具有血缘亲近关系，如有违背则会招致神灵的惩罚。从当今的科学角度来看，似乎后一种婚姻伦理观念更为合理，但我们仍不能忽视前一种伦理意识对于拉祜族社会的深刻影响。此外，少数民族的宗教伦理还对婚前性行为作出了规范。如在傣族传统社会，祭神是男女通过婚姻结合的必经“手续”和仪式，这是两性结合的前提，如果出现婚前性行为则被视为是一种触犯鬼神的现象，要接受村寨的严厉惩罚，并要向神灵赎罪。

实际上，民族宗教还包含团结互助、同甘共苦的民族精神，勤劳善良、淳朴无私的民族品质等，它们也是民族宗教控制中的重要伦理因素。

## 第四节 民族宗教的伦理控制机制

在边疆少数民族地区，民族宗教是通过将世俗伦理神圣化而作用于民族社会的，同时也通过这种方式来巩固、强化宗教本身在社会中和在民族成员心理上的影响力，从而实现调和、规约民族社会各种社会关系的目的。因此，我们才会看到云南各少数民族的原生性宗教信仰具有显著的世俗化特征。正如有学者所言："宗教的花朵盛开在天国，宗教的枝干扎根于尘世。"① 每一种民族宗教，尤其是各种原生性宗教，可以说都是与本民族世俗生活密切相关的平民宗教，其宗教义理及信仰体系都是围绕着世俗社会的人的现实需要来展开的。这恰恰就是民族宗教能够发挥社会控制作用的根本因素。因为，在社会存在论的意义上，甚至可以说社会控制就是人的一种存在方式，人需要通过社会控制来实现自身的存在和发展，或者说社会控制就是"基于人对人及其本性的存在与发展的自我觉解，即人及其本性生发的物质性现实状态的需要"②。这一判断得以确立的逻辑前提和理论基础，就在于人不仅是一个社会关系的综合体，而且更是一种伦理道德的存在物。可以想象，人如果没有了伦理道德意识，那就与动物没有本质上的差别。民族宗教就是在这样一种机理下，通过其内部的各种伦理因素形成一种稳固而又隐蔽的伦理机制，对民族社会产生社会控制作用的。

我们由此可以看出，民族宗教进行社会控制的过程，并非仅仅依靠宗教制度本身的严格规定，而是更加注重教化和引导民族成员自身的伦理自控意识。因此，正如日本学者池田大作所言，"我们所寻求的宗教，不是从外部对人们施以严格的道德规范，而是在精神上赋予人们智慧和自律心，使每个人都能自发地控制自己的欲望和冲动。培养这种精神力量，才是宗教的真正本领"。③

## 一　民族宗教实现伦理控制的载体

与民族习惯法的社会控制机制一致，民族宗教实现伦理控制的"载体"也有两层含义，一是指控制的主体，即在民族宗教文化系统内部充当重要角色并引导各类伦理道德规范以控制民族社会有序运行的主体；二

① 何其敏：《论宗教与政治的互动关系》，《世界宗教研究》2001 年第 4 期。

② 姜宏微：《当代中国社会控制理论的前提性问题》，硕士学位论文，东北师范大学，2005 年。

③ ［日］池田大作、［英］B. 威尔逊：《社会与宗教》，梁鸿飞、王健译，四川人民出版社 1996 年版，第 414 页。

是指控制的依据，即民族宗教在社会伦理控制过程中所凭借的各类文化实体。

(一) 控制主体

在民族宗教的社会伦理控制中，其控制主体一般就是宗教祭司或神职人员。宗教祭司或神职人员在民族宗教的传承及其义理的解释、宣扬中充当主要角色，是民族宗教文化系统的重要组成部分。在边疆各民族宗教系统中，除信仰世界性宗教的民族有专职的神职人员外，其他民族都主要靠祭司来操持本民族的宗教活动，如纳西族东巴教的“东巴”、彝族毕摩教的“毕摩”、普米族汗归教的“汗归”及哈尼族的“莫批”、景颇族的“懂萨”、西盟佤族的“窝朗”，等等。这些人通常都不是完全脱离生产劳作的专门的神职人员，但在民族传统社会中他们就是从事民族宗教活动的主要群体，且在本民族中往往具有较高的社会影响力。他们所传达的各种宗教伦理意识，对本民族成员的社会行为有着深远的影响。

其一，宗教祭司是边疆民族宗教伦理控制的发起者和引导者，或者说是该社会宗教控制形式的主体和中心。按美国著名社会心理学家爱德华·罗斯的社会控制理论，“我们能够称之为社会控制的，实际上深藏于整个社会力量的背后。但这种社会控制通常从某些中心涌现并扩展开来，这个中心我们可以称之为社会控制的辐射点”①。在笔者看来，宗教祭司或神职人员就是整个民族宗教实现社会伦理控制的辐射点。如上所述，在边疆各民族中，宗教祭司往往在民族传统社会中具有较高的地位和社会影响力。虽然随着社会历史的发展，他们在当今社会的角色和地位已发生重大的变迁，但他们熟知本民族的历史文化，精通本民族的语言文字，能解读本民族的古籍经典，并且书写了卷帙浩繁的宗教典籍，因此，他们仍然被视为最熟悉本民族传统文化的“知识分子”或“智者”、“导师”。在很大程度上甚至可以说，他们一直在担负指导本民族生存和发展的重任。在宗教职能上，他们又是各民族宗教礼仪的主持者，是“沟通人神之媒”。因此，宗教祭司实际上是一个使民族文化中世俗性与神圣性有机结合的文化载体，他们普遍受本民族人们的敬重，因而往往也是民族内部各类纠纷的“调解人”或“仲裁人”，是各类伦理道德规范发挥社会控制作用的发

① ［美］E. A. 罗斯：《社会控制》，秦志勇、毛永政译，华夏出版社1989年版，第59页。

起者和引导者。

其二，宗教祭司本身就是既普通又特别的民族伦理载体。少数民族的宗教祭司既是民族社会的普通成员，他们在日常生活中与其他民族成员一样，要参与生产劳作和共同的社会生活，有着与他人一样的世俗伦理意识和道德情感；但同时，他们又具有“沟通人神之媒”的特殊身份，生活中要遵守很多的民族宗教禁忌，言行举止要处处体现本民族传统伦理道德的要求，因而他们又是本民族传统道德文化的活典范和主要传播者。以彝族的毕摩为例，毕摩在日常生活当中，必须严格遵守本民族的社会公德，不能做伤风败俗、杀人放火等伤天害理的事，在饮食方面不能吃猫肉狗肉等，如果违反了这些禁忌，会认为神灵赋予毕摩的“法力”就由此消失。因此，毕摩遵循着“如果触犯禁忌（违反社会公德），自己的法力就会消失”的信条，严格遵守本民族的各种社会道德规范，进而也就成了继承和传播彝族古老道德传统的中坚力量。

（二）控制依据

民族宗教发挥社会伦理控制作用的依据，最主要的就是各类宗教“经典”。民族宗教的“经典”有两种基本形式：一种是成文的，如信仰伊斯兰教的回族的《古兰经》、信仰基督教的民族的《圣经》、信仰佛教的民族的《大藏经》和《贝叶经》、信仰道教的民族的《洞经》，以及信仰本民族宗教的纳西族的《东巴经》、彝族的《毕摩经》、普米族的《汗归经》[①] 等；另一种是不成文的，在云南，很多少数民族的原生性宗教“经典”即创世神话和史诗、祭辞之类，它们靠口耳相传，而且没有固定的形式。

首先，成文的民族宗教经典往往也是民族道德主张和伦理思想的“教材”。在边疆少数民族中，有本民族文字或能够使用古老文字的民族，通常都拥有卷帙浩繁的宗教典籍，这些典籍名目繁杂，内容丰富，往往涵盖一个民族关于宇宙、天文、历法、医药、历史、宗教、人文等各方面的知识和信仰，因此被誉为民族的“百科全书”。民族的伦理思想和道德规范也是其中的重要内容，这些内容借民族宗教之力而成为传承各民族道德信念和伦理原则的重要渠道。例如，纳西族的《崇般图》（纳西语音译，

① “汗归经”为暂名。普米族民间有很多汗归教的成文经典遗存，此类经典通常以藏文注普米语而成，须同时精通藏文和普米语才能识读，因此目前尚未得到系统发掘、整理和翻译。

意为“人类迁徙记”）就不仅是一部东巴教的著名典籍，而且也是“纳西族历史上一部富有伦理思想和道德观念的史著”①。《崇般图》用古老的象形文字讲述了一个人类祖先在远古时期因触犯天神而遭到疯狂报复、人类几近灭绝的神话传说。其中说道，人类的祖先崇忍利恩，因富有同情心而被天神容留在世，后来，崇忍利恩以神奇的力量和智慧在短时间内完成了砍林、烧树、播种及狩猎等天神所要求的苛刻而艰巨的任务，最终制服天神，证明自己是伟大祖先的后代，从而娶得天女衬恒褒白为妻，肩负起生儿育女、繁衍后代的历史重任。实际上，《崇般图》是要把崇忍利恩和衬恒褒白塑造成纳西族人民世代传颂的理想人格典范和道德榜样，以表现纳西族人民崇尚同情、智慧、以勤劳为美德和敢于战天斗地直至夺取胜利的道德品质。

其次，口承的宗教经典使蕴含丰富伦理思想的民族神话和史诗得以在民族民间广泛流传。在边疆各少数民族中，广泛流传着内容十分丰富的口承创世神话和史诗，这类神话和史诗既有关于天地开辟、万物由来和人类起源的解释，也往往蕴含着民族伦理道德方面的许多训诫，它们一般在民族的重大节庆、重要仪典上被庄严地传述、唱诵，因而对民族社会成员的伦理教化和行为规约作用就更为严肃、正式。如彝族的《查姆》和《梅葛》、佤族的《司岗里》、傣族的《英叭》、哈尼族的《奥色密色》②、拉祜族的《牡帕密帕》、阿昌族的《遮帕麻和庶米麻》以及上文提及的纳西族的《崇般图》等，其中就有各民族传承久远的伦常法度的反映，这些神话和史诗的传诵同时也就是民族共同伦理道德观念传承和巩固的过程。

## 二　民族宗教实现伦理控制的方式

民族宗教对社会进行伦理控制的过程主要是通过宗教祭仪的道德教化及宗教禁忌的道德规约等几种方式来实现的。

其一，通过民族宗教祭仪的教育功能实现民族社会的伦理控制。“祭仪和神话是宗教的两只翅膀”③，其中，祭仪是民族宗教宣扬其义理主张，强化民族认同意识的主要途径，同时它也是作为控制主体的宗教祭司进行社会伦理

---

① 熊坤新：《民族伦理学》，中央民族大学出版社 1997 年版，第 200 页。

② 奥色密色，又作奥颠米颠等，均为哈尼族僾尼语音译，意为造天造地或开天辟地。

③ 杨志明等：《云南少数民族传统文化研究》，人民出版社 2009 年版，第 100 页。

控制的主要方式。在边疆各民族中，每一种民族宗教都有一套内容丰富、形式多样且规程复杂的宗教祭仪，这些宗教祭仪将一个民族对自然、神灵、鬼魂和祖先等的崇拜意识形象地表现出来，并有效地传达给参与祭祀活动的每个民族成员。在本质上，宗教祭仪是一种将宗教情感、宗教观念及宗教伦理外化为群体行为的过程，它通过仪式将民族成员集合在神灵的“旗帜”下，强化一个民族关于处理人与世界、人与人之间各种关系的道德主张。因此，宗教祭仪的社会功能就在于教导每一个民族成员接受传统的文化、道德，维护传统的权威，从而营造起一种强有力的社会控制形式——民族认同意识，以增强民族群体的凝聚力。通过庄严、神秘的仪式，人们自然会对神灵心存敬畏而谨言慎行，这就是宗教对人的道德行为和社会伦理生活产生影响的心理基础。可以说，每举行一次宗教祭祀活动，所参与的民族成员就都要经历一次民族传统伦理道德文化的洗礼，从而会强化民族个体成员对本民族传统道德理念和伦理规则的认同，促进他们与民族社会的联系，增进他们的道德自律和自觉维护民族社会正常生活秩序的意识。

在边疆少数民族中，比较普遍的宗教祭仪有图腾祭仪、自然神祭仪以及祭祖仪式、送魂仪式、农业和狩猎祭祀仪式等。不同祭仪的道德教化功能各有侧重，通过自然神祭仪、农业和狩猎祭祀活动，可以强化民族成员敬畏自然、亲近自然的生态伦理意识；通过祭祖、送魂活动，可以强化民族成员尊祖敬老、关注生命价值的家庭—社会伦理意识和生命伦理意识，等等。其中，祭祖是绝大多数少数民族最为重视的一种庄严、神圣的宗教仪式。各民族通过定期的祭祖仪式，借祭祖之俗，在本民族成员面前追溯历代祖宗的业绩，表达对祖先的崇敬与追思，主要的目的就是促进民族成员的文化自觉，强化家族乃至民族的认同意识及相应的家庭、社会道德理念，规范民族成员的社会行为。

其二，通过民族宗教的禁忌系统及其社会化实现民族社会的伦理控制。宗教禁忌作为一种宗教事象和宗教行为，是民族宗教实现社会伦理控制的主要方式之一。它在本质上是宗教神灵意识的伴生物，是随着宗教神圣观念的产生而产生的。当某一事物在观念中被视为神圣之时，对人们行为的要求也就会表现在禁止随意接触、使用和处置该物的规定上，这种规定就是所谓的“禁忌”。可见，宗教的神圣观念与禁忌规定在根源上是一致的。具体而言，当人们对神圣之物与世俗之物进行严格区分并将神圣物从自然物中分离出来时，它就在人们的意识中超越了普通自然物的意义而获得了一种超自然的“神圣性”。伴随着这种神圣观念的产生，人们便会对自己的行为加以一定的限制和约束，以此来表达对神圣物的敬畏感。对神圣物的信仰和崇拜，是宗教系统的根本和核心因素。因此，有了神圣观念就会伴生对神圣物的敬畏感，并由此产生各种禁忌规定。这些禁忌规定不仅加强和巩固了人们对神圣物的信仰，同时也使人的情感、欲望与行为受到一定程度的约束和限制，使人们强烈地感到需要“自律”，从而提高人们的伦理道德意识。因此，宗教禁忌规定往往逐渐演变为人们的伦理准则和行为规范，成为社会道德规范的重要内容，而这就为民族宗教通过各种禁忌规定进行社会伦理控制奠定了良好的基础。实际上，禁忌本身就是民族宗教表现其道德主张的一种主要形式。

在边疆民族社会，由于大都信奉万物有灵并实行多神崇拜和泛灵信仰，人们所崇奉的神圣物种类也十分繁多，宗教禁忌也因此形成一个名目繁杂、形式多样的社会规范系统。综合各民族宗教中的禁忌规定，大体上可以分为以下几种类型：其一是“语言禁忌”，即在特定的“圣时”（具有神圣意义的时间，如宗教节日等）、“圣地”（具有神圣意义的空间，如宗教祭祀场地等）当中，禁止使用某些特殊的语言；其二是“行为禁忌”，即在神圣物面前不可以作出某些行为，如很多民族都禁止在寺庙、“神林”附近鸣枪、玩刀舞棍、砍树乃至大小便，认为这是对神灵极大的亵渎；其三是“食物禁忌”，如纳西族认为凡是举行祭天仪式的族人都不得吃狗肉，吃过狗肉的人不得参加祭天，藏族则对吃蒜有着颇为严格的禁忌，认为食蒜后的气味会玷污神灵。此外，“性禁忌”也是各民族宗教中极为重视的领域。很多少数民族在某些重要的生产活动及祭祀仪式之前都禁止异性同房，而佤族等民族则直接禁止同姓成员之间发生性关系，认为这种行为会触犯神灵而遭受灾难。以上是四种比较普遍的宗教禁忌形式，它们从内在逻辑上看，对信仰者自我控制和自我禁戒能力的要求逐步提高，对人们的欲望与行为的约束也越发明显。因此，宗教学者吕大吉先生就认为，食物禁忌和性禁忌的产生是民族宗教发展到一定阶段的产物，因为二者在实质上是对人类“生存欲望”和“生殖欲望”的“禁制”，它们最能体现对神圣的敬畏感，且“自从原始的宗教禁忌发展到食物禁忌和性禁忌，它们就成了宗教崇拜活动的基本方式和主要内容”[①]。实际上，笔者认为民族宗教禁忌的这四种类型，不仅是从内容上对人们自控能力的逐级要求，它们同时也是民族宗教对信仰者伦理道德的要求越来越高，对人们社会行为的道德约束越来越深入的发展过程。就“性禁忌”而言，随着宗教观念的进一步发展，人们不仅视两性关系为神灵面前不洁净的行为，而且更是将之与道德上的“罪”“恶”联系起来，从而产生了约束性行为的禁忌内容，对形成严格的两性道德规范产生了深远的影响。

民族宗教禁忌从社会功能上看，是民族社会的一种控制和管理模式。正如著名的文化哲学家卡西尔所言：“不论禁忌系统的一切明显缺陷，它仍然是人类所发现的唯一社会限制和责任义务的系统。它是整个社会秩序的柱石。在社会系统之中，没有任何部分能够不受到特殊的禁忌所规约和统治。”[②] 因此，民族宗教禁忌发挥社会控制作用除了其内在的伦理道德规范功能以外，它在民族社会当中还有着一个“社会化”的过程。

所谓民族宗教禁忌的社会化，就是指民族宗教禁忌将其社会控制功能的影响范围从宗教领域逐步扩大到整个民族社会当中，并逐渐演变为一个民族内部稳固的、传统的社会习俗，成为民族文化的重要组成部分，或者说成为民族社会控制系统中不可或缺的内容。宗教禁忌观念的发展，最主要的是表现在它赋予人们的行为以一种神圣制裁性质的严格规范上。在民族宗教当中，人们承认某一特定的地点为神灵经常显圣的地方，或指定某个地点作为从事宗教活动的场所，因而这些地方是神圣不可侵犯的。相应地，这些“圣地”、“圣时”和“圣物”就被一个“限制和禁忌之网”包围着，使人们只能以特别的方式去接触和使用它们，甚至在特定情况下是被完全禁止接触的。这种包含着维护宗教神圣性特征的禁忌规定，也就被扩展为保护神圣与避免冒犯神灵尊严的行为。而要实现这一目的，“只需要使‘禁忌’社会化，以使把对神圣礼仪的珍视转变为伦理上的圣洁。对这种圣洁来说，在神灵面前的任何罪恶和非正义情景都是冒犯和可恶的”[③]。可见，民族宗教要通过禁忌规范来实现社会伦理控制，其禁忌的

---

① 吕大吉：《人道与神道——宗教伦理学导论》，上海人民出版社 1991 年版，第 151 页。

② ［德］恩斯特·卡西尔：《论人——人类文化哲学导论》，刘述先译，广西师范大学出版社 2006 年版，第 150 页。

③ ［美］E. A. 罗斯：《社会控制》，秦志勇、毛永政译，华夏出版社 1989 年版，第 110 页。

社会化过程是必不可少的。而宗教禁忌系统本身的社会化，则会使它更加广泛地出现在一个民族生产生活各个领域当中，成为规范人们日常生活中各种社会行为的重要因素。具体而言，民族宗教禁忌从最初的语言、行为、食物及性禁忌四个类型的内容，会逐渐扩展到人们处理与自然、与社会及与其他民族成员之间的诸种关系之中，成为一个民族的民间禁忌和传统习俗。这样，禁忌将人们的各种社会关系与行为模式用一种神圣制裁性质的方式固定下来，不断从道德评判的角度规范和约束着人们对神圣的“越轨”行为。在此意义上，民族宗教禁忌更多的是一种道德约束，它在本质上就是出于一个民族内部各成员之间相互认同与凝聚的需要。因此，它对一种民族社会秩序的形成、存在和发展发挥着十分重要的作用。

其三，通过民族宗教舆论的价值导向作用实现民族社会的伦理控制。就民族宗教而言，除了各种祭仪的道德教育和禁忌系统的道德规约之外，还应有一种对人们的道德行为进行引导和监督的体系，这就是宗教舆论。因为在民族社会中，人们的伦理观念和道德行为实质上就是人与人之间社会伦理关系的基本反映。当人们的道德行为符合其赖以产生和存在的社会关系的性质和需要时，就会受到社会舆论的肯定，否则就会受其谴责。[①] 因此，人们的道德行为本身在很大程度上就是依赖于社会舆论的监督和保证。在此意义上，舆论控制也是民族宗教实现社会伦理控制的重要机制之一。

所谓民族宗教舆论，就是指人们从特定民族宗教信仰出发，对民族社会时事所进行的价值认知、理解、把握和表达，它是民族宗教意识的一种外在表现形式。对于信仰统一的民族而言，宗教舆论几乎就是整个民族社会的舆论主张。而宗教信仰相同的民族群体，在民族意识和宗教情感的凝聚下，也极易于对某些社会事象、政治热点等问题产生一致的舆论评价。因此，在民族宗教信仰广泛的边疆地区，宗教舆论通常占据着社会评价的主流，它将民族宗教自身的伦理道德主张及其固有的宗教神圣性，与社会舆论的传播速度快、范围广、效果强等特征相结合，对人们的道德行为产生了无形的监督和引导作用，从观念上有效阻止了“道德越轨”行为的发生。在此意义上，民族宗教舆论的社会伦理控制便可以成为民族地区法

---

① 吕大吉：《人道与神道——宗教伦理学导论》，上海人民出版社1991年版，第81页。

律控制的有效补充。正如美国学者罗斯所言："舆论通过坚持道德要求来维护社会的安宁，而法律则由于其刻板的确定性和严格的一贯性而不敢与此苟同。……舆论预先警告的咆哮远比法律静悄悄的恐吓更能阻止罪过的发生。"① 可见，与法律的正式控制相比，舆论控制有其广泛影响社会成员的优点。可以说，随着现代社会大众传媒的不断发展，舆论对民族社会的影响将越来越明显。

实际上，在边疆民族地区，民族宗教本身就是社会舆论产生的重要因素。宗教对人的影响往往是深入精神层面的，它通过对人们的思想观念和价值取向的引导和塑造而深刻影响着社会，从而也指导着人们的舆论评价。这就使得民族宗教通过自身的道德主张，从源头上就对社会舆论的形成进行价值导引，从而使其朝良性方向发展的目标成为可能。当然，在此需要指出的是，民族宗教舆论本身也需要国家和社会的良性引导，因为边疆地区民族宗教舆论的产生与传播有其特殊性，对边疆民族社会的稳定乃至国家统一有着十分重要的影响。

① ［美］E. A. 罗斯：《社会控制》，秦志勇、毛永政译，华夏出版社 1989 年版，第 72 页。

# 第七章　民族教育与边疆社会的伦理控制

民族教育是民族伦理发挥社会控制作用的重要途径之一。在比较宽泛的意义上，民族教育也包含民族习惯法教育和民族宗教教育。在这个意义上，可以说民族教育是民族伦理发挥社会控制作用的最基本、最通常的途径和方式。

前两章已分别把民族习惯法、民族宗教对民族社会的伦理控制问题单独抽取出来进行讨论和分析，本章要进一步就民族教育的社会控制及其中的伦理因素问题进行宏观考察和总体研究。

## 第一节　民族教育的概念和主要特点

### 一　民族教育的概念

中华人民共和国成立至今，围绕民族教育研究已建立了专门的研究机构，有了专业的学术团体和学术期刊，并发表了有分量的学术专著和数量庞大的论文成果。这标志着民族教育学作为一门独立学科已基本形成。①与此相应，在民族教育学专著和《中国大百科全书·教育卷》《教育大辞典·民族卷》中，民族教育的概念似乎也有了比较权威的界定。但事实上，对民族教育概念的内涵、外延问题，学者们至今仍争论不休，不同层次、不同视角的定义比比皆是。②

---

① 参见滕星、彭亚华《20世纪80年代后中国民族教育研究发展综述》，《中央民族大学学报》2007年第2期。

② 参见耿金声《论民族教育的概念和民族教育的特点》（《民族教育研究》1991年第2期）、王鉴《简论民族教育的概念及其本质》（《西北师范大学学报》1994年第2期）、马丽君《民族教育的文化人类学解释》（《青海民族研究》2006年第4期）、曲木铁西和黄秀华《试论少数民族教育的分类》（《民族教育研究》2009年第4期）、李官和张婷婷《我国民族教育内涵探析》（《红河学院学报》2011年第1期）等论文的概括和简述。

在有关民族教育的各种界定中，最宽泛的定义来自普通教育学或教育哲学，如有学者指出："教育都从属于一定的民族，任何民族都有教育，因此，一切教育都是民族教育。"① 不过，包括这类具有教育哲学视野的国内学者也认为，在中国，民族教育的概念应取狭义，专指少数民族教育。

然而，即便把民族教育的外延限定在少数民族教育的范围内，人们对它的理解也有民族学和教育学的不同："民族学中的民族教育研究所关心的主要是民族的教育权利、民族教育在民族发展史的作用、民族人口素质的提高和民族的科学文化的传播等。这种研究可概括为民族发展中的教育功能研究"；而在教育学中，民族教育研究则是"从发展教育的目的出发，考察不同民族，分析不同民族在教育方面所表现出来的差别及其成因，研究在不同的民族、不同的文化背景下发展现代教育的最佳策略。这种研究可概括为教育发展中的民族特性研究"②。这就引出了一个更深层次、更关键的问题，即民族教育是重在发展现代教育的"跨文化教育"，还是涵盖民族传统文化传承的"多元文化教育"或"复合民族教育"？

这就是说，对狭义的民族教育（少数民族教育），仍有不同理解。从跨文化教育角度看，它是指对于具有不同文化背景的各少数民族的一种教育，其关注的焦点，是现代教育、国民教育在具有地区差异、经济差异、语言差异、文化差异、性格差异、教育发展差异的少数民族人群中的推行。从多元文化教育或复合民族教育角度看，它一方面是指帮助少数民族成员提高适应现代主流社会的能力以求得个人最大限度的发展的教育，而另一方面又是继承和发扬少数民族优秀文化遗产、丰富人类文化的一种教育。这样，少数民族教育的关注点就有两方面，一是现代教育、国民教育在少数民族中的推行；二是少数民族传统教育的继承和发展，且重点、特点在第二方面。就目前的情况看，把民族教育理解为多元文化教育或复合民族教育，似已成为相关研究的主导倾向和多数学者的共同主张。

但正如一些学者所指出的那样，多元文化教育的主张本身是存在不少问题的。例如，它"只通过宣扬文化共存，不能从根本上解决民族问

① 耿金声：《论民族教育的概念和民族教育的特点》，《民族教育研究》1991 年第 2 期。

② 宝玉柱：《关于民族教育及民族教育研究的几个理论问题》，《民族教育研究》1996 年第 3 期。

题”；它“研究得更多的是少数民族怎样适应主流社会的问题，而不是民族发展问题，因此有其明显的局限性”，等等。[①] 因此，或许是为了“摆平”民族教育中现代教育、国民教育与民族传统教育的关系，又有学者提出：“我国的民族教育，实质上是多元一体化教育，即对中国境内各民族实施的一体化教育和多元化教育。具体说就是对各少数民族以实施一体化教育为主，对主体民族以实施多元化教育为主。当然，这并不等于对少数民族只实施一体化教育，对主体民族只实施多元化教育。多元一体化教育的目的是使各民族适应现代主流社会，传承本民族文化，养成尊重不同文化的态度。”[②] 由此可见，对民族教育进行界定的核心问题，是如何理解和处理现代教育、国民教育与民族传统教育的关系问题。从这个角度说，对民族教育作“多元一体”理解是有其合理性的。

但问题是：其一，如果把对少数民族的教育的重点放在“一体化教育”上，那就从根本上取消了民族教育的民族性，民族教育也就不再成其为“民族（的）”教育；其二，不容忽视的实际情况是，直到目前，少数民族地区的教育仍处在“一体化教育”（现代教育、国民教育）、“多元化教育”（民族传统教育）的发展都不充分的窘境，而且，在国家大力推进“一体化教育”的同时，各民族传统教育的推进却显得势单力薄，并有相当程度的萎缩。长此以往，就很有可能导致少数民族传统文化的断裂。因此，在多元一体的民族教育框架内，再进一步主张对各少数民族应以“实施一体化教育为主”，是很令人担忧和值得商榷的。

从本书讨论的主题出发，我们取民族教育即少数民族教育的含义，同时认为，对少数民族教育意义上的民族教育仍有必要做进一步界定。即少数民族教育意义上的民族教育概念，仍有广义和狭义之分：广义的民族教育，指在少数民族地区、以少数民族成员为对象实施的教育；狭义的民族教育，指各少数民族在本民族社会、以本民族成员为对象实施的教育。它们之间的主要差别，在于教育实施的主体不同、教育内容的涵盖面和侧重点不同。即广义民族教育的实施主体可以是本民族也可以是国家（政府），而狭义的民族教育的实施主体则只能是本民族；广义的民族教育包

① 宝玉柱：《关于民族教育及民族教育研究的几个理论问题》，《民族教育研究》1996 年第 3 期。

② 李官、张婷婷：《我国民族教育内涵探析》，《红河学院学报》2011 年第 1 期。

含一体化的现代教育、国民教育和多元化的民族传统教育，重点是一体化的现代教育和国民教育，狭义的民族教育则只包含多元化的民族传统教育，重点是本民族的传统文化教育。本章要讨论的是边疆民族民间自发形成的非正式控制系统中的民族教育，因此只能取民族教育的狭义。

## 二　民族教育的主要特点

### （一）教育权利的民族性

在古代社会，边疆少数民族地区存在着三种教育：一是中原王朝推行的“以夏变夷”的“开化”教育；二是羁縻制背景下民族地方政权推行的地方教育；三是民族民间传统教育。“开化”教育把少数民族视为野蛮人，当作大民族文化同化的对象，在这种教育观念、教育制度下，少数民族是没有教育权利的。民族地方政权推行的地方教育，有出于因俗而治考虑的民族伦理、民族习俗的传统教育成分，但主要推行的是等级森严的阶级教育，如彝族的《西南彝志》、藏族的《礼仪问答写卷》所反映的教育理念即如此，在这种教育观念、教育制度下，即便是治内掌握政权的“主体民族”民众也是教育“奴化”的对象，治内的其他少数民族就更谈不上教育的权利了。少数民族的民间传统教育基本上处在因袭成俗的自发状态，是自主的，但没有制度保障，因此，尽管它对各民族日常生产生活的影响至广至深，但在“开化”“奴化”教育的政治大环境下，它“名不正，言不顺”，是没有地位可言的。

中华人民共和国的成立，从法理、法律上实现了各民族的政治权利平等、教育权利平等，少数民族从根本上已不再仅仅是教育“驯化”的对象，同时也是教育的主体，拥有民族教育的自决权。更为重要的是，“民族教育的客体与主体的统一是民族文化得以继承和传播的重要因素，也是民族教育之所以是民族教育，并存在和发展下去的基本依据。……民族教育权利被剥夺，民族教育也就名存实亡了”[①]。民族教育权利的丧失，意味着民族文化的传承和发展失去了最基本的依靠和最有力的保障，进而也就意味着民族文化和民族的实际消亡。因此，民族教育权利的民族性的保持，不单纯是教育领域的问题，而且是政治问题。

---

① 宝玉柱：《关于民族教育及民族教育研究的几个理论问题》，《民族教育研究》1996 年第 3 期。

关于民族教育权利的民族性，应从三方面理解：一是少数民族有通过民族教育传承和发展、宣传和传播本民族文化的权利；二是少数民族有将本民族的传统文化教育进行制度化并得到国家、政府、社会支持的权利；三是少数民族有分享、接受和发展现代教育、国民教育、中华民族传统（共同）文化教育的权利。毋庸讳言，也不容乐观的是，民族教育权利的民族性的保持，在运作手段、实施途径、保障机制等方面至今都还有许许多多的现实问题、实际困难需要面对和解决。

（二）教育发展的复杂性

历史上，由于各少数民族在族源、迁徙、民族分化和重组、居境（自然环境和社会环境）、生产生活方式、交往范围和深度、社会和文化发育程度等方面的情况不同，民族与民族之间，甚至同一民族的不同支系之间，教育的发展水平、教育的形式和内容也存在很大差异。仅从云南各少数民族看，民族教育的发展情况就极为复杂。

例如，云南的少数民族分别源自氐羌、百越、百濮、苗瑶和西域、北方的古老族群，族源方面的不同酿成各民族传统教育“文化基因”上的差异，而民族迁徙引起的居境变化也会导致同一民族内部出现教育发展差异。如迁居武定、永胜、宁蒗一带的傈僳族在清代就已经过上了“板片为屋，种荞为食”，“稍通汉语，略知礼节”的生活，[①] 而迁入澜沧江以西地区怒江峡谷的傈僳族在同一时期则还处在“喜使弩，发无虚矢……种火麻以为衣，猎野兽以为食，有夷话无夷字”[②] 的落后状态。居境及生产方式的不同，导致两地傈僳族的社会和文化发展水平各不相同，进而教育的内容和发展水平也不尽相同。

又如，迁居山地山谷的独龙族、怒族、景颇族、傈僳族、佤族、基诺族、苗族、拉祜族和部分哈尼族，直到中华人民共和国成立还处在从原始社会末期向阶级社会过渡的阶段，过着刀耕火种辅以狩猎的生活，他们的文化传承主要依靠原始形态的教育，教育的文化内涵比较单一；[③] 而迁入坝区的彝族、白族、傣族、纳西族等少数民族，则因自然环境、社会文化交往、政治处境等方面的便利，他们的文化不仅进步较快，而且所涵化的

---

① 分别参见康熙《武定府志》卷一、光绪《续修永北直隶厅志》卷七。

② 参见光绪《腾越州志·诸夷志·种人》。

③ 参见范永春《云南少数民族原始形态教育初探》，《思想战线》1998 年第 11 期。

其他民族的文化元素也较多，因而教育的发展水平较高，教育的文化内涵也较为丰富。例如，白族传统教育的内容，就既有本民族的“本主”文化，同时又有大量的儒家文化、道家道教文化和藏传佛教（“阿吒力”）、汉传佛教的文化因素；纳西族传统教育的内容，既包含本民族的“东巴”文化，同时又和藏族的苯教、藏传佛教关系密切，另外，汉族的儒、道、佛三教文化，甚至邻近的白族文化，也对纳西族传统教育有影响。①

（三）教育方式的习俗性

少数民族的传统教育尽管也可以分为家庭教育、学校教育、社会教育、自我教育、自然形态教育等若干种，② 但由于有的少数民族有教育经典（如藏族的《礼仪问答写卷》、彝族的《玛牧训世教育经典》、壮族的《传扬诗》等）而无专门的教育机构和教育场所，有的少数民族以宗教教育（如傣族的佛寺教育、藏族的寺院教育、回族的经堂教育、基督教的教会教育）代替学校教育，建立过民族地方政权的少数民族则有贵族式的或同化（“开化”“驯化”）性质的学校教育，因此，在中华人民共和国成立前，少数民族地区即使存在学校教育，民族文化的传承在其间也只是附着性的，也就是说，基本上不存在独立的少数民族传统文化的学校教育。各少数民族生产及自然知识、生活及社会知识、文化及历史知识的传递，以及民族成员个体人格、社会行为习惯、生活情趣的养成，主要是靠家庭教育、社会教育、自然形态教育来实现，民族教育与生产劳作、家规族条、乡规寨约、人生礼仪、节庆娱乐、谚语格言、诗歌民谣、故事传说、祭祀活动、宗教生活甚至雕塑建筑、绘画服饰等紧密结合，渗透在衣食住用的各个方面，具有浓郁的生活气息和鲜明的习俗性。

直言之，在实行阶级统治和压迫，推行民族歧视政策，奉行以大民族文化同化弱小民族的旧中国，能够代表少数民族大众真实人生态度、道德风尚、价值取向、生活情趣的民族传统文化，只有通过民间习俗这种自然教育的渠道，而不是通过官学、半官学性质的学校教育的渠道，才得以继承和传播。例如，由格言、警句、名言、俗语连缀而成的壮族的《传扬诗》，从其“天下不公”“富人”“官家”“穷人”“志气”“求嗣”“养育”“教诲”“勤劳”“做人”“交友”“睦邻”“孝敬”“择婿”“为妻”

① 参见杨福泉《多元文化与纳西社会》，云南人民出版社 1998 年版。

② 参见曲木铁西、黄秀华《试论少数民族教育的分类》，《民族教育研究》2009 年第 4 期。

“夫妇”“妯娌”“分家”“鳏寡”“后娘”等章节的内容，就可看出，它涉及婚姻家庭生活、社会公共生活的方方面面，但它对社会的政治大环境也提出了鲜明的要求，明确表达了壮族人民对阶级压迫、社会不公的黑暗现实的愤慨和抗议，它甚至号召广大民众起来造反。这是对少数民族传统政治美德的讴歌，是壮族人民传统社会观、人生观的真实写照，因此，它不可能登上旧中国学校教育的殿堂，而只能在民间习诵承传。

## 第二节　民族教育与社会控制

### 一　民族教育的社会控制作用

#### （一）引导社会控制的价值取向

民族教育最重要的功能是传承民族传统文化。在各少数民族的传统文化系统中，当然包含着本民族关于自然的知识和物质生产的知识，对于各民族生存的自然环境而言，这些知识是相当实用的，但它们很容易从整体上被来自先进民族的相应知识体系所取代。而少数民族传统文化中涉及历史记忆、人生信念、民族精神的部分则与民族同在，它们会时时影响甚至支配着各民族成员的行为判断，很难从少数民族的性格里、生活中挥之即去。因此，民族教育尽管也有传递各民族自然知识、生产知识和技能的功能，但更为重要的是它负载和传递着民族的历史记忆、生活态度和人生信念，进而会影响甚至支配各民族对社会规范的价值判断、对社会控制的自觉选择。

比如，在经济生活领域，傈僳族、佤族、景颇族、独龙族、怒族、布朗族、基诺族、珞巴族、鄂伦春族、鄂温克族、赫哲族、瑶族、黎族等少数民族，在民主改革前还有原始公社制残余，加之生产还处在没有明显分工的自然状态，偶有交换行为也主要是以物易物，猎物“都要平均分，大家一起吃，大家一起饿”（傣族）之类均等共享、有难互帮互济的观念十分突出，因此，商品生产和交换的意识淡薄，甚至认为讨价还价是最害羞和令人不齿的行为。与此相应，这些民族的传统教育和社会规范、社会控制也倾向于贬抑商业活动，而褒扬自给自足的“本分”生活方式和“有财者疾以分人”的做人理念和行径。与此不同，信仰伊斯兰教的民族则认为商业是连接各种行业的纽带，它能促进流通、活跃市场、引导消费、刺激生产，因此，穆斯林的民族教育所秉持的是先知穆圣“让人们自由买卖吧，真主将使人们彼此获得生活给养”的教导，他们的社会规范、社会控制也倾向于促进积极、诚实的商业活动和交换行为。

### （二）铺垫社会控制的理性基础

在民族社会的自律性控制体系中，相对而言，民族习惯法的控制侧重禁制和惩戒，民族宗教的控制侧重信仰，而民族教育的控制则突出说理，走的是诱导性、劝导性的以理服人的路向。因此，民族教育不仅能为民族社会的各种控制途径或控制方式提供理性基础，而且还是民族习惯法控制、民族宗教控制和民族社会他律性正式控制的必要补充。

傣族对森林和水源的保护就很能说明问题。他们把森林覆盖、水源所出的山称为“龙山”“神山”，认为谁破坏谁遭殃，这显然是在森林和水源保护的社会控制中掺入了民族宗教控制的因素。对破坏水源、滥伐森林的行为，他们也有一整套习惯法来做相应的惩戒性控制。例如，傣族村寨都通有小河沟，每条河沟也都由水利员（“版闷”）专人管理，如水利员发现谁家超出配给的用水量偷用水，就会轻者要受罚一头小猪、两只鸡、一斤酒，重者则要受罚一头大猪、几十斤酒。山林之所以被神化，人们之所以心甘情愿地接受习惯法的制约，原因就在于傣族的稻作生活方式跟森林和水源息息相关、密不可分，而这种相关性能够深入傣族人民的内心并代代相传，原因就在于傣族的民族教育对此作了理性的说明。在傣族村寨，家长常常在晚饭后把子孙们召集到阳台上，一般都先讲农业生态问题，让子孙们明白没有森林就没有水，没有水就没有农田，没有农田就没有粮食，没有粮食人就不能活命的道理；然后要讲傣族从哪里来、为什么要迁徙，其中就特别强调，是由于原居地的森林遭到破坏、生态环境恶化而被迫从北方迁到了南方。① 尽管“南迁”有很多传说的成分，但这种史论结合的教育方式入情入理，为傣族的生态控制作了很好的说明。

### （三）营造社会控制的舆论氛围

我国少数民族的教育，内容涵盖生产及自然知识、生活及社会知识、文化及历史知识等各个领域，体现在家庭教育、社会教育、自然形态的教育等各个方面，贯穿在每个社会成员从出生、童蒙、成长、谋生、恋爱、

① 参见刀国栋《傣族历史文化漫谭》，民族出版社 1996 年版，第 66—67、79—80 页。

婚配到立业、养儿、奉老、送终的全过程，教育与生产劳作、家规族条、乡规寨约、人生礼仪、节庆娱乐、谚语格言、诗歌民谣、故事传说、祭祀活动、宗教生活甚至雕塑建筑、绘画服饰等紧密结合，渗透在衣食住用的各个方面，因而能营造出无形但又无所不在、无孔不入的舆论氛围，对民族个体成员的心理、意识、观念和行为产生全方位的诱导和控制。

在云南少数民族中，能够对个体成员产生综合影响的典型的民族教育途径，当数出生礼、成年礼、婚礼、丧礼和综合性的民族节日庆典。以成年礼为例，各民族的仪式形式多样，内容也不尽相同，但许多民族的成年礼仪式一般都由本民族的巫师或家族长老来主持，届时亲友族人、社区民众广泛参与，气氛非常庄严、隆重。有的民族在成年礼仪式上，要由主持人为受礼者换上成人衣服，配上与其性别相符的生产生活用具，表示他（她）已经成为村寨、社区的一名正式成员，享有成人的权利，有了恋爱的资格，同时也要像成年人一样参加劳作，承担起家庭和社会的各种责任和义务。仪式上，受礼人和所有参与者通常还可以聆听到巫师、老人关于本民族的历史、宗教信仰、社会行为规范和生产生活知识的教诲。在这种庄严的仪式中，不仅受礼人要接受第一次正式的社会化教育，而且对参与的未成年人有童蒙作用，对成年人也有再教育、强化教育的意义，进而能营造出同一年龄段和不同年龄段的人群互相监督、互相促进的舆论氛围，对民族个体成员的思想意识、行为习惯产生持久的影响。

## 二 民族教育的社会控制范围

### （一）人与自然的关系

中华人民共和国成立前，少数民族的科技和生产力发展水平都普遍较低，人们征服自然的能力极为有限，因此，与较发达的民族相比，少数民族的生产生活对自然环境、生态条件、气候因素的依赖更加突出，他们对自然的敬畏之心、感恩之念、依恋之情也特别强烈。这在各少数民族古老的记忆中就表现为人与万物亲密不分的质朴的“天人一体”意识，并通过民族教育的各种渠道表达出来、代代相传，相应地，规范人与自然的关系也就成了各民族教育实现社会控制的基础性任务。

在云南各少数民族中，至今流传着许许多多先民们留下的有关人类和万物由来的起源神话，它们是各民族先民对于整个世界和人类历史的最初认识，是各民族传递本民族传统世界观、历史观的最早的“教科书”。在万物和人类由来的起源神话中，云南少数民族大多认为人与万物同根同源，相互之间是一种亲密的同胞、朋友关系，人不应该随意作践万物、肆意破坏自然，而应该适度地利用自然、与自然万物和谐相处。正是这种以幻想方式建立的关于人和自然和谐关系的知识图景，为民族宗教规范人们与自然打交道的行为，禁止人们对自然的无度攫取、对生态的肆意破坏，提供了最初的教育理念和理性支持。例如，佤族有一则人类出自葫芦的神话说："人类钻出葫芦，百鸟是人类的朋友；人类踏上大地，百兽是人类的伙伴"，人和万物都有灵魂，因此，佤族在猎杀动物之后要举行祭祀，向猎物的灵魂表达歉疚之情，在种植和收获的时候要"叫谷魂"，以表达对稻谷、小米、玉米、黍米、红米等各种作物养育之恩的感激。[①] 随着各民族生产生活经验的不断积累，基于敬畏自然的宗教禁忌就会转化为以科学知识为主要依据的民族习惯法，进而也使生态保护的教育理念转化为对人们生产生活行为更现实、更具约束力的他律性控制。

从严格意义上说，只有存在人与人的关系才有所谓的社会及社会控制的问题。那么，为什么人与自然的关系也可以而且必须纳入社会控制的范围呢？这是因为，只有在单纯的知识论的立场，我们才可以把人与自然分开，把人与自然的关系同人与人的关系分开；若从社会实践的角度看，不仅人是自然的有机组成部分，而且自然也是人化了的自然，因此在人与自然的关系背后，隐藏着人与人的社会关系。即从社会实践的角度看，人与自然的关系在本质上就是个体利益与群体利益、群体利益与社会利益以及人们的眼前利益与长远利益的关系。所谓自然的权利，所谓珍视自然、保护自然、维护生态平衡，说白了，其实就是如何看待和处理人际利益关系的问题。

（二）人与人的关系

无论在何种社会，人与人的关系都是多种多样并相互交织、重叠的，它包括以人口生产来界定的血缘关系（家庭、家族关系），以物质资料生产来界定的生产关系（生产资料的占有和分配关系），以社会分工来界定的业缘关系（职业关系），以政治生活来界定的阶级关系和国家关系，以语言及文化生活来界定的民族关系，以社会交往来界定的交

① 参见王飞、杨玲《云南少数民族传统文化与道德教育研究》，云南大学出版社 2009 年版，第 168 页。

际关系等等类别和层次。对于种种社会关系及其间发生的种种社会行为，民族习惯法、民族宗教、民族教育所规范和控制的范围尽管有重叠，但也不尽相同。

在民族社会的内部控制（自律性控制）体系中，民族习惯法的控制之所以被视为“法”的控制，原因在于民族习惯法的规范是“应该”而且“必须”遵循的行为准则，“必须”就意味着它所规范的一定是那些具有重大社会效应的行为，而不是所有社会行为；民族宗教的控制是一种“神权”意义上的权力强制，它的规范对其信众而言也是“必须”遵循的行为准则，但它不一定适用于民族社会的所有成员；而民族教育之为教育，其规范和控制作用侧重的恰恰就是“应该”，是民族社会的每个成员、各种社会行为都应该遵循的基本理念和基本原则。因此，民族教育的社会控制不仅在范围上远比民族习惯法、民族宗教的控制要宽广得多，而且它还引导着民族习惯法、民族宗教控制的价值取向，并为它们的社会控制作用铺垫理性基础、营造舆论氛围。

（三）人与自我的关系

民族教育对民族社会关系的调整，对民族成员社会行为的规范和控制，是诱导性、劝诫性的，因此它的作用和效能最终要落实到个体成员对教育理念的自觉内化上。这种自觉内化的过程，其实就是个体成员削减自我与社会、权利与义务之间矛盾的过程，也就是个体成员以社会为参照，自我认识、自觉处理自身的生与死、得与失、荣与辱、苦与乐等矛盾的过程。在这个层次上，民族教育的社会控制功能就转化成了一种生命教育的功能，其直接目的也成了唤醒民族成员的生命自觉。

在少数民族的传统教育体系中，出生仪式、成人仪式、结婚典礼、丧葬仪式对其社会成员的生命教育是最直接、最集中的，而民族教育的其他渠道也会对民族成员生命意识的自觉产生或直接或间接的程度不同的影响。比如，以民族神话和史诗、民族传说和故事、民族歌谣和叙事诗、民族谚语和格言警句为代表的民族语言文化，以民族歌舞、民族绘画雕塑为代表的民族艺术文化，以民族农事节日、民族娱乐节日、民族年节、民族宗教节日为代表的民族节日文化，乃至民族服饰文化、建筑文化、饮食文化等，都会以或隐或显的方式对民族个体成员的生命自觉起诱导和教育的作用。这些教育方式与各民族人民的日常生活、风俗习惯紧密结合，形象、鲜活地呈现着各民族完整的精神世界、生命理念和生活情趣，从中处处都可以感受到民族生命教育对其个体成员生命成长、生命历程、生命意识的呵护、引导和启迪。

## 第三节　民族教育中的伦理因素及其控制机制

民族教育的途径有家庭教育、学校教育、社会教育、自我教育、自然形态教育等多种形式，社会教育又包含了民族习惯法教育、民族宗教教育，且民族传统教育具有极强的习俗性，往往与生产劳作、家规族条、乡规寨约、人生礼仪、节庆娱乐、谚语格言、诗歌民谣、故事传说、祭祀活动、宗教生活甚至雕塑建筑、绘画服饰等紧密结合，因此，其中蕴含的民族伦理因素及其涉及社会生活领域是非常广泛的。这里，主要考察和分析民族教育中蕴含的生态伦理、生命伦理、礼制伦理、交际伦理、族际伦理和政治伦理等因素。

关于伦理控制通过民族教育实现社会控制的运行机制问题，在前述的“民族伦理控制的主要途径和特征”“民族习惯法的伦理控制机制”“民族宗教的伦理控制机制”，以及上文的“民族教育的特点”“民族教育的社会控制作用”等部分已有相应分析和说明。另外，从下文对民族教育所包含的诸种伦理因素的具体分析中，也可以理解民族伦理发挥社会控制作用的机制。因此，不再专题论述。

### 一　生态伦理因素

民族教育在民族社会发挥生态控制作用的伦理因素主要来自三个方面：一是从原始崇拜、起源神话中汲取的生态伦理因素；二是从各民族信仰的世界性宗教中汲取的生态伦理因素；三是从民族历史记忆、自然知识中汲取的生态伦理因素。

#### （一）原始崇拜、起源神话中的生态伦理因素

在云南，除回族外，其他世居少数民族都或多或少保留着原始崇拜或原始宗教信仰，而原始宗教最显著的特征是相信“万物有灵”，相信人与万物之间灵性相通，甚至有亲缘关系，会相互感应。因此，认为若作践、糟蹋、暴虐万物，就会招来它们的报复，人要倒霉；相反，如果善待它们，就会得到它们的报答和护佑，人就会得福。

佤族在栽种和收获庄稼时要“叫谷魂”①：“稻谷魂，小米魂……玉米、荞子、黍米、红米，各种庄稼，各种作物，是你们把我们喂饱，是你们把我们养大。我们要牢牢握住你们，我们要紧紧捏着你们。你们的爹在我们家里，你们的妈在我们仓里。我来接你们回家，我来请你们归仓。”②对庄稼的“魂”动之以情，盼望收获的感激之情溢于言表。

傣族中流传的“谷魂奶奶”传说，则从反面说明了不善待谷魂的坏处：在有一次佛祖召集的诵经会上，来朝的众神纷纷跪拜，唯独谷魂奶奶（“雅欢毫”）不仅不跪拜，而且声称“地上的人和一切动物都离不开我，我比一切天神地祇都要伟大，我是不能弯腰下跪的，我折下腰来，人类就要挨饿”，“我不崇拜天神地祇，也不崇拜纸上写的经文”。惹得佛祖勃然大怒，下令赶走了谷魂奶奶。结果庄稼颗粒无收，人和动物大批死去，佛祖和众神也没有了供奉，最后不得不请回谷魂奶奶，庄稼又才长出来并获得丰收。③ 这则神话的主旨，显然是在向佛教为傣族土生土长的原始崇拜争一席之地，甚至还想表明傣族的原生信仰比佛教信仰更管用，但它却曲折地反映出傣族先民已经有了人依赖于自然、人应该亲近自然、善待自然的思想观念。

云南少数民族中流传着许多人是动植物后代、与动物是同胞兄弟的神话。例如，白族支系勒墨人有一则氏族来源的神话说：很久很久以前，地上暴发滔天洪水，洪水过后，人类只有阿布贴和阿约贴兄妹俩幸免于难，为了人类繁衍，兄妹只好成婚，婚后生下五个女儿，没有男丁，老大、老二、老三、老四分别嫁给熊、虎、蛇、鼠并分化为四个氏族，人类才得以繁衍壮大。怒族的《腊普和亚妞》传说与此类似，认为腊普和亚妞是两兄妹，婚后生下七个子女，他们长大以后，有的兄妹结为夫妻，有的则跟会说话的蛇、蜂、鱼、虎交配来繁育下一代，由此分为不同的氏族。苗族古歌《枫木歌·十二个蛋》中有人、神、兽同根共祖的传说，认为龙、蛇、虎、牛、象等动物和天上的雷公、地上的人，都由同一个母亲所生、同一个母亲所孵的蛋所出，是同胞兄弟。佤族的达惹嘎木造人神话中说，

① “谷魂”在云南少数民族中通常是一个集合概念，泛指所有结实类主要农作物的“魂”。

② 赵富荣：《中国佤族文化史》，民族出版社2005年版，第244页。

③ 参见李子贤《云南少数民族神话选》，云南人民出版社1990年版，第181—182页。以下凡采用云南少数民族神话，如无单独说明均引自此书。

在很古远的时候，万物都有灵性，草木、鸟兽和人都会说话，有共通的语言，过着相互依存的生活，后来由于洪水泛滥，除达惹嘎木和他自家的一头小母牛外，其他人和动植物全都淹死了；为了生存和繁衍，达惹嘎木和小母牛结为夫妻，婚后生下一颗硕大的葫芦籽，他们种下这颗种子，长出了一个小山一样大的葫芦，劈开葫芦后，从里面相继走出了佤族、白族、傣族、汉族、拉祜族等民族的先民，以及虎、猫、熊等动物，从此以后，世界上的人和动物就多了起来。这类神话与各民族先民的图腾崇拜有关，它以幻想中的同根共祖这根“血缘”纽带绑定人和万物之间的亲情，以质朴、天真的方式表达了先民们关于人与自然不可须臾而离的生命意识和生存理念。

在很多少数民族的神话中，还流传着人类因得到动物的帮助才完成婚配、学会说话、知道岁历农时、有了农作物种子等传说。景颇族的一则洪水过后兄妹成婚的神话说，因世上已没了其他人，兄妹结婚的时候只好请黄梨树叶来搭成新房，请公巴（一种草本植物）来做媒，请马尾松来做主婚人，请木梨岛鸟来舂米、鸽子来煮饭、老鸹来挑水、小麻雀来端饭、野鸽子来唱歌、公巴务杜鸟和吴日鸟来煮酒、孔雀来跳舞，兄妹才得以完婚并繁衍人类。类似的种种传说，描绘出人与动植物之间既有血浓于水的手足亲情，又有其乐融融的朋友情谊，幻念中处处洋溢着人对自然的依恋。彝族也有一则神话，讲的是洪灾中一个叫都木惹牛的小伙搭救了乌鸦、喜鹊、老鼠、蛇、青蛙、马蜂、麂子等各种禽兽，这些动物见小伙心肠好，便撮合天神的女儿与他结为夫妻，他们婚后生了三个儿子，但孩子都像哑巴一样不会说话，乌鸦、喜鹊、画眉和一种叫“阿普约多”的小鸟来出点子，终于用惊吓的办法才使他们叫出声，三个儿子分别叫出藏语、普米语和汉语的声音，因此发展成了三个民族。哈尼族神话说，是飞鼠、长臂猿通过数一棵神奇的遮天大树的树根、树枝数目，教会人们按一年 12 个月、一个月 30 天来计时；是布谷鸟用叫声提醒何时耕地、何时撒种、何时栽秧、何时放牧、何时过六月年、何时收获，人们才懂得生产不误农时。彝族、白族、瑶族、藏族等少数民族中还有动物历尽千辛万苦帮人类寻来谷种，从此人类才学会种庄稼并有了稳定的食物来源。在瑶族神话中，帮人类找来谷种的是老鼠和蚂蟥，为了报答它们，瑶族的社王便和大家商定，以后谷子成熟时候，地里和仓里的谷子都要让老鼠吃一些，在牵牛下地时，人腿和牛腿也可以让蚂蟥吸一些血。在这些神话中，人与自然万物之间不仅是一种和谐共生关系，而且相互间似乎还多了一种互利互惠这种道义上的责任担待。

德昂族的茶叶变人神话则试图说明人和万物是一种亲密的伙伴关系。神话中说，世上出现的最早的人叫“帕达然”，他也是智慧之神，后来，他的衣胞变成了一棵茶树，帕达然从此有了茶树做伴，所以茶树和人的生命是联系在一起的；有一天，帕达然摘了一朵茶花挂在天上变成月亮，采了一颗茶果挂在天上变成太阳，把茶花揉成碎片撒在天上变成星星，从此，太阳、月亮、星星便与茶树给帕达然做伴；不知过了多少万年，茶叶化出了一百零二个人，男的五十一个，女的也五十一个；五十一对茶叶兄妹告别帕达然来到空中，各自撕碎自己的皮肉撒在地上，地上长出一片新绿，大的成树，小的成草，肉筋变成一条条青藤，大地郁郁葱葱；茶叶兄妹后来结成了五十一对夫妻，日子一长，慢慢就觉得光有人太单调，于是用泥巴捏成许多东西，吐上一口唾沫丢进水里，它们有的变成鱼，有的变成蚌，有的变成螃蟹等，水里有了各种动物，流水就有了伙伴；兄妹来到山林，花草树木对着他们哭诉白天太冷清，岩石哭诉夜晚太凄凉，都要求有亲密的伙伴，于是茶叶兄妹又用泥巴捏出了许多东西，吐上一口唾沫撒出去，姐妹们捏的撒在山林变成了各种鸟，既会唱歌又会跳舞，兄弟们捏的撒在山洞变成了各种野兽，既有温驯的金鹿，也有勇敢的狮子；从此以后，水里有鱼蚌虾蟹逐浪，山里有百兽跳舞，空中有百鸟欢唱……

（二）少数民族中世界性宗教的生态伦理因素

在云南，藏传、南传和汉传三系佛教都有传播，信仰藏传佛教的主要有藏族、纳西族、普米族等少数民族，信仰南传佛教的主要有傣族、基诺族、布朗族、阿昌族和少部分彝族等少数民族，信仰汉传佛教的主要有汉族、白族和部分彝族、拉祜族等。这些民族的传统文化深受佛教文化的影响，同时，这些民族的原生文化也对传入的佛教文化产生了同化作用，并使其向本土化、民族化的方向发展。云南少数民族的生态文化、生态思想就鲜明地表现了佛教文化与民族原生文化的混合作用。例如，藏传佛教主张“一切众生，皆有佛性”，人与动物之间有因果轮回关系，因此以普度众生、慈济万物为修行宗旨。众生包括一切生命体和生命现象，而慈济万物首戒杀生，提倡素食、放生有利于生物种群多样性的延续。藏传佛教的这种观念与藏族的原生苯教信仰结合，便形成以神山崇拜为核心的生态伦理文化和民族习惯法。据记载，早在松赞干布时就下令把山林分为神山、公山两类，神山归寺院管理，严禁采伐，对违反者甚至可以格杀勿论；公山归各部落管理，也禁止乱采滥伐。这一规定在后来一直被遵循，有力地保护了藏族地区的各种森林资源。又如，傣族佛寺中的文化典籍统称“贝叶经”，但贝叶经中只有约30%的文献属于佛教经籍，其他则多为傣族文化的记录和纂入。在纂入的作品中，就有取名为《谷魂奶奶》的传说，纂入的原因，据说是一位借用“谷魂”奶奶名义的女子，曾与自称为佛祖的寺院长老展开关于谁才是救世主的辩论，佛祖辩不过“谷魂”，只好按“谷魂”的要求，把辩论的经过如实写进贝叶经，且每个佛寺各备一份，在举行佛事活动时必须首先取出《谷魂奶奶》念给大家听。这样，佛教慈爱生命的思想便与傣族原生的自然崇拜相结合，借佛教宣传之力，大大强化了敬畏自然、关爱森林植被和动物、保护水源等和谐生态观在傣族人民中的影响。

回族遵奉的伊斯兰教经典《古兰经》及《圣训》中说，天地间的日月星辰、山河湖海、空气和所有动物、植物，皆为真主所造，人可以吃，可以喝，可以享用自然，但不能过分，不能滥用自然，更不允许无故宰杀幼畜、砍伐幼苗；要求人要讲究卫生，不允许污染环境。相传，见有人因为要准备礼拜而在河边大量用水，穆圣当即批评：“即使在河边也不应为祈祷而洗脸三次以上。”穆圣禁止人们乱砍滥伐，同时号召人们多植树造林，称“任何人若手中拥有一棵树苗，明知明天就要死亡，也要把这棵树种下去”。这充分体现了伊斯兰教对人与自然和谐共生关系、环境再生问题的高度重视。通过阿訇们的积极宣传，这些包含丰富生态伦理思想的圣训在穆斯林中产生了广泛而深远的影响。

在云南，受基督教影响较大的有傈僳族、怒族和部分苗族、彝族、景颇族、拉祜族、佤族、哈尼族。基督教传入前，这些民族中盛行杀牲祭鬼的习俗，大量粮食被耗费在酿酒上，这使他们的生产生活遭到毁灭性破坏。基督教传入后，教会针对当地的民风民俗，按照《圣经》中的“摩西十戒”制定“教会十戒”，禁止信徒杀牲祭鬼和饮酒，在很大程度上保护了他们的生产发展和生活稳定。[①] 与此同时，基督教的生态伦理思想也对这些民族的生产生活和认识产生了重要影响。在《圣经》的《创世纪》

① 参见韩军学《基督教与云南少数民族》，云南人民出版社2000年版，第175—184页。

中，伊甸园被描绘成人与万物相互依存、和谐共处的美景、乐园，人类始祖亚当和夏娃因为受到蛇的唆使而起贪欲，犯下原罪，痛失乐园，并招来了灭顶洪灾。洪水到来之前，上帝告诫诺亚："凡有血肉的活物，每样两个，一公一母，你要带进方舟，好在你那里保全生命；飞鸟各从其类，牲畜各从其类，地上的昆虫也各从其类，每样两个，要到你那里，好保全生命。"上帝主张物无贵贱，同样享有尊严，因此，告诫人类应该"用爱上帝的心去爱与你同在的万物"，应该尊重生命、贵生戒杀，应该懂得"只要有衣有食，就当知足"。在云南，信奉基督教的这些少数民族长期以刀耕火种辅以狩猎为生，基督教上述生态伦理思想的传播，给他们带来了关于人和自然关系的新认识，促进了他们生态保护意识的提升和谋生方式、消费观念的转变。

（三）历史记忆、自然知识中的生态伦理因素

"云南境内的苗瑶、氐羌、百濮三大族系历史上长期以刀耕火种为主要生计方式，这种生计方式对土地的更新有较大的需求，促使他们不断地迁徙，缓慢地将其人口分布扩展到适宜此种生计的云南南部、西部乃至今天的邻国。可以说，刀耕火种这一生产方式的长期延续是云南苗瑶和氐羌民族迁徙不止的内在动力"①。尤其在人口不断增长的情况下，刀耕火种对生态环境的破坏程度较大，需要大范围的轮作以使土地恢复生机、增加肥力，因此，云南少数民族中多有因为这种生产方式造成自然环境恶化而被迫迁徙的历史传说。

据拉祜族的传说，他们的祖先自从葫芦里出来后，就居住在天神厄莎安排的"所达厄平此，所达莎平此"（意为"茂密的森林"）这个地方，这里的自然条件非常好，但连年的刀耕火种毁坏了山林，茂密的森林变成了无树无草的荒凉黄土（拉祜语称"明尼多科"），因此受到自然界的惩罚，被迫远迁。

另据傣族文献记载，他们在很早以前居住在金沙江、澜沧江和怒江上游一带，后来，居住在金沙江和怒江上游的傣族先民因为当地自然条件和生态环境较差而被迫南迁。他们最初迁到一个森林茂密、土地肥沃的叫"大热坝"的地方，在那里定居下来，建立起城镇和村寨，发展生产；当

---

① 苍铭：《云南民族迁徙文化研究》，云南民族出版社1997年版，第106页。

别的民族也陆续迁来后，因为人口不断增加，有的民族便上山开荒种地，致使生态环境遭到严重破坏，气候剧变，十年九旱，生活一年不如一年，出现有的村寨和家庭外出乞讨，于是被迫再次迁徙的现象。居住在澜沧江上游的傣族先民，自然条件优越，曾使用“象耕”，建立过“勐兰掌”（意为百万大象之国），生产发展较快，人们的生活比较富足，但后来也因为人口剧增，自然资源渐趋匮乏而分头迁徙到其他的居住地。有过这段漫长而坎坷的人的发展与生态环境不相协调的经历，当他们各自迁到现在的聚居地后，才备感良好生态环境的可贵，进而形成牢固的生态保护意识。所以，傣族民间至今流传着“人的生存在于生态，人的发展在于环境”，“人和生物像一家”等谚语；童蒙教育也要先讲生态问题，要让孩童明白大自然中包括动物和植物，动物中不管是毒蛇猛兽或其他小动物，如果有一种动物灭绝，受其制约的动物就会泛滥成灾，与其依存的动物就会随之灭绝，动物之间、动物与植物之间、人与动植物之间是相互依存的，没有大自然就不会有人类，破坏自然是不利于人的生存的。

## 二　生命伦理因素

这里的“生命伦理”概念，与产生于20世纪70年代的“生命伦理学”中的生命伦理概念不同。生命伦理学（又称“生物伦理学”）是根据道德价值和原则对生命科学和卫生保健领域内的人类行为进行系统研究的学科，其所谓的“生命伦理”，主要关涉生物医学及其行为中的道德问题，包括环境与人口中的道德问题、动物实验和植物保护中的道德问题，以及人类生殖、生育控制、遗传、优生、安乐死、器官移植等方面的道德问题等。而本章所讨论的“生命伦理”，则主要关涉以社会道德为参照的人类个体生命存在的价值、意义问题，其核心问题是如何看待生与死、得与失、荣与辱、苦与乐的关系。

云南少数民族的生死观、荣辱观在各民族的人生“三礼”（生礼、婚礼、丧礼）中有突出、鲜明的表现。各民族的出生仪式、结婚仪式和丧葬仪式形式多样，构成元素也各不相同，但大多数民族的仪式都贯穿着一种不变的观念，即生命的根本价值和意义就在于认祖归宗、接续祖先的事业。

为庆祝个体生命的诞生，各少数民族除要筵席待客外，一般还要做两件寓意深远的事情，一是起名，二是请老人或巫师吟唱祝词和古歌。亲子连名（父子连名或母女连名）是彝族、哈尼族、怒族、景颇族、纳西族、傈僳族等少数民族的一个显著特征，连名形成的谱系往往从神话传说中的始祖开始直到当世，加上出生仪式上还要唱《创世纪》（彝族）、《人类来源的传说》（怒族）、《司岗里》（佤族）之类的古歌，起名仪式就具有了让参与者共同缅怀祖先创业伟绩、见证新生命将延续氏族（民族）血脉的特殊寓意。与此相关，很多少数民族的婚礼，除有新娘要以哭嫁方式表达她对父母养育之恩的感激、对亲戚朋友的不舍这一情节外，还有一个一致之处，那就是在婚礼进行中，要请巫师（如彝族的毕摩、纳西族的东巴、哈尼族的摩批等）或德高望重的老人、专门的歌手叙唱某种仪式古歌，如景颇族有《孔然斋娃》、拉祜族有《婚歌》、怒族有《婚礼歌》、傈僳族有《结婚调》等。这类仪式古歌大都有民族创世史诗和生活百科全书性质的内容，独龙族婚礼上唱诵的干脆就只有他们民族的创世史诗。其中用意，也无非是要让新人和在场的受众不要忘记民族的历史，要牢记祖先创业的艰辛，接续先辈们的伟业。

云南少数民族普遍相信人的灵魂不死，一些少数民族中甚至传说人原先是不会死的，后来因为种种原因人才有了死。面对死亡，不少民族曾幻想过并寄希望于长生不死、起死回生之药，但铁的事实粉碎了所有这类幻想，人们最终不得不承认人终有一死。彝族史诗《梅葛》中说："地上树木都会死，没有不会死的树；地上的草都会死，没有不会死的草；百兽都会死，没有不会死的兽；百鸟都会死，没有不会死的鸟；百虫都会死，没有不会死的虫……""早晨太阳出，晚上太阳落，太阳会出也会落，人和太阳一样，会生也会死"；"世人都会死，一百岁的人会死，三十多岁的人也会死，几岁的人也会死，刚生下的娃娃也会死；男人会死，女人会死；做大官的人会死，做小吏的人会死，穷人会死，发财的人也会死"①。正所谓"天地尚不能久，而况人乎！"幸好人们相信人的灵魂不会死，因此，在世的人所能做的，就唯有对死者的亡魂进行妥善安顿了。在丧葬仪式中，彝族、怒族、藏族、哈尼族、纳西族、景颇族、普米族、傈僳族、拉祜族、布朗族、德昂族等少数民族都要为死者唱诵《指路经》或《开路经》，好让死者的亡魂回归祖先居住的"故里"（或称"祖地""祖

① 楚雄州文联编：《彝族史诗选·梅葛卷》，云南人民出版社2001年版，第201—203页。

界”)。经中，亡魂最终归宿的“故里”被描绘为风景如画、生活富足的天堂，先辈们的亡魂在那里生活得无忧无虑、其乐融融。因此，送魂词常告诫亡魂：你从此与活着的亲人生死相隔，并再三叮嘱“你有你的事，你走你的路；你莫惦后世，你莫惦子孙；你若惦后世，后世会遭殃；你若惦子孙，子孙受苦难”（彝族）。催亡魂赶快上路，要径直朝祖先居住的“故里”走去，莫回头，莫走错路。值得注意的是，巫师为亡魂所指的路，既是传说中民族迁徙所走过的路，也是伦理道德方面认祖归宗之路。这就表明，送丧仪式的重要寓意，就在于通过构建生者与死者、后辈与先辈的关联，以庄严的方式强化在世者的集体观念、民族认同感和认祖归宗的生命伦理意识。

## 三 礼制伦理因素

礼制伦理规范的重点是婚姻、家庭关系，而恋爱是婚姻的前提，成年是恋爱的条件，因此礼制伦理的外延涵盖了成年礼俗、恋爱婚姻习俗以及家庭生活中的各种道德要求和规范。

成年礼的举行，意味着受礼者从此必须承担起家庭和社会责任，也开始享有恋爱等成人才有的权利。基诺族男女青年在十五六岁时举行成年礼，父母在仪式上要赠予子女农具和成人服饰，表示他们从此必须靠自己的劳动来维持生计、支撑家庭，可以参加男女青年相互结交的社会组织“绕考”和“米考”，男青年还要巡逻放哨以维护村寨安全，调解纠纷，对违犯村规寨约的人进行教育和惩罚。纳西族摩梭人的成年礼叫“穿裙子礼”（女）或“穿裤子礼”（男），俗称“踩猪膘”。仪式上，受礼者脚踩猪膘肉和装满稻谷的竹箩，女子手拿串珠、耳环、麻纱、麻布，男子手拿钱币和尖刀，寓意子女今后有吃有穿，女子今后能纺善织，男子今后创业聚财、勇敢善战。以象征方式表意男女分工，各自担当不同的家庭、社会角色和责任。仪式结束后，男女青年们即可通宵达旦地举行歌舞娱乐活动，通过活动相互结交。

云南各少数民族的男女青年都有较充分的社交、恋爱自由，双方父母和长辈一般不加干涉，人们普遍认为“姑娘爱上了人，不同意是不好的”（德昂族），年轻人谈恋爱的社会环境比较宽松。少数民族男女青年自由恋爱的方式多种多样，“串姑娘”就是其中比较普遍的一种。通常，男青年会通过节庆、娱乐、对歌等集体活动主动找女青年谈情说爱（俗称

“串姑娘”“找对象”），男女青年在集体活动中相互了解，一旦有意中人，双方便私下约会。私下约会的方式也很多，其中最有特点的当数哈尼族、景颇族和白族勒墨人等一些民族的“公房”习俗。在这些少数民族中，女孩成年后便住进紧挨父母住房建盖的小屋，小屋即“公房”，专供有恋爱意向的男女青年约会以增进了解和谈情说爱之用。男恋人夜来朝去，女青年的父母、家庭和家族均不加干涉。但要把爱情变为婚姻，那还得征求双方父母的认可，并且要经过请媒人“求亲”“定亲”的过程才能获得社区群体的承认，恋爱到婚姻的转变是很慎重的。布朗族传统的“婚礼三办”习俗就很典型：第一次是举行订婚仪式（“甘伯”），订婚后小伙才可出入女方家庭、夜晚留宿并与姑娘共眠。同居一年后，若双方相敬如宾、关系稳定，才进入第二阶段。第二次仪式叫“甘内木”，届时，由头人或寨主(“召曼”）在寨内大声宣布正式婚礼，婚礼后丈夫夜来朝去，双方仍在各自父母家中生产生活。三年期满，再进入第三阶段。第三次仪式叫“甘教特”，仪式之后妻子才正式到夫家生活。

男女双方一旦情投意合，如果受到父母或社会横加干涉，以致双双被强行拆散，往往就会酿成一对男女的悲惨结局。德昂族举行婚礼时必唱《芦笙哀歌》，其中表达了被强行拆散的恋人的一腔悲情和怨愤：“心爱的姑娘啊，我赶到窝棚找你，却遇豹子把你嘶嚼；我虽然杀死了豹子，却来不及把你救活。心爱的姑娘啊，你死得这样惨，全是你爹的过错；他用烧红的铁块把我们分开，使两颗相爱的心饱受折磨……”① 婚礼上唱这种“大煞风景”的“昏”歌，看似很不得体，但其实，它的寓意是很深刻的。人们要借此向结婚的“新人”和所有在场的人表达：婚姻来之不易，要倍加珍惜，要“新人”懂得感谢父母和社会的理解，要长辈和社会支持有情男女终成眷属，不要横加干涉和阻挠，以免造成家庭的不幸。相爱的男女青年被父母和社会强行拆散而导致双双徇情的情况，在云南少数民族中是屡见不鲜的。例如，拉祜族的《呀普乃普》中就有一双相恋的男女服毒自尽的描述；纳西族的《鲁般鲁饶》中也有青年殉情的记载，《玉龙第三国》还为殉情者构建了一个心灵上的理想家园。据说，由于社会变迁、汉文化的影响和本民族的传统习俗相冲突，明清之际纳西族中还盛

① 参见杨知勇、秦家华、李子贤《云南少数民族婚俗志》，云南民族出版社 1983 年版，第 222 页。

行过男女徇情之风。①

云南少数民族普遍实行非血缘婚，但一些民族中仍有一定范围、某种程度的血缘婚残留。兄妹成婚的神话传说在云南少数民族中广泛流传，这很可能既是对远古时代普遍存在的血缘婚的一种追忆，同时也是对现实中仍然存在的姑舅表优先婚的一种让步和默许。但无论如何，从共同取向上看，这类神话对血缘婚是持否定态度的。例如，彝族、白族、哈尼族、傈僳族、景颇族、苗族、瑶族等少数民族都在这类神话中明确表示，洪水浩劫后孑遗的两兄妹是为了人类的繁衍才不得不结婚的。神话说，兄妹俩起先很羞愧，十分不情愿，但为了人类繁衍，才以各自向山箐滚磨盘、向空中抛针线或烧香烟、向水中投木棍的方式，看这些东西是否能结合在一起来作最终裁决。这显然是想借“天意难违”来削减血缘婚在内心深处引起的道德愧疚感。在一些少数民族的这类神话中，还可以看到这样的情节：兄妹成婚后生下的要么是哑巴，要么是肉团之类的怪胎。例如，苗族有一则《洪水滔天的故事》，其中说到兄妹成婚后生下的是一个肉团，妹妹便埋怨哥哥：“我早说过了，兄妹不能成亲，可你听不进去！你看生下来的是什么东西？”哥哥看了也生气，于是用刀把肉团砍成碎块，分别挂在房子四周的树上，不成块的抛上天空，小块的则丢进茅厕……这更说明，很多少数民族已经认识到了近亲结婚的不良后果，都普遍有了血缘不婚的道德观念。

在少数民族的家庭生活中，人们非常重视敬老爱幼传统的教育。

少数民族敬老传统的形成，既源于对父母养育之恩的报答，也来自对村社生活中长辈们权威的认可。

在云南各少数民族的家庭教育中，孝顺父母教育的地位十分突出。哈尼族的《报恩账》中唱道：“妈妈九月怀胎，好不容易把你生下，接生婆为你接生，火箭竹子割断脐带，龙潭水洗净你身，家种棉花把你包裹……每人从小到老，都是父母一手养育，人应该知恩思报，感谢父母的养育之恩。”彝族的《劝善经》认为，子女孝顺父母是天经地义的伦理，并解释说：“人出生以来，小小那日起，父母手捧黄屎地抚养，恐怕渣子儿入眼，背着抱着养；养到大时，找暖的给父母穿，找美味给父母吃，莫顶

① 参见杨福泉《玉龙情殇——纳西族的殉情研究》，云南人民出版社 2009 年版。

嘴，莫忤逆。……不孝顺父母的，子孙会像他，一定不会孝顺父母；不孝顺父母的，子孙不会贤良。人欲行善持家，先得孝顺父母，敬爱父母。”①

在少数民族的传统社会中，老人们既是生产领域最有经验和知识的人，也是村社生活中最有威望的人，晚辈的成长离不开他们的教导，因此敬老之风非常普遍。例如，白族在年节期间须请老人到集中的地点聊天休息，几户自成一组每天轮流给老人们送饭送菜、递烟倒茶；路遇老者，年轻人要侧立让过，并主动嘘寒问暖。按彝族礼制，小辈看到老辈进屋，要起立让座；行路相遇要让在一旁，亲切问候；同桌进餐，要请父母和长辈坐“上席”，主动给老人斟酒、添饭，并且要双手递给长辈；与长辈说话要轻言细语等。在基诺族的成年礼上，受礼的少年要向长辈和老人们唱“五也可”以感谢教诲之恩：“村寨长老是先见太阳的人，是先见月亮的人，是先见星宿的人，是脚先踩大地的人。基诺族祖先遗下的传统道德很多，多过澜沧江的沙子，你们是通晓基诺族祖先道理的人。我们不说你们已听见，我们不说你们也先知道。鸡骨卜中未插竹签你们已经先知，可是我们是头顶上乳血未干的孩子，你们不教导，我们不懂。白发苍苍的老人啊，请你们把祖先的规矩传授给我们！”②

爱幼是敬老的对应物。人丁的增加关系到家族、民族的兴旺，但在过去，由于少数民族地区生产力低下、生活贫困、医疗条件较差，孩子的抚育就更为困难和艰辛。如哈尼族《十二奴局·汪咀达玛》中所唱：在家中饥荒之时，为了抚养子女，“阿爸上山挖野菜，进森林被猛兽毒蛇吓得魂飞，钻草棵被倒勾刺划破背脊，挖一背野菜，流下的血汗如下一场雨。阿妈低头出家门，挨村串寨去讨借，来到寨头被恶人欺，伸手讨饭碎了心，讨一碗饭流一脸泪。阿爸挖来了野菜，阿妈讨来了饭和米；野菜阿爸阿妈咽，米饭一颗一粒留给你。阿妈饿成了扁豆，阿爸瘦得像条干鱼。”③父母爱子之深切可见一斑。

需要说明的是，在云南少数民族的家庭伦理教育方面，有些民族基本上保留了本民族的道德古风，有些民族中古风与封建思想并存，而有些民

① 引自姚顺增《云南少数民族价值观的历史和发展》，云南美术出版社 1997 年版，第 61—63 页。

② 引自杜玉亭《基诺族男子成年礼仪式简论》，《云南社会科学》1989 年第 6 期。

③ 引自范永春《云南少数民族原始形态教育初探》，《思想战线》1998 年第 11 期。

族则较多地受到了儒家孝悌观、封建男女有别思想的影响。前者如民主改革前社会发育尚处在原始社会末期向阶级社会过渡的民族，中者如藏族的《礼仪问答写卷》、彝族的《西南彝志》、傣族的《爷爷教育子孙的训条》和《教育女人做媳妇的训条》、壮族的《传扬诗》等，后者如明代白族的《二艾遗书》、[①] 布依族的《黄氏宗谱》[②] 等。

## 四　交际伦理因素

人与人之间的日常社会交往应遵循什么样的伦理原则和规范，这也是民族伦理教育最为关注的领域之一。大体而言，各民族的交际伦理教育有成文的和不成文的两种。

成文的民族交际伦理教育，典型的如藏族的《礼仪问答写卷》、彝族的《西南彝志》、傣族的《爷爷教育子孙的训条》和《教育女人做媳妇的训条》、壮族的《传扬诗》等。剔除其间因各民族社会发展状态不同、外来文化影响不同而出现的思想差异，那就不难发现，各民族在人际交往方面是有共同坚守的伦理观念和信条的。如认为：

第一，为人应慎言慎行，忌莽撞失德。傣族的《爷爷教育子孙的训条》中说："做人嘛，要守住四个尖尖，即嘴、手、脚、生殖器。嘴不乱说，手不乱拿，脚不乱踩，不乱作奸。若丢掉这四个尖尖，就失掉人格和信誉，人家治罪，就像从树上跌下来——该死！"

第二，做人应团结互助，忌伤和气和冷漠。傣族《爷爷教育子孙的训条》中说："助人为乐，人家才爱。做妻子的对亲戚朋友要热情接待，栽秧时要约寨上的人相助"；壮族《传扬诗》中也说："邻里是兄弟，相敬又相让"，"莫为鸡相吵，莫为狗相伤"，"壮家讲互助，莫顾自家忙"，"春耕待翻土，有牛要相帮；老少齐下田，挨家帮插秧"。

第三，待人应热心真诚，忌嫌贫欺弱。壮族《传扬诗》中说："壮家本好客，待客讲真心"，"交友要交心，情比石头重"，"虽是穷朋友，诚实不相欺"，"出门交朋友，富贵不可攀"。藏族的《礼仪问答写卷》中说："智者最好有一与已真正同心之友，勿行欺诈，勿在众人面前多话"，当朋友犯错误甚至犯罪时，"如有公开的办法相帮则公开行之，哪怕是付

① "二艾"，指明代白族学者艾自新和艾自修两兄弟。

② 该书为明成化二年（1466）罗甸土司黄氏修订。

出政权甚或财产也应去相帮，这样别人不会怨恨自己。任何时候，能为知友抛弃财宝，是为好友。如不能与友有益，待别人陷入罪恶，则以财物助是为恶友”。傣族《爷爷教育子孙的训条》强调：“不要看乌鸦还小的时候，不要看小孩还小的时候……不要看姑娘去捞鱼虾时，不要看小伙子去修沟拦坝时，不要看不起人家下台时。人家贫困时，不要歧视。”

所谓“挖空心思找比喻，不如民间一谚语”（白族），[①] 与原则性的成文民族人际伦理教育相比，民间谚语中的人际伦理教育是更为细腻、更加鲜活的。这从白族有关社会交往的谚语中便可见一斑。如：

坚持依靠和维护集体，反对坑害群体：“藤子依着大树长，个人靠着集体活”，“蜜蜂失窝，不能酿蜜”；“土帮土成墙，人帮人同心”，“千根毛凑一只鸡，百棵树盖一间房”；“一只瘟鸡，会危害整个鸡群”，“害人命的草乌吃不得，坑集体的事情做不得”。

强调正视人与人之间的差异和分歧，提倡慎言慎行、反躬自省以消解矛盾：“手指头长短不一，论本事大小有别”，“锅和碗也会相碰，人和人哪能不争”，“舌头有时会被牙齿伤着，但它们仍然友好相处”；“盐擦盐，两边伤”，“一个巴掌拍不响，一块石头难砌墙”，“只有千里的人缘，没有千里的威风”，“高兴易失言，生气易失礼”，“瓜从里边烂，祸从口中出”，“一次也不要提你给别人的好处，随时要想着别人给你的帮助”。

提倡少树敌，广交友，对朋友应以心换心、患难与共，不可嫌贫爱富：“好友千人不够，仇敌一个嫌多”，“嘴碰嘴会碰成仇人，心碰心会碰成朋友”，“亲家多一点好，冤家少一点好”，“衣服穿三年会旧，冤仇过十年还新”；“没有羽毛的鸡难活，没有朋友的人难过”，“人心要通，火心要空”，“真心对真心，黄铜变成金；虚情对假意，黄铜变废铁”；“请客需要干酒，困难需要老友”，“朋友好与坏，困难之时看得见”，“朋友急事来，顶着锅去卖”；“见富莫捧，见贫莫欺”，“烂鞋子可以丢，穷朋友不可丢”。

认为处世应该察言观色，“害人之心不可有，防人之心不可无”：“蜜甜的嘴巴毛虫心，谨防上当要小心”，“开好花的树，不一定结出甜的果；说好话的人，不一定有善良的心”，“泥鳅难捉，人心难摸”，“人心隔肚

---

① 以下所引白族谚语，均出自张东向主编《白族谚语》，云南民族出版社 1992 年版。

皮，饭甑隔木板”，“不怕山上的虎豹，就怕奸猾的朋友”；“仔细听别人吵架，能明白更多事理”，“穿衣要整理好衣领，听话要听话中音”，“浇菜要浇根，听话要听音”，“吃酒尝味，说话听音”；“害人终害己，害倒爬不起”。

## 五 族际伦理因素

云南少数民族的族际伦理意识有双重表现，一方面是有强烈的本民族认同意识，另一方面又具有源远流长的跨民族认同意识。

### （一）本民族认同意识

就云南民族关系史来看，毋庸回避的一个事实是，由于持续和频繁的民族迁徙，以及来自各民族人口增长需要扩展生存空间的压力，民族与民族之间遭遇和接触的频度非常高，为争取较好的生存条件和争夺资源，民族与民族之间发生纠纷、争斗甚至相当规模的战争便不可避免。对此，很多少数民族的口承历史、传说、神话中都或明或暗地有所叙述和表露，不少民族对这类事件的记忆还相当深刻。例如，怒族中传说，怒江西岸的怒族和傈僳族曾为争夺猎场发生过持续一年的械斗，械斗始终未分胜负，于是双方约定以谁的祖先最早来到这里来决定胜负。判断的依据是看谁的始祖更为古远、双方代表所记述的根谱谁的代数更多。怒族巫师（有的说是一位妇女）唱诵了始祖神话，并按父子连名制背诵出从祖神“茂英充”到当时的六十四代宗谱，傈僳族巫师唱诵的神话不如怒族的荒古，根谱也仅有三十几代，傈僳族只好认输并离开了那片土地。① 这个传说从一个侧面显示了民族口承历史在民族纷争从武斗转化为文斗中的非凡作用。可以想象得到，在少数民族的传统社会，民族的口承历史是被当成信史来看待的，而这无疑就会大大强化祖先崇拜在各民族的本民族认同意识中的关键地位和作用。

民族认同意识的维系，靠唱诵史诗和背诵根谱的方式是比较直接的，其他间接的方式还有很多，如民族重大节日上仪式性的表演，民族服饰上的传统文饰，甚至人体肌肤上的文身图样等，都是很有效的途径。

例如，景颇族在“目脑纵歌”节举行仪式盛典时，先由景颇族最高

① 云南省编写组：《怒族社会历史调查》，云南人民出版社1981年版，第5页。

级别的巫师“斋瓦”主祭最大的神“木代目脑”，再由“明推”“董萨”“脑双”等不同等级的祭祀人员启动开跳仪式，然后成千上万的景颇人踩着鼓点入场，在“脑双”的助手“脑巴”率领下，按场边目脑柱上的云纹由北向南舞进，表示重蹈祖先南迁的足迹，并向世人再现景颇族先祖们围猎的情景，以及频繁的部落战争时期景颇族坚如铁壁、变幻莫测的战阵，然后再由南向北舞，象征重返祖先的发源地，在现在与过去交错的节日时空中完成今人与祖先的“汇合”①。

景颇族有句谚语，叫“桶裙上织着天下事，那是祖先写下的字”。在云南，像景颇族、哈尼族、基诺族、拉祜族、普米族、苗族、瑶族等少数民族以服饰来记录历史的民族有很多。在元阳县哈尼族的丧葬仪式中，为人送葬的女歌手“搓厄厄玛”要戴一种叫“吴芭”的头饰，据说只有按“吴芭”上记录的路线，才能将死者的鬼魂送归祖先居住的故地。“吴芭”上并列着大小不等的五个三角形文饰，文饰从左到右看，是在回溯现在到远古的民族迁徙史，图样分别代表哈尼族祖先在哀牢山区、“石七”（今云南石屏县）、“诺马阿美”（今四川省雅砻江、安宁河流域）、“惹罗普楚”（大渡河以北、四川盆地与川西高原交汇的山区）等五个地区的生活，其中一些图形代表哈尼族和其他民族发生过的战争。经专家比较研究，发现“吴芭”头饰上“记录”的民族迁徙路线、民族战争，竟与哈尼族史诗《哈尼阿培聪坡坡》（意为哈尼族祖先的迁徙史）中的描述几乎一致。②

（二）跨民族认同意识

云南少数民族的跨民族认同意识有两种表现：一种是在各民族的人类起源神话和史诗中，表现为各民族同根共祖的意识；另一种是在现实的族际交往过程中，表现为各民族一体同仁的意识。

在云南各少数民族的人类起源神话和史诗中，认同各民族同根共祖的观念是非常突出的。较为典型和较有特点的传说，如认为各民族同为史前洪水劫后余生两兄妹的子孙，或各民族由同一葫芦、同一山洞所出，或各

① 参见周凯模《祭舞神乐——民族宗教乐舞论》，云南人民出版社 1992 年版，第 106—107 页。

② 参见施惟达、段炳昌《云南民族文化概说》，云南大学出版社 2004 年版，第 259—261 页。

民族的远祖同是一棵茶树、一株竹子等。

白族有一则神话说，兄妹结婚后生下一个狗皮口袋，袋子中有十个儿子，后来各生了十个孙子，成了百家，他们各立一姓，于是就有了“百家姓”。哈尼族僾尼人的《奥颠米颠》神话说，兄妹成婚一年后生下五对儿女，第一对儿女是后来的僾尼人，第二对儿女是后来的傣族，第三对儿女是后来的彝族，第四对儿女是后来的布朗族，第五对儿女是后来的汉族；后来，人口一天比一天多起来，“树大分丫，人多分家”，第一对儿女留在哀牢山区，第二对儿女分在河谷平坝，第三对儿女分在半山区，第四对儿女分在深山密林，第五对儿女远走高飞，分到了遥远的北方，从此以后，大家就各走一方谋生去了。壮族《从宗爷爷造成人烟》的神话说，兄妹婚后生下磨刀石一样的怪胎，他们把它砍得粉碎并到处抛撒，不料，撒在路上的变成了沙族（壮族支系），撒在路边高处的变成了汉族，撒在桃树下的姓陶，撒在李树下的姓李……从此就四处有了人烟。傈僳族的创世神话说，兄妹生下九男九女，他们两两成婚，又各自生下九个孩子，九九八十一，再加上各自的父母，就成了百家姓；人一上百就很难住在一起，九兄弟只好分家，因此成了九个民族，老大是傈僳族，老二是景颇族，老三是汉族……傣族是最小的一个兄弟。傈僳族的另一则人类起源神话则说，兄妹婚后生了六男六女，一对往北走成了藏族人，一对往南走成了白族人，一对往西走成了克钦人，一对往东走成了汉人，一对往怒江走成了怒族人，一对留在父母身边，就是傈僳族人。拉祜族的人类起源神话说，兄妹婚后生下一个小孩，却被河水冲走了，神仙发现后捡回淹死了的孩子，用刀割成若干块，用白布包的一块变成了拉祜族，用绸布包的一块变成了汉族，用滑绸布包的一块变成了傣族，用黑布包的一块变成了哈尼族，用红布包的一块变成了布朗族，用绿布包的一块变成了阿克人（哈尼族支系），用灰布包的一块变成了彝族。纳西族的《人类迁徙记》说，人类的第七代祖先叫从忍利恩，他这一代共有五个兄弟和六个妹妹，他们没有适合的对象就相互结合，结果秽气冲天触怒天神，招来山崩地裂、洪水滔天；从忍利恩是洪灾中唯一幸免的人，他和天神的女儿衬恒褒白结合，衬恒褒白一胎生下三个儿子，三个儿子长到三岁还不会说话，后来因为被跑来偷吃芜菁的马惊吓，三个孩子叫出了三种声音，老大叫出“打你羽毛妙”，老二叫出“软你阿肯开”，老三叫出“买你苴果愚”，于是分别成了藏族、纳西族和民家（白族）三个民族，这就像一瓶酒变成了三种味道，他们穿三种不同的衣服，骑三种不同的马，住到了三个不同的地方。瑶族的《伏羲兄妹》神话中说，伏羲兄妹结婚后生下一个肉瘤，他们听了玉皇大帝派来的盘古皇的话，把肉瘤剁成了细末；伏羲往山下撒，他的力气大，撒的肉末又多又远，于是山下平坝的人又多又密，妹妹往山上撒，因为力气小，撒的肉末少，所以住山上的人就很少，至今只住着很少的少数民族；肉末撒在李子树上长出的人就姓李，撒在桃子树上长出的人就姓陶，撒在杨树上长出的人就姓杨，撒在柳树上长出的人就姓柳……这就是人间姓氏的由来；由于生产生活的需要，伏羲兄妹造出了各种用具，汉族抓到算盘、秤杆，就住在街上做生意，壮族拿到犁耙，就占了坝子种田，瑶族拿到斧刀，就占山箐开山种地，苗族拿到锄头，就占坡头种地，这就是今天各民族居住和生产生活习惯的由来。独龙族《洪水滔天》创世神话中说，"波"和"南"两兄妹结婚后生下九男九女，儿女长大后，他们中的大哥和大姐住到东方的一条江边上成了汉族，二哥和二姐住到怒江边上成了怒族，三哥和三姐来到独龙江畔成了独龙族，其他兄弟姐妹住到其他六条江边，分别成了六个民族。拉祜族苦聪人的《巨树遮天与洪水泛滥》神话说，兄妹结婚后生下的子女后来成了现在的苦聪岔满（克木人）、苗族、哈尼族、佤族、傣族等少数民族的祖先。这些人类起源的神话都认同各民族有共同的祖先，并从姓氏、居住地的地貌和方位、服饰的质料和颜色、语言、生产和生计方式等方面，对同一父母所生子女何以分化为不同民族作了形象和切合各民族生活实际的说明。这充分说明两个点：一是跨民族认同的范围与各民族族际交往的实际范围直接相关；二是相互认同的各民族在历史上和现实中不仅来往密切，而且他们之间长期存在相互依存的和谐共生关系。正像德昂族人类起源神话的记述者申述的那样，不同民族有共同的祖先，所以"不同民族的心肠都一样善良，直到现在，各民族的好心人都相亲相帮"。云南少数民族的跨民族认同意识不仅源远流长，而且相互认同的自觉性、主动性都是特别突出的。

在族际交往过程中，云南少数民族的各民族一体同仁的意识也十分突出。

据南宋时静江府知府兼广西经略安抚使范成大（1126—1193 年）的《桂海虞衡志》记载，大理国少数民族李观音得等人到广西卖马，想用赚到的钱大量购置汉文化典籍带回大理，因汉人有陈见，以为云南乃化外蛮夷之地，不可能有文明之风，为消除误解，李观音得引汉文经典申明："古人有云：察实者不留声，观行者不识词。知己之人，幸逢相遇，言音未同，情虑相契。吾闻夫子云：君子和而不同，小人同而不和。今两国之人，不期而会者，岂不习夫子之言哉。续继短章，伏乞斧伐：言音未会意相和，远隔江山万里多……""君子和而不同，小人同而不和"一语出自《论语·子路》。意思是说，君子讲团结，讲相互理解，但尊重人的个性，不要求人人一样；小人只知道勾结和相互利用，而不知道团结。《论语·颜渊》记载，子夏也有与此类似的话："君子敬而无失，与人恭而有礼。四海之内皆兄弟也。君子何患乎无兄弟？"意谓君子并不把"兄弟"限定在很狭小的范围，天底下凡以诚相待、以礼相交的人都可以是兄弟。李观音得想借汉族人心目中的圣人的名言说明，尽管大家来自不同的地方、不同的民族，语言甚至风俗习惯都可能很不相同，但大家的所思所虑一致，情感相通；不同国度、不同民族的人有缘相会，应该以圣人的训导为圭臬，互相以诚相待、以兄弟相处。

历代封建王朝在云南的统治不仅推行阶级压迫的政策，而且派往边疆的汉吏还经常处心积虑地利用和制造民族矛盾、离间民族关系，以达到"以夷制夷"、分而治之的目的。每当事关民族存亡和边疆社会长治久安的重大关头，云南各民族人民都异常清醒，都会表现出强烈的各民族一体同仁意识。清末云南夷帅李文学、杜文秀领导的多民族起义就充分证明了这一点。大理弥渡瓦卢村彝人李文学领导的起义队伍中，有彝族、汉族、哈尼族、苗族、回族、傈僳族、布朗族、傣族、白族等民族参加，李文学称："我哀牢夷民，历受汉庄主欺凌……自满贼入主，汉庄主与之狼狈为奸，苛虐我彝汉庶民……本帅目睹惨状，义愤填膺，爰举义旗，驱逐满贼，除汉庄主。望我夷汉庶民，共襄义举，则天下幸甚，我哀牢庶民亦幸甚！"并提出"夷皆一体，何分彼此"，"汉与夷为敌者，豪强也，贫无与焉"①的响亮口号。保山板桥乡回民杜文秀领导的起义队伍中，有回族、汉族、彝族、白族、纳西族、傣族、景颇族、傈僳族等民族参加，起义军

---

① （清）夏正寅：《哀牢夷雄列传·李文学传》，中国社会科学院民族研究所图书室1982年编印。

主张："连回、汉为一体"①，"无分汉、回、夷，一以公平处之"②；并明文规定"族分三教，各有根本，各行其是。……均宜一视同仁，不准互相凌虐。违者，不拘官兵，从重治罪"，各民族应该"出入相友，守望相助"，"不准擅自杀人，借故复仇等情，违者一经察觉，不论官兵，按军法斩首"③。

## 六 政治伦理因素

在政治伦理方面，云南各少数民族在历史上一直都有认同统一中国的传统，与中原王朝有隔膜甚至发生战争的时候如此，相安无事、没有战争的时候也如此。前一种情况如唐代南诏政权时期，后一种情况如宋代大理国时期。

南诏国是以彝族、白族为主体民族组成的多民族国家，其辖境包括今云南省全部及贵州、四川的部分土地。南诏本是唐王朝的蕃属国，因边吏贪暴，权臣邀功，酿成南诏王阁罗凤叛唐，并在天宝之战中与吐蕃联合全歼来犯的唐军。阁罗凤为说明"阻绝皇化之由，受制西戎之意"，不得已而叛唐的心迹，在取得战争胜利后在国都（大理）特意刊立"德化碑"。德化碑起首即陈："恭闻清浊初分，运阴阳而生万物；川岳既列，树元首而定八方。故知悬象著明，莫大于日月；崇高辩位，莫大于君臣。道治则中外宁，道乖必风雅变。岂世情而致，抑天理之常。我赞普钟蒙国大诏，性业合道，智睹未萌，随世运机，观宜抚众，退不负德，进不惭容者也。"意谓，自天地开辟以来，即有国家君臣关系的不变之理，顺天理而行则天下安宁，逆天理而动则民心民风大变，南诏的统治循天理而得民心，问心无愧。并声明："我自古及今，为汉不侵不叛之臣，今节度背好贪功，欲致无上无君之讨。敢昭告于皇天后土，史祝尽词，东北稽首。举国痛切，山川黯然。至诚感神，风雨震沛。遂宣言曰：'彼若纳我，犹吾君也；今不我纳，即吾仇也。'"大意是说，南诏列祖列宗从古到今都认

① 马观政：《滇恒十四年大祸记》，参见中国史学会主编《中国近代史资料丛刊·回民起义》第1册，神州国光出版社1952年版，第8页。

② 中国回教俱进会云南玉溪分会：《新兴河西纪闻》，参见中国史学会主编《中国近代史资料丛刊·回民起义》第2册，神州国光出版社1952年版，第65页。

③ （清）杜文秀：《管理军政条例》，参见中国史学会主编《中国近代史资料丛刊·回民起义》第2册，神州国光出版社1952年版，第118页等处。

同统一的国家，既无问鼎篡位之念，亦无裂地而王之心；中央下派地方的官吏为贪功邀赏而诬告我们谋反，误导朝廷举兵征讨；南诏举国上下为之震惊，备感冤屈，敢向天地立誓，南诏绝无叛唐之心；天子高居九重，难免不明真相、误听谗言，事已至此，就只能坚持“谁愿接纳我们，我们就臣属于谁；谁容不下我们，谁就是我们的敌人”的原则，奋起反抗。据《新唐书·南诏传》记载，南诏王阁罗凤在建碑时曾说：“我上世世奉中国，累封赏，后嗣容归之。若唐使者至，可指碑澡祓吾罪也。”这是说，南诏列祖列宗历来奉中原王朝为宗主，若将来条件成熟，南唐听后代要回归统一国家的怀抱。20年后，阁罗凤的孙子、南诏王异牟寻果然实现了祖父的愿望，在国都迎接唐使，并在大理点苍山举行隆重盟誓，南诏从此全部族重归于唐。

继南诏之后，统治云南的地方政权是大理国。大理国是以白族为主体民族组成的多民族国家，其辖境与南诏相当。统治云南三百余年之久的大理国，在认同统一中国方面更加典型。据记载，宋初太祖入川平定后蜀，大理国即遣使祝贺。此后，大理国不断派使臣进京朝贡，请求加封以确认臣属关系。但宋朝因受北方西夏、辽、金的强大压力和威胁，对南方大理国的请求只好采取回避、拖延的方针，使大理国一直处于“欲寇不能，欲臣不得”① 的尴尬境地。但是，大理国却一心一意请求加封，先后于公元989年（太宗端拱二年）、991年（太宗淳化二年）、997年（太宗至道三年）、999年（真宗咸平二年）、1005年（真宗景德二年）、1008年（真宗大中祥符元年）、1038年（仁宗宝元元年）遣使入朝要求册封，以正臣属关系。直到公元1115年，宋徽宗终于答应大理国的请求。公元1117年，大理使臣万里迢迢到达开封，宋朝才册封大理国王为“金紫光禄大夫检校司空云南节度使上柱国大理国王”②。在300余年间，大理国与宋朝从未兵戎相见。

从以上史实可以看出两点：其一，边疆少数民族之认同统一的中国，认同中原王朝与民族地方之间是统属关系，不仅历史悠久、信念笃定，而且有“天人合一”的世界观支撑；其二，边疆少数民族在认同并维护统

---

① 《建炎以来系年要录》卷105，转引自尤中《云南民族史》，云南大学出版社1994年版，第256页。

② 参见尤中《云南民族史》，云南大学出版社1994年版，第252—255页。

一中国的同时，强烈盼望国家能够一视同仁地平等对待少数民族。从同时代和继后的民族文献史料，都不难看出，坚决维护国家统一，坚持民族平等，就是边疆各民族政治伦理最核心的道德信念。

例如，成书于唐代的藏族《礼仪问答写卷》主张："王之国法"，必须实行"均等""公正"，只有"行公正之法"，才会使天下"同心协力，不仅眷属和睦，行至何方亦相安无事"。宋朝藏族僧人萨班·贡嘎坚赞（1182—1251 年）在其所著的《萨迦格言》中亦称："君王对自己的臣民"须"施以仁慈和护佑"，"臣民对自己的君王"才"尽忠效力"，否则，"被暴君统治的百姓"就会"特别想念慈祥的法王"，"被瘟疫缠身的牲畜"就会"特别渴望纯净的雪水"；"如果虐待属下，君长就会走向灭亡"，"即使是秉性极为善良的人，若总欺凌他也会生报复心"。这种认识和言论所直接针对的，当然不是整个国家，而是吐蕃王朝的内部关系，但可以肯定，把这种基本的政治伦理准则从对地方政权的要求推衍到对统一国家的要求，是十分合乎逻辑的。

明代的白族思想家李元阳（1497—1580），目睹当时贪官暴吏在云南连年穷兵黩武所造成边疆混乱和民不聊生的惨景，在《与陈抚翁①》中万分疾愤地指出："云南土夷世官，势使然也。夷酋至相戕贼，乃其恒俗也。夷狄相攻，中国之责。而喜功好名者，往往任为他事，兴无名之师，杀无辜之民，费帑藏之金，破边氓之产。以谓必如此，然后称赞理军务之御史。九重深远，边氓不能自达。杀人盈野，原草为赤，上干天和，旱涝相仍，疮痍呻吟，所不忍闻。"坦陈："云南之有黔国，② 其先世有大功于云南，故分封于此。西南之夷，酋长以百数，赖宗社之威灵，莫不向化而勋臣，弹压之力不可诬也。"并以"阳，云南山泽一老民也，何敢出位僭言？但桑梓坟墓在焉，是为切己之痛，不得不呼天呼父母也"的气魄，高呼："夫万里边氓亦国家之赤子，何忍急一己之功名，而视民曾草菅之不若耶！"

清代的另一位白族思想家高奣映（1647—1707）在《迪孙③》中说："岁者，民之天；民者，国之体。……则知岁先而后民，先民乃及君，诚为

① 陈抚翁即陈时范，时任左布政使。

② 黔国，指明初汉族征边将领西平侯沐英。

③ "迪孙"，意为启迪、开导、教育子孙。

得理也。君者国之主，父者家之尊。”他认为，从统一国家的角度看，应该是先民而后君；而从个人的角度看，则应以先君、次父、后己的道德秩序为行为准则，这叫“知大体”。吴三桂叛乱，时任姚安军民府土府同知的高奣映，虽与清廷素有私怨，但却从国家统一的“大体”出发，反对叛乱和分裂，托病辞官，不听吴三桂调遣，而在清军入滇时，主动说服叛将归顺、离间叛军、收容溃散兵士，并收缴姚安府、姚州等七枚伪印。

另如，清代彝族的《西南彝志》中称：“旨天开地辟，有天君地臣，君臣有分定，主仆有规则，各安分守己”。壮族《传扬诗》主张“以上补下，搭配公平”，并提醒“人们当醒悟，天下属帝王，嫔妃拥在后，白银烂在仓”，“做官忘国事，掌印不为民，妻妾陪下棋，淫乐度光阴”，“三叹穷苦人，度日如度年，断炊寻常事，鼎锅挂房梁”，“终年干到头，无处可安身”，“虽说同种又同宗，为何有富又有穷？百思不解理何在，举旗造反上京城！”均视地方臣属中央、国家统一为天理，都盼望统一国家的中央和地方政府对边疆民族实行平等、宽厚的仁政。

# 第八章　边疆社会现代非正式控制体系的构建

我国自古是一个统一的多民族国家。由于少数民族长期生活在相对偏远、封闭的自然地理和社会交往环境之中，各民族历史文化、风俗习惯各异，经济、社会和文化的发育程度普遍较低且极不平衡。为维护边疆民族地区社会稳定和国家统一，历代王朝都十分注意对边疆民族地区采取特殊的治理政策，这种特殊的治理政策即"羁縻"政策。正是在"羁縻"政策治理下，民族民间的非正式控制才在古代边疆民族社会大行其道并长期存在。从上文对民族习惯法、民族宗教、民族教育与边疆社会伦理控制关系的考察和分析，便可以清楚地看到民族民间的非正式控制在古代边疆民族社会的重要作用。

自中华人民共和国成立，尤其是20世纪80年代全面推行依法治国、改革开放以来，随着国家正式控制的加强，交往全球化、社会现代化、经济市场化、治理法制化的逐步深入，边疆民族地区在经济、政治、社会、文化各方面都发生了前所未有的深刻变化。而另一方面，我国是一个统一的多民族国家的格局不会变也不能变，各民族一律平等、民族区域自治的基本政治制度必须坚持，少数民族的历史文化和风俗习惯必须得到尊重。因此，总结边疆民族社会自律性非正式控制的历史经验，结合现代社会变化和发展的要求，积极探索并创造性地构建与国家正式控制相适应、相协调的边疆社会的现代非正式控制体系及其运行机制，对维护边疆社会的稳定和多民族国家的统一是十分必要的。

## 第一节　构建边疆社会现代非正式控制体系的依据

构建边疆社会现代非正式控制体系首先要面对的现实问题，就是在势不可当的交往全球化、社会现代化、经济市场化浪潮的席卷之下，少数民族的传统文化正在大范围地消退，边疆民族社会原有的内源性非正式控制（自律控制）的效能正在迅速弱化，甚至会有瓦解的可能。

随国家"普法"活动的不断推进、现代国民教育的迅速普及、大众传媒的广泛渗透、人口流动的节节攀升、商品交流的迅猛扩展，即使生活在边疆远地、昔日"穷乡僻壤"的少数民族地区的人们，尤其是其中的青壮年一代，也不再囿于自给自足的封闭生活，不再愿意受制于传统血缘性、地缘性宗族社会的羁绊，他们逐渐有了反叛传统的自由意志、对簿公堂的法律意识、发家致富的市场观念。这对少数民族传统生产生活方式、传统社会控制、传统价值观念的冲击是异常全面而深刻的。

例如，在市场经济和强烈致富意识的支配下，民族宗教信仰受到了严重冲击，导致少数民族的精神信仰、价值观念出现相当程度的混乱和迷失。如在傣族传统社会，原始宗教信仰和南传佛教信仰在共同支撑傣族的道德信念和民族的精神世界，千百年来一直对和谐人际关系、保护生态环境起着关键作用，但最近的调查显示：目前，人们基本改变了男童均须入寺为僧的惯例，原来作为精神寄托的拜佛成了求财路上"拜拜求个心安"的事情，村民们普遍认为，"我们哪里还有时间去佛寺，自家的事（指小买卖）都忙不过来；现在家家户户都在搞（旅游），竞争得很厉害，有空还不如多做些生意"，"现在就想富了！哪里还等来世？也没有来世"；"佛寺我还是去的，多捐些钱，让佛祖保佑我家生意好"。一些村寨的村民甚至把赕佛的过程看作财力的较量，助长了各村僧侣在消费方面的攀比心理，结果富村佛寺里彩电、冰箱、摩托车等一应俱全，穷村佛寺里的和尚则纷纷要求还俗。随现代文明的传播，尤其是民主改革后无神论思想的普及，人们对自然神灵的敬畏之心，以及与原始宗教崇拜相应的人与自然和谐共处的生态伦理规范和道德观念，也已明显淡化，很多人为了创收致富而大面积毁林开荒，搞"甘蔗上山"，一些村民甚至把祖祖辈辈传承下来的薪炭林也砍了种植橡胶。① 这样的现代化、市场化，着实令人喜忧参半。

又如，就大众传媒对少数民族社会文化的影响看，一份关于云南边境

① 参见杨玲《傣族传统伦理现代发展的思考》，《社科纵横》2007 年第 12 期。

地区民族文化安全的调查报告称：通过报纸、广播、电视和网络等大众传媒，“边境少数民族地区广大群众看到了外界的许多新事物，思想观念逐步在改变。人们纷纷外出打工，因此增加经济收入，使他们生活更加富裕。同时，少数民族文化的传承也面临着‘后继无人’的问题”；通过大众传媒，少数民族群众“知道和了解自己民族的许多文化和传统，对本民族的传统文化有了更加深刻和广泛的认同，但是，这样的认同相比大众传媒所带来的外来文化冲击，还是显得十分有限”；“在云南边境跨境少数民族地区，现代传媒所制造的社会影响已经对村落的标准化价值提出了直接挑战，不同少数民族所珍惜的传统习惯每天都在经受着现代传媒所传递的新思想的冲击。……少数民族村落中的文化形态、生活方式、思想意识、生活意识等，都在悄然发生着变化。这给我们提出了有关少数民族的民族价值、民族关怀、优秀民族传统、文化多样性的传习和保护等方面的问题”。甚至，“近年来，一些不法分子为牟取暴利，在边境少数民族地区，特别是难于监管的乡、镇非法销售卫星电视地面接收设施。许多无知群众为图便宜，纷纷非法安装、使用……接收境外卫星电视。……境外敌对势力利用大众传媒宣传反动思想和腐朽文化……使边境沿线一些少数民族群众在文化意识上受到新的洗脑，这样的情况在云南边境沿线普遍存在并不断蔓延”，已经对我国的文化安全和国家统一构成严重威胁。①

民族文化是民族身份最重要的标识和最本质的特征，特有文化或传统文化消失就意味着少数民族“民族”身份的实际消亡。而以上事实告诉我们，在交往全球化、社会现代化、经济市场化、治理法制化的背景下，强势文化与弱势文化、一体文化与多元文化、现代文化与传统文化、外来文化与乡土文化、法制文化与习俗文化之间的矛盾不是在消减、缓和，而是更加突出了。那么，该如何看待以“现代化”为标识的全球化、市场化、法制化，进而又如何给少数民族文化以合理的定位呢？对此，我们有五点理解。

其一，应该看到现代化本身具有相当程度的盲目性。现代化既是竞争的结果，也是竞争的策动源。可以肯定，人们都是有目的、有意图地参与现代化竞争的，但不同人群（阶级、国家、民族、社群、家庭等）甚至

---

① 李汶娟：《大众传媒对云南边境地区文化安全的影响》，载杨福泉主编《云南社会形势分析与预测（2009—2010）》，云南大学出版社2010年版。

不同个人的目的和意图各不相同，于是，不同的目的和意图就会形成不同方向的作用力，在不同方向作用力作用之下形成的竞争趋势和结果往往会出乎人们各自的意料，因而表现出整体的盲目性和相当程度的不可预测性。对强势民族、强势文化如此，对弱势民族、弱势文化更是如此。因为，在实践上，“如果全世界的人都按照美国的消费标准，人类现在还需要再有三个地球；如果各国按照美国水平向大气排放污染物，我们则缺少九个地球”①。这就是说，如果世界各国都向现代化“领头羊”的美国等国家看齐，那由此出现的结果就将是整个人类的噩梦。而且，就弱势民族而言，他们几乎都是在“世界历史”背景下被交往全球化拖进社会现代化的洪流之中的，因此，他们参与现代化的过程更有盲目性。社会文化发育程度越低的民族越是如此。这就难怪一些学者惊呼：“当前西南地区少数民族的传统文化正在迅速流失……令人焦虑的是目前传统文化消失最快的地方，往往不是在与都市文化密切接触，经济发展水平较高的地区，而是在原本封闭，近年受到外来影响较大的少数民族中。”② 而只有在社会文化、市场经济有较好发展的少数民族地区，人们才会逐步认识到民族传统文化的重要性，并纷纷以建立民族传统文化传习所（或传承基地、研究所）、建立民族文化村（园）、申报非物质文化遗产等方式来保护和开发民族传统文化资源。这种反差正好说明，弱势民族在参与现代化竞争的过程中，他们对本民族传统文化的认识会有一个由意义迷失到价值发现、文化回归的过程。

其二，现代化应该是一体化与多元化、世界性与民族性的统一。我们之所以有这样的认识，是因为我们对现代化的理解持一种生存论与意义论互补的视角。生存论侧重于解决维持人类个体、群体（民族、国家等）存在的控制和发展问题，当然免不了要诉诸征服自然、控制社会的“工具理性”；意义论侧重于解决个体、人作为“类”的幸福感的获得和长久保持的问题，它需要的不仅是一般意义上的“价值理性”（因为维持生命的存在和发展也是一种价值理性，甚至还是一种基本的、前提性的价值理

① 房宁、王小东、宁强等：《全球化阴影下的中国之路》，中国社会科学出版社 1999 年版，第 342—343 页。

② 方铁：《关于西南少数民族传统文化的抢救、保护与开发》，载中华孔子学会、云南民族学院编《经济全球化与民族文化多元发展》，社会科学文献出版社 2003 年版。

性)，而是既能保证个体的情趣自由和生活完整，又能达成人际尊重和人类和谐的更高层次上的价值理性。可以把生存论层次上的价值理性称为“工具价值理性”，而把意义论层次上的价值理性称为“人文价值理性”。我们认为，就生存论、工具价值理性层次的现代化而言，弱势民族传统文化要继续生存，就只能做总体的、根本的适应性转型，走一体化的道路，并以依附性的边缘文化形态存在；而从意义论、人文价值理性层次的现代化来看，弱势民族传统文化则可以在能作个性化选择的精神信仰和生活境界的范围内，以多元化的民间风俗习惯和个性生活情趣形态长期存在，并对现代社会、现代人的生活产生参考性影响。[①] 所谓现代化的“一体化”，即任何进行现代化的国家和民族，都必须满足现代化所提出的政治民主化、社会法制化、经济市场化、人口流动化、宗教世俗化、文化理性化等世界性的要求。所谓现代化的“多元化”，则是指任何进行现代化的国家和民族，都有权并且可以根据自己的历史文化、人民意愿，选择现代化的人文关怀、价值理念以及现代化的具体模式和道路。

其三，人类文化的可持续发展依赖于文化多样性的存在。正像人类业已认识到保持生物多样性在维护生态平衡、保证人类社会可持续发展方面具有基础地位一样。目前，世界范围内的人们也已形成并在不断加强这样的共识：“当我们谈及文化时，我们是在寻找个人生活的方式以及人们共同生活的方式。一种‘现行的文化’就是一种（几乎被界定为）与他人互动的方式，因为它包括人们在创造、融合、借用和再创造种种人们可以用来界定事物的含义。联合国教科文组织承诺维护和保护其章程中所主张的‘文化的富于创造力的多元性’”；“一体化常被看作是给 20 世纪末打下深刻印记的全球化过程不可避免的结果。但是，我们也正在看到一种把人们分开的分散化（fragmentation）的趋势。所能肯定的东西是：我们不能允许失去世界众多文化中的任何一种文化；各种文化的生存取决于它们和平的和创新的共存”；“每种文化构成了解释世界和处理与世界关系的独特方式，世界是如此的复杂，以至于只有以尽可能多的角度来观察它，才能达到了解它和与它相处的愿望”[②]。因此，在全球化、现代化背景下，

① 杨志明等：《云南少数民族传统文化研究》，人民出版社 2009 年版，第 229—230 页。

② 联合国教科文组织：《世界文化报告（1998）：文化、创新与市场》“序言”，北京大学出版社 2000 年版。

弱势民族传统文化在生存论、工具价值理性层次上的边缘化，绝不意味着它们在意义论、人文价值理性层次上也一定会边缘化。

其四，我国的《宪法》《民族区域自治法》为各民族平等和少数民族享有政治、经济、文化方面的自治权和特殊政策提供了根本的法律保障。我国现行《宪法》在“总则”中指出：“中华人民共和国各民族一律平等。国家保障各少数民族的合法的权利和利益，维护和发展各民族的平等、团结、互助关系。禁止对任何民族的歧视和压迫，禁止破坏民族团结和制造民族分裂的行为。国家根据各少数民族的特点和需要，帮助少数民族地区加速经济和文化的发展。各少数民族聚居的地方实行区域自治，设立自治机关，行使自治权。”① 我国现行《民族区域自治法》在“序言”中指出：“民族区域自治是中国共产党运用马克思列宁主义解决我国民族问题的基本政策，是国家的一项基本政治制度”；并在“总则”中明确规定：“民族自治地方的自治机关根据本地方的情况，在不违背宪法和法律的原则下，有权采取特殊政策和灵活措施，加速民族自治地方经济、文化建设事业的发展”；“民族自治地方的自治机关保障本地方各民族都有使用和发展自己的语言文字的自由，都有保持或者改革自己的风俗习惯的自由”；“民族自治地方的自治机关保障各民族公民有宗教信仰的自由”②。这就意味着，在不违背国家宪法和法律的前提下，少数民族有自主传承和发展本民族优秀传统文化，并受国家法律保护和享受特殊政策扶持的权利。

其五，依法治国方略、社会主义核心价值观要在边疆民族地区落地生根，就需要从各民族的优秀传统文化土壤中、从鲜活的民族社会生活中汲取滋养。党的十八届四中全会通过的《中共中央关于全面推进依法治国若干重大问题的决定》在强调必须全面推进依法治国的同时指出：全面推进依法治国必须“坚持依法治国和以德治国相结合。国家和社会治理需要法律和道德共同发挥作用。必须坚持一手抓法治、一手抓德治……既重视发挥法律的规范作用，又重视发挥道德的教化作用，以法治体现道德理念、强化法律对道德建设的促进作用，以道德滋养法治精神、强化道德对法治文化的支撑作用，实现法律和道德相辅相成、法治和德治相得益

① 《中华人民共和国宪法》，中国法制出版社 2011 年版，第 46 页。

② 《中华人民共和国民族区域自治法》，法律出版社 2001 年版，第 16—19 页。

彰。”习近平同志在主持十八届中央政治局第十三次集体学习时进一步强调：“培育和弘扬社会主义核心价值观必须立足中华优秀传统文化。牢固的核心价值观，都有其固有的根本。抛弃传统、丢掉根本，就等于割断了自己的精神命脉。博大精深的中华优秀传统文化是我们在世界文化激荡中站稳脚跟的根基。中华文化源远流长，积淀着中华民族最深层的精神追求，代表着中华民族独特的精神标识，为中华民族生生不息、发展壮大提供了丰厚滋养。中华传统美德是中华文化精髓，蕴含着丰富的思想道德资源。不忘本来才能开辟未来，善于继承才能更好创新”；“要讲清楚中华优秀传统文化的历史渊源、发展脉络、基本走向，讲清楚中华文化的独特创造、价值理念、鲜明特色，增强文化自信和价值观自信。要认真汲取中华优秀传统文化的思想精华和道德精髓，大力弘扬以爱国主义为核心的民族精神和以改革创新为核心的时代精神，深入挖掘和阐发中华优秀传统文化讲仁爱、重民本、守诚信、崇正义、尚和合、求大同的时代价值，使中华优秀传统文化成为涵养社会主义核心价值观的重要源泉。要处理好继承和创造性发展的关系，重点做好创造性转化和创新性发展。”[①] 中国是中华 56 个民族共同的家，中华优秀传统文化是中华 56 个民族共同智慧的结晶。生活在特殊地理条件、社会环境下的边疆少数民族，他们对人与自然、人与人（人与社会）、人与自我（生与死、得与失、荣与辱、苦与乐、祸与福等）的关系各有独特的感悟和理解，形成了有效处理当地各种关系的丰富的生态伦理、生命伦理、礼制伦理、交际伦理、族际伦理、政治伦理智慧，并通过民族习惯法、民族宗教信仰、民族教育等途径世代传承发展，积累了许许多多边疆社会治理的成功经验，为中华优秀传统文化的形成作出了重要贡献，对中华优秀传统文化思想精华和道德精髓的凝练提供了重要启示。其中，就有许多优良道德观念可以和社会主义核心价值观直接接轨，有许多治理经验可以经“创造性转化”后成为边疆社会现代治理的有益补充和重要支撑。依法治国方略、社会主义核心价值观在边疆民族地区的贯彻，只有得到边疆民族优秀传统道德、成功治理经验的滋养，得到边疆人民鲜活的社会生活支撑和民族心理认同，才能落地生根、枝繁叶茂、永葆长青。

① 习近平：《习近平谈治国理政》，外文出版社 2014 年版，第 163—164 页。

由以上论述可知，边疆各民族的优秀传统道德文化以及习惯法控制、民族宗教控制和民族教育控制的成功经验，在边疆社会现代治理制度建设方面仍有值得发掘继承和“创造性转化”“创新性发展”的广阔空间，我们有责任也应该有十足的信心去研究和探索与时代需要和国家正式控制相适应的边疆社会现代非正式控制体系及运行机制的构建问题。

构建边疆社会现代非正式控制体系及运行机制是一项任务艰巨的系统工程，其中，作为价值观导向的民族伦理控制机制的现代构建是基础，而民族习惯法控制、民族宗教控制和民族教育控制机制的现代构建则是最具实效的途径。因为，民族伦理的观念控制只有通过民族习惯法控制、民族宗教控制、民族教育控制等途径才能落到实处。进一步说，民族习惯法控制、民族宗教控制和民族教育控制的现代构建，也只有与现代社会法制建设接轨，得到国家法律法规等正式控制手段的刚性支持，才能有效推进。

一份建立在长期、深入的实际调查和科学研究基础上形成的关于民族区域自治法实施情况的报告表明：“随着民族工作的重心向经济工作的转移，随着计划经济体制向市场经济体制转型，在少数民族自治意识越来越强的情况下，他们越来越明显地感受到《民族区域自治法》赋予自己的各种自治权很难落实”，“无论是财政自治权，还是经济建设自治权，无论是外贸自治权，还是教育自治权，以及其他种种自治权，实施起来总是摸不着边际”；“《民族区域自治法》贯彻落实遇到的问题突出表明，民族区域自治政策已严重滞后于少数民族和少数民族地区社会的发展”，“已严重影响和阻碍了少数民族和少数民族地区社会经济文化的发展”，这对边疆民族地区的社会稳定和发展是十分不利的。①

从本书的研究视角和意图出发，我们认为问题的关键在于，少数民族的文化若只在民族文化村中得到展示，只在民族文化传习所（传承基地、研究所）、非物质文化遗产保护的狭小空间内传承，那么它们就将失去鲜活的民族社会生活的支撑和滋养，进而就会因为丧失其对各民族现实社会生活的实际作用而成为历史博物馆里不再具有生命力的“古董”。习近平同志指出：“一种价值观要真正发挥作用，必须融入社会生活，让人们在

---

① 徐杰舜主编：《中国民族团结考察报告》，民族出版社2004年版，第501—508、521—525页。该报告是报告主编所主持的2000年国家社科基金项目“中国民族团结研究报告”的最终成果之一。

实践中感知它。要注意把我们所提倡的与人们日常生活紧密联系起来，在落细、落小、落实上下功夫。”① 按我们理解，从一个方面说，少数民族优秀传统文化、优良传统道德以及成功的社会治理经验的继承、转化和发展，就是社会主义核心价值观在边疆民族地区现代社会控制体系和运行机制构建过程中要“落细、落小、落实”的一个重要方面。而从另一个方面说，这方面的工作要“落细、落小、落实”，首先就需要获得民族区域自治相关法律法规的支持，也就是说，需要健全、完善和落实民族区域自治的相关自治权和特殊政策。没有国家法律的正式认可和刚性保障，边疆地区民族社会现代非正式控制体系及运行机制的构建就无从谈起。因此，少数民族优秀传统文化、优良传统道德以及成功的社会治理经验的继承、转化和发展在民族区域自治的相关法律法规方面获得支持和保障，既是要“落细、落小”的实事，也是至关重要的大事。

## 第二节　民族习惯法与现代边疆社会控制

习惯法在边疆民族地区长期存在，在民族社会生活的方方面面发挥广泛的调节、控制作用，与古代国家对民族地区采取因俗而治的“羁縻”治理政策，与少数民族通常聚居于相对偏远和幽闭的环境，与少数民族的社会文化发育较迟缓，且民族与民族之间、同一民族内部很不平衡，与他们的社会组织和社会控制往往与血缘宗族关系、宗教信仰紧密相连是密不可分的。以彝族为例，中华人民共和国成立前，云南大部地区的彝族和贵州水西的彝族都已逐步进入地主经济时代，国家对这些地区的正式控制已有不同程度的加强，而四川大凉山、云南小凉山腹地的彝族却还处在奴隶制经济时代，国家的正式控制薄弱，民族习惯法控制一直是当地社会控制的主导力量。为保持贵族（“黑彝”）的地位和血统，凉山彝族的习惯法不仅禁止黑彝男女和彝族其他等级的男女、其他民族的男女通婚，而且即使是婚外性关系，也要受到黑彝家支的严厉制裁；与此同时，习惯法还允许甚至鼓励姑舅表优先婚、姨表不婚以及抢婚、婚后不落夫家等婚姻形式；并且，他们一直保留着“父子连名制”，用习惯法来保证家族世系血

① 习近平：《习近平谈治国理政》，外文出版社2014年版，第165页。

缘纽带的连接，保障财产父系继承原则的推行。再以白族为例，中华人民共和国成立前，洱海、滇池周围的白族，其社会文化的发育水平与当地汉族相当，这里的白族盛行封建宗法制度，宗族内族长的权力很大，一切族内事务和纠纷，都须经族长处理解决方为有效，而族长一职又多为封建地主所把持；而远在怒江地区、澜沧江地区的同胞“勒墨人”和“那马人”，则还大量保留着父系家庭公社的残余，他们的习惯法规定，祭祖仪式、族内纠纷必须由族长或家族中辈分较高、懂得“古规”的老人来主持，同一个家庭公社的成员必须承担互相支援和彼此帮助、参加血族复仇等义务，规定财产由幼子继承，规定可以杀掉已成社会公害的惯偷，可以通过喝鸡血酒、杀狗赌咒、捞油锅、火中抓石头等神判方式来解决本民族内部或与其他民族的争执和纠纷。

中华人民共和国成立后，经历社会主义改造，尤其是改革开放以来，少数民族的社会文化悄然发生了深刻的变化。随人口流动的增加和现代传媒的渗透，原来封闭的生活环境、牢固的血缘关系被逐步打破，现代国民教育中科学知识和无神论思想的推广和普及，使民族宗教与社会控制逐渐分离；国家法律知识的普及、民族地区现代基层组织建设的加强和现代社会控制模式的建立，使民族社会管理的同质化程度大大提高。这一切新的变化，削弱了昔日作为民族社会控制核心的族长、村寨头人、宗教领袖们的权威，以及与之相应的诸如彝族的家支制、佤族的郎制、壮族的寨老制、苗族的议榔制、瑶族的石牌制、基诺族的长老制、布朗族的嘎滚制、怒族的老人会议、独龙族的卡桑制、黎族的合母制、毛南族的村老制、高山族的部落制等民间组织的实际作用，民族传统伦理、民族习惯法对民族社会的自律控制也随之弱化。

因此，在当前边疆民族社会的控制机制中，少数民族习惯法与国家法之间存在着矛盾和冲突是不言而喻的。例如，习惯法通常只适用于本民族、本地区，具有封闭性和单适性，而国家法则适用于统一国家范围内的所有民族、所有地区，具有开放性和普适性；习惯法以亲缘、地缘关系为基础，它的实施有更多的人情味和主观因素参与，这种主观因素有时甚至让位于神灵的“指示”，使习惯法的执行具有偶然性，而国家法则以理性为基础，崇尚概念的周延、逻辑的缜密，力求使法的执行不受人情和主观因素的干扰；习惯法来自于民族民间，它的形成有一个漫长的历史过程，蕴含着浓厚的民族情节，具有“自下而上”的特点，而国家法则由国家制定和认可，并通过国家强制来推行，体现的是国家意志，具有“自上而下”的特点。[①] 在这种矛盾和冲突中，作为现代法制社会，必须坚持“依法治国”的基本方略，坚决消除民族习惯法中神判、血族复仇等严重不适应国家法的因素，以维护国家法在民族社会控制中的支配地位和主导作用。

但是，也应该看到，在边疆民族社会，各少数民族的居住特点至今未变，血缘宗族关系在相当长的时期内仍是那里最基本的社会关系，民族传统文化、风俗习惯和民族情节还有广泛的群众基础，习惯法与国家法之间也从未停止过彼此影响和相互渗透。一份来自云南边疆民族地区的调查报告显示，直到目前，在人口较少的民族中，个人或家庭之间发生纠纷，往往都采用家庭、家族或村内调解的方式解决，绝大部分民事纠纷都通过民族民间组织并按传统风俗习惯得到妥善解决，而很少通过国家正式公共机关，如乡政府和人民法院等来解决，只有在纠纷当事人对按传统处理方式的处理结果提出异议的情况下，人们才会诉诸政府司法渠道。[②] 这种情况，既与人口较少民族的居住非常分散且较为偏僻，政府的纠纷调解机构和机制在基层存在一定程度的缺失，使他们在获得司法指导和帮助的时候，要在时间、精力和财力方面付出更多的“成本”有关，也与各民族更认同本民族、本地区的传统风俗习惯及其社会控制作用相关。

于是，在民族习惯法控制与国家法控制的互动过程中，一种早已存在并经改造的社会控制方式的作用便凸显出来了，这种控制方式，就是乡规民约。新的乡规民约，既继承了传统习惯法发挥社会控制作用的机制，保留了民族权威（如村寨长老）和民族民间组织（如老人协会）的参与作用，又有了现代法治意识，并保证了政府基层组织的指导、监督作用。兹举三例如下。

【例一】德宏傣族景颇族自治州陇川县阿昌族聚居的户撒乡《曼东下寨禁毒寨规》:[③]

① 徐曼、廖航：《关于少数民族习惯法与国家法之冲突与互动的思考》，《河南大学学报》2004 年第 4 期。

② 李晓斌、龚卿、胡兴东：《云南人口较少民族传统精神文化社会控制功能弱化相关因素分析》，《中央民族大学学报》2006 年第 3 期。

③ 引自陇川县志办《户撒史话》，云南民族出版社 2009 年版，第 269 页。

**第一条**　凡是吸食毒品者罚款 3000 元。

**第二条**　外寨人员诱骗本寨人吸毒被亲属或有关人员打死的不负任何责任。

**第三条**　本寨人诱骗外寨人吸毒者罚款 3000 元，并开除寨籍。

**第四条**　凡是子女吸毒者，父母必须上报村寨或相应公安机关，由本寨各家各户和亲属出资（一般每户 300 元）送交乡办的戒毒所；凡是知情不报者，罚父母 3000 元，本人 2000 元。

**第五条**　凡经过戒毒后能悔过自新的，寨里人要给予帮助，不能鄙视。凡屡教不改，两次以上进戒毒所的，必须送交上级司法机关处理，并逐出寨子。

**第六条**　凡是贩卖毒品，牟取暴利者，要罚款 5000 元，并且送公安机关依法处理。

【例二】西双版纳傣族自治州勐海县傣族《曼刚村民小组村规民约》:①

**前言**　根据我们曼刚村这几年来青年乱搞违法事件，我村党小组、村民领导开会商量，如何治理本村违法乱纪现象，在 2003 年 6 月 12 日通过制定出七条村规民约，希望全村男女老少执行如下，不服从者严肃处罚。

**第一条**　为了村内治安稳定，有人不讲证据，乱举报，说是某某人吃冰毒，不有证据，以后再有出现这种情况不管是谁，不准他住在村内，从哪来就给他回原村去。

**第二条**　偷盗不管大小，从菜到鸡猪牛马，小事处罚 100—200 元，大事除照价赔偿财物外，还要处罚 500—1000 元。

**第三条**　酗酒闹事，不团结邻居，乱打架、斗殴，处罚 500—1000 元。

**第四条**　如有人在村内说里爬外，出去找坏话带传村内，谣言是非的处罚 500—1000 元。

**第五条**　外来游客进村来，车辆、摩托如有人破坏处罚 1000 元。

**第六条**　打击、报仇、侮辱/诽谤从人到家禽畜的处罚 500 元。

**第七条**　有个别少部分在村内乱讲谣言，集体要建设/规划项目有人

① 引自张跃、刘娴贤《社会控制在少数民族社会运行中的作用——以西双版纳曼刚傣族寨为例》，《思想战线》2007 年第 6 期。该乡规民约为论文作者全文照抄，未做任何改动。

干扰的处罚100元。

【例三】大理白族自治州洱源县邓川镇白族《腾龙村村规民约》：①

一、热爱祖国，热爱社会主义，热爱环境卫生；

二、敬养老人，尊重老人，关爱儿童；

三、不盗不抢，不妓不嫖，拒赌防毒；

四、诚实守信，明礼尚义，弃恶扬善；

五、热爱集体，珍惜土地，节约资源；

六、喜事新办，丧事从俭，移风易俗；

七、讲究卫生，整洁村容，美化家园；

八、保护环境，防污治污，和谐生态；

九、粪堆下田，垃圾装袋，河堤清净；

十、重视教育，尊重人才，鼓励创新。

与现行治安管理和司法制度结合较好的，如云南玉溪市通海县兴蒙乡蒙古族的乡规民约。在社会治安方面，1997年的乡规民约对偷盗、故意损毁庄稼和果树，对打架斗殴和私自容留外来人员等行为，根据不同情节作出相应赔偿和数额不等的罚款规定，2000年又补充规定："对违反上述条款者，按以下办法处理：（1）触犯法律法规的，报由公安和司法机关处理；（2）未触犯刑律和治安处罚条例的，除由村民小组进行批评教育外，酌情罚款处理。"②

由以上乡规民约可以看出，这类乡规民约尽管内容、行文上有诸多不完善之处（如行使处罚权的主体可能存在是否符合国家法律规定的"合法性"问题，有的村规民约只有倡导性、宣传性的规定而缺少保障执行的有效措施等），但它们能够及时反映民族社会生活的实际情况和新的变化（如云南边疆的禁毒问题、旅游业发展问题），而且在试图兼顾政府机关、国家司法部门的权威和当地民族的传统风俗习惯（如偏重财产处罚，允许"私刑"，认可逐出村寨、家庭家族有连带责任、村寨有互助义务等），因而能够得到民族民众的广泛认同，并在各民族日常社会生活的规范和控制方面行之有效。

① 腾龙村为笔者家乡，《腾龙村村规民约》来自笔者实地调查。

② 引自方慧《少数民族传统美德与民族地区民主法制建设——以云南省通海县兴蒙乡蒙古族为例》，《云南社会科学》2002年第6期。

因此，在贯彻国家“依法治国”基本方略，构建边疆社会现代非正式控制体系的过程中，发掘民族习惯法的社会控制作用，创新与国家正式控制相衔接、相协调的民族习惯法的控制机制，是十分必要的。就此而言，一些研究者的如下提示是很值得重视的：“我们必须注意到少数民族地区特有的经济状况、文化背景和民族情节，即少数民族习惯法与国家法互动的‘法’外因素。……现行国家法与少数民族习惯法适用的经济条件是不同的，对少数民族地区而言，忽略了生产力的发展状况而进行的任何制度上的美好安排都是不牢固的”；“我们必须看到少数民族习惯法与国家法各自的优缺点。……承认国家法与少数民族习惯法对立和冲突的目的不在于一方否定另一方或一方替代另一方。少数民族习惯法的确有很多的弊端，如习惯法的内容不系统、不完整、预期性较弱，有些习惯法如神判、抢婚制、肉刑等与现代法治背道而驰。但我们也应看到，延续了千百年的少数民族习惯法必有其合理的成分，它有自己的文化支撑和认同人群。少数民族习惯法的教育、裁判和调节作用都与国家法具有某种程度的一致性。并且近来人们日益认识到国家法的局限性，如国家法的专门性、程序性决定了其适用的不经济；国家法的概念性、抽象性又决定了对其理解的不容易。除此之外，我国目前司法执行力量的相对薄弱，尤其对于环境恶劣、通信交通落后的少数民族地区，国家法更显得鞭长莫及。认识到这一点，我们必须从思想上走出企图依靠政府的力量自上而下地彻底改变少数民族习惯法的不切实际的幻想。我们必须在国家法与习惯法并存的二元结构的模式下寻求两者的整合。”①

我国现行的《宪法》和《民族区域自治法》，赋予了民族自治地方保持或者改革本地方民族风俗习惯，根据地方实际情况贯彻执行国家法律和政策，依照各地民族的政治、经济和文化的特点制定自治条例和单行条例的权利。但现实情况是，民族区域自治地方的许多自治权和特殊政策都没有落到实处，都不同程度地脱离了民族地区的社会实际。司法方面的自由裁量权即是其中一例。我们认为，民族自治地方的立法和司法，必须重视民族地区的历史实际和社会现实，在宪法和法律允许的范围内，充分尊重各少数民族的传统文化和风俗习惯，尽量“使各民族真正实行民族区域

① 徐曼、廖航：《关于少数民族习惯法与国家法之冲突与互动的思考》，《河南大学学报》2004 年第 4 期。

自治"[①]。就民族习惯法与国家法的关系来说，建议民族自治地方的立法机关，在充分了解当地少数民族经济、社会、文化特点的基础上，总结已有的历史和现实经验，及时以单行条例的形式对民族习惯法的法律地位予以确认，明确民族习惯法的适用原则和适用范围，并对其实施主体、实施效力、监督机构和运行机制作出一般性的规定。比如，可以将少数民族习惯法的适用范围规定为主要在婚姻关系、财产继承、民事纠纷、社会治安等领域；规定严重危害社会秩序和国家利益的习惯法必须坚决取缔；认可在法律没有规定或法律的规定与习惯法的规定没有本质区别的情况下，可以适用少数习惯法，或遵循少数民族习惯法优先的原则；对行使处罚权的主体资格作出相应规定，对村规民约的制定提出明确保障措施、经审批方可执行的要求，等等。这样，既可以确保国家法律对民族地区根本政治制度和经济制度、基本社会秩序的控制，同时又能兼顾少数民族的社会实际、历史文化、风俗习惯和民族情节，最大限度地发挥民族习惯法对民族社会日常生产生活的自律性控制作用。

## 第三节　民族宗教与现代边疆社会控制

民族与民族的区别是多方面的，而纵观全国各少数民族，从精神文化层面看，最主要和最显见的即是宗教信仰、宗教文化的不同。原因在于，在各少数民族的传统社会里，他们的宗教信仰、宗教文化往往承载着各民族的基本价值理念，民族传统伦理、民族习惯法、民族风俗因有民族宗教的"保驾"而显得更加神圣、更有权威，民族传统文化也因有民族宗教才得以较多地传承和保留。简言之，宗教信仰、宗教文化关联着民族精神文化的特质、民族的心理认同、民族传统文化的存续。正因如此，现今众多少数民族学者才纷纷用本民族的传统宗教文化来概称本民族的整个传统精神文化，如彝族传统文化被称为"毕摩文化"、白族传统文化被称为"本主文化"、纳西族传统文化被称为"东巴文化"、傣族传统文化被称为"贝叶文化"、回族传统文化被称为"伊斯兰文化"，等等。就云南少数民族的情况看，从某种意义上可以说，民族的宗教情结就是最大的民族情

---

① 《邓小平文选》第2卷，人民出版社1983年版，第339页。

结，民族问题的复杂性就在于它往往与民族宗教问题相互绞合，除去民族宗教信仰、民族宗教文化，也就在很大程度上意味着民族传统文化的实际消亡。因此，认识民族宗教信仰、宗教文化是理解民族心理、民族传统文化的一把钥匙，处理好民族宗教的社会控制问题是构建边疆民族社会现代非正式控制体系的关键。

民主改革，尤其是改革开放 30 多年以来，民族宗教在边疆民族社会生活中的影响和控制作用发生了很大变化，出现了不少新情况、新问题。最显著的变化，就是民族宗教对民族社会生活的影响在总体上呈逐渐弱化的态势。弱化的原因主要有两方面：一是中华人民共和国成立后，国家在社会治理方面推行宗教改革，实行政教分离，从法律上解除了宗教对政治生活和社会管理的干预，使边疆社会的控制由原来的世俗向宗教靠拢，变成了宗教向世俗靠拢；二是随计划经济向市场经济转轨，随现代国民教育和大众传媒影响的深入，各民族的社会交往范围不断扩大，人们的注意力越来越倾向于现实的物质利益，脱贫致富成了普遍的追求，对宗教的精神依赖随之逐渐减弱，与此相应，宗教本身也在适应市场经济的过程中迅速世俗化。

在社会变化的这一总体态势下，无论少数民族中的世界性宗教，还是少数民族民间的原生性宗教，在传承、传播方面都出现了一些新情况、新问题。这需要我们针对不同情况采取相应措施，限制乃至消除其中的不利因素，及时协调民族宗教控制与国家正式控制的关系，发挥民族宗教在传承、传播和发展民族优秀文化、维护边疆民族社会稳定与社会和谐方面的积极作用。

就少数民族中的世界性宗教来说，面临的新情况和新问题主要是：宗教组织自身建设不完善，管理不到位，从教人员素质有下滑趋势，而这就给境外宗教势力的渗透、不法分子在边疆民族地区非法传教留下了可乘之机。据调查，2002 年，云南信仰南传佛教的人口有 130 多万，全省有佛寺 1600 多所、僧侣 2000 余人，其中，德宏州登记在册的佛寺有 592 所，有僧侣住持的佛寺只占 18%，普洱市景谷县 78 所佛寺中 18 所没有僧侣，临沧市双江县 31 所佛寺中 13 所没有僧侣，“有寺无僧”的现象十分严重，加之多数僧侣素质偏低，因此很难满足信教群众的宗教生活需要；另外，藏传佛教、汉传佛教中也有相当一部分寺院管理不善，部分僧侣遵守戒律差；道教后继乏人的现象比较突出，且内部不团结，人数众多的正一派道士大多没有固定活动场所，长期散居城乡，宗教活动与迷信活动纠缠不清，影响了道教的形象；基督教的教派之争、自封传道人、私设聚会点等问题突出，以致不法分子利用基督教制造混乱和从事非法传教活动，甚至公开反对党的领导和政府对宗教事务的依法管理。[①] 国外宗教势力借机扩大影响，进行宗教渗透和非法传教，宗教干预基层政治生活和国民教育，干涉信徒与非信徒之间的婚姻和国家计划生育政策的事件时有发生。例如，近年来，越南大兴土木修建教堂庙宇，开辟宗教活动场所，吸引了我国的许多边民、商人和游客到越南参加宗教活动；西双版纳、德宏的南传佛教寺院至今有大量的缅甸籍僧侣住持，缅北十余所基督教神学院校以包食宿和学费、每月发放零用钱和来回路费等手段，引诱云南部分少数民族青年教徒非法出境就读；美国、韩国、中国台湾、泰国、缅甸的基督教会先后派遣近百人次到云南孟连、澜沧、墨江等县少数民族地区“传经布道”，搞宗教渗透活动，进行非法传教。

对少数民族中的世界性宗教，国家已有相当完善的管理办法，地方各级政府也积累了较多的实际工作经验。因此，我们认为，目前宗教团体的主要任务是抓好“依法治教，从严治教，高水平办教”，国家宗教管理机构的主要任务是做到“依法管教，细致工作，积极引导”。各宗教团体应着力强化自身的组织机构建设和执教队伍建设，完善场所设施和人员配备；严格宗教戒律，加强内部管理；采取定期培训、选拔研修等多种方式，提高教职人员的从教素质，培养高水平的宗教人才；在对外宗教交流活动中增强鉴别意识，自觉抵御国外宗教势力的宗教渗透和非法传教活动；积极引导从教人员和广大信众自觉遵守国家的法律政策，爱国护教，为边疆社会的稳定与和谐多做贡献。政府相关部门的工作人员应强化“依法管教”的责任意识，加强宗教知识、宗教政策的学习，不断提高管理民族地区宗教事务的业务水平和处理宗教突发事件、复杂事件的能力；加强宗教活动的日常监管，坚决禁止和打击宗教干预基层政治、干扰国家法律在边疆民族地区推进和实施的行为；细致工作，保护正常的宗教活动（包括正常的对外宗教交流），引导宗教团体自觉适应社会主义制度，维护边疆民族社会的稳定和国家的统一。世界性宗教之所以是世界性的，就

① 高志英：《多元宗教与社会和谐——云南少数民族宗教信仰发展问题调查研究》，《云南行政学院学报》2007 年第 4 期。

在于它们有很强的包容性、开放性，而没有原生性宗教通常都具有的血缘性、地域性、民族性的局限，这是它们的特点，也是优点。因此，从道理上说，在维护边疆民族社会的稳定、构建边疆和谐社会及和谐文化方面，它们更有优势。事实上，所有世界性宗教在这方面都有极为丰富的有利因素和资源，[①] 关键是国家如何引导，宗教团体的有识之士、爱国之士如何去主动发掘、自觉提炼和传播。

就少数民族民间原生性宗教信仰看，目前面临的主要问题如下。

其一，国家对少数民族原生宗教信仰的法律定位不明确，宪法和法律关于尊重少数民族风俗习惯、宗教信仰的规定难以落实，导致少数民族地区的干部、学者和群众长期深受宗教信仰与封建迷信关系问题的困扰，少数民族民间原生宗教的活动不能正常开展，也无从依法管理。少数民族的原生宗教（或称“民族民间传统宗教”）脱胎于原始巫教，至今与占卜、算命、看风水、跳神、神药两解等巫术活动没有完全脱离关系。这类巫术活动在很大程度上是“封建迷信”，不利于科学知识的普及，有害于民族群众的身心健康，因此肯定要加以限制，但在方式方法上应以宣传教育、说理劝诫为主。但最重要的问题是，少数民族的原生宗教往往是一种复合形态的宗教（如藏族的苯教、彝族的毕摩教、白族的本主崇拜、傣族的寨神勐神信仰、纳西族的东巴教等），“封建迷信”因素并不是它的全部内容，甚至不是它最重要的内容。因为，原生宗教及其从业人员长期以来一直是少数民族传统精神文化传承的主要载体，与之相伴的信仰和仪式活动也是少数民族宗教习俗的重要组成部分，它们与只图骗取钱财、危害群众身心健康、危害社会的封建迷信有实质性不同，一概而论就有可能伤害民族感情，人为地加速少数民族传统文化及与之相应的民族重要特点的消失。对此，少数民族学者是非常敏感的。为保住民族传统文化、民族自身特点，他们迂回地表达了很多意见。

最常见的做法，是把民族原生宗教的从业者描述成本民族传统文化的“教师”“智者”，即本民族的知识分子，并借此与神汉、巫婆的迷信活动划清界限。比如说：“毕摩是彝族原始宗教祭仪的主持者、祭司和知识传

---

① 例如，基督教在规范人的行为、建立良好人际关系、促成社会稳定和谐方面，就有很多值得利用的思想资源和值得借鉴的成功经验。——参见何明、钟立跃《基督教信仰下少数民族农村和谐社会建设研究——以云南三个苗族村寨调查研究为例》，《学术探索》2007 年第 5 期。

播者。在彝语里含有经司、教师之意。毕摩识传统彝文（俗称‘老彝文’），通晓彝文经书（俗称‘彝经’），识掌故，拥有彝文典籍，过去和现在人们都视其为‘智者’和‘知识最丰富’的人。……同时，彝人一般认为，毕摩能‘通神’，亦能‘通鬼’，是人与神、人与鬼之间的中介，卜疑解难的超人”；“毕摩因兼行巫术，所以，过去一些研究者，把毕摩与苏尼（亦写作苏涅、苏臬、苏里、苏额）齐等划一。但在彝族中毕摩与苏尼有严格区别。苏尼不识彝文，不懂彝经，不参与安灵、送灵、指路、作帛、做斋、祭祖等丧葬仪礼，也不参加祈祷、祭祀等宗教活动，以施行跳神、捉鬼等巫术为主职，有的也兼占卜、招魂（人魂）巫术及抓酒火、喷油火等巫术，相当于汉族的巫师，与满族及通古斯语族的各族‘萨满’相似。”① 为本民族的原生宗教做类似的辩解，在云南少数民族的学者中是非常普遍的。

另一种做法，是从本民族的原生宗教信仰中尽量找出符合宗教定义的各种要素，并以之为据，提出使民族原生宗教信仰成为“合法宗教”信仰，并享受国家宗教信仰自由政策的要求。例如，有学者提出：“白族本主崇拜历史久远，在群众中有着深厚的基础，并具有一般宗教的雏型，与封建迷信有着明显的区别。在这种情况下，对其强行加以制止或取缔，既不可取，又不可能实现。为此，建议自治地方立法机构通过合法程序，将本主崇拜定为白族的民族宗教，作为正式的合法的宗教信仰。这样做，在当前和今后一个相当长的时期内，对白族地区的两个文明建设，对民族的繁荣发展，将会起积极作用。在正式批准为合法宗教信仰时，要对现有的信仰与活动做好改革、提高和规范化工作，并在进行工作时遵循三条原则：一是保持本主信仰固有的特点，二是不能超出国家宪法和法律允许的范围，三是尽量减少教徒的经济负担和时间浪费。”②

其二，在社会文化发育程度较低、生活环境较封闭的云南山区少数民族中，还存在着外来宗教排斥民族原生宗教信仰和民族传统文化传承的现象。历史上，基督教在中国的传播似乎有一种规律，那就是在社会发育程度较高、传统文化积淀深厚的地区和民族中很难推进，而在社会发育程度

① 左玉堂：《中国西南彝族毕摩文化》，载左玉堂、陶学良编《毕摩文化论》，云南人民出版社 1993 年版。

② 詹承绪：《试议将白族的本主崇拜定为民族宗教》，《云南社会科学》1990 年第 3 期。

较低、传统文化积累单薄的地区和民族中发展迅速。这充分说明，各民族抵抗外来文化侵蚀的能力与不同地区、不同民族的社会发育程度、文化积淀厚薄直接相关。在谋生艰难、交往极其不便的恶劣环境中生存的少数民族，他们的社会发育、文化积累本来就先天不足，加上仅有的、能够集中展现他们文化创造和精神世界的原生宗教信仰还得不到尊重和保障，基督教的长驱直入并引起文化替代，就势所难免。对此，很多有识之士都深表忧虑。如有学者指出："基督教向云南各少数民族传播的过程中，其教规对入教者非常严格的要求是不准信徒抽烟、喝酒，不准再信奉本民族的传统宗教，不准参与任何的宗教祭祀活动，不准再过传统的民族节日，不准再按传统的仪式举办婚礼和葬礼，不准跳民族舞，不准唱民族歌，连内容与《圣经》的创世纪不同的本民族的创世神话和历史传说也不准讲述等"，这导致了基督教发展较快地区的少数民族传统文化在迅速流失；"信奉原始宗教的少数民族很难有改天换地的雄心壮志，而是从来就注重体察天意，关注自然，善待自然并顺应自然，对作为自己衣食之源、生存所依的动植物、水、土地等怀有仁爱之心，感激之情。因而人与自然之间的关系是十分融洽而和谐的。……然而，一旦当地的原始宗教被外来宗教所侵蚀，本民族赖以维系的传统人文机制也必将受到冲击，被动摇、淡忘乃至消失。原来的原始森林哺育着江河，江河溪流滋润着大地，土地给养着人类的生态链条也会出现断裂"[①]。从道理上说，信仰或不信仰宗教，信仰什么样的宗教，是各民族、每个人的自由，但在外来宗教排斥、干涉民族成员信仰本民族原生宗教、传承本民族传统文化，并完全有可能因此引发民族内部甚至民族之间不和谐、社会不安定的情况下，就需要有相应的法律法规来确认和保障民族成员信仰本民族原生宗教、传承和发展本民族故有文化的权益。

其三，民族原生宗教传承后继乏人，很有可能会导致民族传统精神文化的迅速消失。有学者指出："据云南省民族工作部门统计，云南无文字民族的优秀民间艺人现仅存500余人，再过10年，他们当中的绝大部分将过世，而他们的传承人至今尚无着落。若不采取有效措施抓紧时间将其身怀的绝技传承下来，那么，10年之后，这些民族珍贵的文化瑰宝便将

---

① 张桥贵：《云南少数民族原始宗教的现代价值》，《世界宗教研究》2003年第3期。

面临人亡艺绝的窘境，这并非危言耸听，因为当年翻译整理东巴文化典籍的十多位东巴大师，如今已全部撒手人寰了。因此，民族文化流失和民族文化传承后继乏人的问题，必须引起省委、省政府和全社会的高度重视。"[①] 不单纳西族的东巴，其他少数民族的祭师或经师也都面临后继乏人的问题。

可喜的是，少数民族传统文化迅速流失的问题，已引起了国家和地方政府的高度重视。2011 年 2 月 25 日，第十一届全国人民代表大会常务委员会第十九次会议通过了《中华人民共和国非物质文化遗产法》，旨在继承和弘扬中华民族优秀传统文化，促进社会主义精神文明建设。非物质文化遗产保护的对象，涉及各民族的传统口头文学以及作为其载体的语言，传统美术、书法、音乐、舞蹈、戏剧、曲艺和杂技，传统技艺、医药和历法，传统礼仪、节庆等民俗，传统体育和游艺，以及其他非物质文化遗产。国家鼓励和支持开展非物质文化遗产代表性项目的传承和传播。2011 年 9 月 22 日，云南省出台了《云南省文化厅关于云南省民族传统文化保护区专项保护规划编制的指导意见》，其"宗旨是要实现文化生态的多样性保护，原生地保护，探寻一种与现代社会接轨的有效途径和方法，增强非物质文化遗产保护传承的生机与活力"。在云南省非物质文化遗产保护中心公布的目录中可以看到，与少数民族原生宗教有关的非物质文化遗产分别被列到了"民俗"（如白族的绕三灵、景颇族的目脑纵歌、傈僳族的刀杆节）、"文学"（如阿昌族的《遮帕麻遮咪麻》、拉祜族的《牡帕密帕》）、"美术"（如纳西族的东巴画）的名下。

应该说，国家和地方政府所采取的这一保护民族传统文化传承和传播的措施，对保持文化生态多样性，增强各民族的民族自信心和自豪感，促进各民族之间相互尊重和团结，提升各民族的中华民族认同和国家认同意识，都是十分重要和非常及时的。但这样的保护还远远不够。原因在于：其一，能够列入非物质文化遗产保护名录的项目毕竟很少，它们有典型性、代表性，但不具有普遍性，不可能顾及每个民族、民族的不同支系和不同地方，很难满足各民族都需要确认本民族传统文化的价值的普遍要求；其二，即使被列入非物质文化遗产保护名录的项目，也很有可能要么

① 郭家骥：《云南的民族宗教问题与和谐社会建设》，《贵州民族研究》2005 年第 6 期。

因其脱离广阔的社会生活背景、深厚的群众基础，而流为民族文化的“活化石”，缺乏存在和发展的活力，要么会因为过度市场化，而不能担当起承载民族精神家园的重要使命；其三，在非物质文化遗产保护名录中，原来能够完整体现少数民族传统精神文化的民族原生宗教被“肢解”了，与此相应，在对待少数民族原生宗教信仰问题上，尊重少数民族的风俗习惯和宗教信仰的政策也就没了着落。

有鉴于此，我们认为有必要在民族区域自治法的法律体系中，确认少数民族民间原生宗教信仰的合法地位，明确它们也是少数民族的风俗习惯、宗教信仰，受国家法律的保护，并在条例中对其开展活动的原则、组织管理方式、监督检查机制等作出系统的相应规定。理由很简单，将少数民族的原生宗教信仰一概视为“封建迷信”，这显然不妥。那接下来的问题势必就是，它们不属于受国家宪法和法律保护的“民族风俗习惯”、民族“宗教信仰”，那么它们属于什么？现实的状况是，国家在对待民族民间原生宗教信仰问题上长期立法缺位，导致少数民族宗教信仰自由权利的落实无法可依，少数民族依法开展本民族的宗教活动、民族自治地方依法进行宗教管理无章可循。

从科学的角度看，可以说任何宗教信仰，包括对世界性宗教的信仰，在本质上都是迷信，但可以肯定的是，宗教迷信的自然消亡还有一个相当漫长的历史过程，在社会、文化发育程度较高的民族中如此，在社会、文化发育程度较低的民族中更会如此。因此，我们应该看到并充分重视这样的事实，即民族民间原生宗教信仰在少数民族中有着广泛的群众基础，它凝结着各民族的生存智慧和深厚的民族情结，包含着丰富的、对现代社会仍有良好作用的生态伦理、礼制伦理、社会公共伦理、族际交往伦理、生命伦理等方面的思想观念和行为规范因素。承认它们的合法地位，有利于民族优秀传统文化、优良道德观念的传承，有利于边疆民族社会的稳定、和谐与可持续发展。现在为少数民族民间原生宗教信仰立法，尊重和保障少数民族的宗教信仰风俗习惯，不是倒退，而是统一多民族国家政治治理的客观需要，是执政理念、执政气度、执政能力的一种进步和提高。采取这一举措，对增强各少数民族的自信心、促进边疆各民族的国家认同，对传承和发展各民族传统文化，培育和增进社会文化发育程度较低的少数民族抵抗非法宗教传播冲击和侵蚀的能力，都是十分必要和迫切的。

## 第四节 民族教育与现代边疆社会控制

少数民族教育意义上的“民族教育”，有广义和狭义之分。广义的民族教育包含一体化的国民教育和多元化的民族传统教育；狭义的民族教育则专指民族传统教育。上一章，我们侧重讨论了民族伦理通过民族教育途径在边疆民族社会发挥自律控制作用的历史经验问题，因此，无论是对民族教育特点的分析，还是对民族教育与边疆社会控制的关系、民族教育中包含的民族传统伦理因素的研究和考察，都是从狭义的民族教育这一视角进行的。而本章要讨论的重点，是蕴含着丰富的生态伦理、生命伦理、礼制伦理、交际伦理、族际伦理、政治伦理等方面观念和思想资源的民族传统教育，如何既能满足民族自我文化认同、增强民族自信心的需要，又能适应现代社会的变化和要求，在边疆民族社会的现代控制体系中占有一席之地，并积极、有效地发挥社会调节和控制作用的问题。这样的讨论势必涉及民族传统教育与国民教育的关系问题，因此，这里需要从广义的民族教育来审视问题。

边疆少数民族地区民族传统教育与国民教育的关系问题由来已久，而非始自近现代。例如，在古代封建社会，内地的义学、书院、官学等学校教育在云南就一应俱全。义学多为地方官吏或乡绅捐资设立，为免费义塾，性质是启蒙教育，因此又称“蒙馆”；书院原本是藏经讲学之所，后来演化为传播学术思想和准备科举考试的重要场所；官学是国家造士之所，又叫“学宫”。义塾、书院、学宫都以习汉字汉文、传播以儒家思想文化为代表的汉文化为教学内容。云南有史可考的学宫兴起于汉代，唐宋时期云南少数民族地方政权南诏国、大理国兴学之风不断，元代中央王朝更加重视文教在少数民族地区的推广。至清末，云南全省 99 个县以上行政单位共有学宫近 100 所，书院近 300 所，义塾近 700 所。[①] 数量不多，规模也不大，但对国家政治意识形态、汉文化在云南边疆民族地区的传播和推广意义重大。

相比之下，少数民族传统文化的教育和传承，不仅不受封建政府和主

① 参见党乐群《云南古近代学制》，云南教育出版社 2006 年版。

流社会的支持，而且通常还是统治阶级“王化”教育（实则是同化教育）贬抑、压制和“革弊”的对象。因此，在民族歧视、民族压迫的旧制度下，少数民族的传统文化是不可能得到尊重，更不可能通过官办的学校教育途径来传承和发展的。它在一些情况下要依附于世界性宗教的教育（如傣族的佛寺教育、藏族的寺院教育、回族的经堂教育），而在更多的时候，则是依靠民族家庭教育，或者是通过乡规寨约、人生礼仪、节庆娱乐、谚语格言、诗歌民谣、故事传说、祭祀活动、宗教生活等途径，以民间教育或社会教育的方式来潜移默化地影响民族民众的价值判断、思想观念和行为方式。这样的教育无计划、不系统，是非常分散的。不过，因为它贴近各民族的日常生活，甚至本身就是少数民族日常生活中最重要的组成部分，加上旨在“王化”的义塾、书院、学宫等学校教育毕竟数量少、力量有限，不可能在地广人稀的少数民族中实现普及，因此，少数民族的传统教育仍然有较大的生存空间和广泛的群众基础，甚至能够在民族民间实际掌控社会调节和控制的话语权。

当前，随着现代国民教育，尤其是国家义务教育、基础教育的普及，随着边疆基层政治建设、改革开放、市场经济和大众传媒文化的不断推进，一方面是边疆少数民族的社会文化获得了超常规的跨越式发展，人们的物质生活水平在逐步改善；而另一方面，则是少数民族传统知识技艺、传统道德文化的教育和传承迅速萎缩，少数民族的传统文化也随之在整体上迅速衰落。“由于经济社会发展滞后，一些民族特别是弱小民族逐渐对自己的文化丧失了信心，出现了盲目模仿内地生活方式的倾向，致使民族服饰、民族语言、传统民居、歌舞艺术、礼仪习俗、生态文化以至民族传统文化中的多民族同根意识与和谐文化等，都出现了自然流失加速的危机。在奔现代化的急切心情驱使下，传统的价值观和生活方式对年轻一代失去了吸引力，在对外来文化和本民族文化的双重认同矛盾之间，很多人选择了前者，从而形成了民族文化自我认同的危机。两个危机交织在一起，就有可能使云南少数民族经数千年历史发展积淀下来的珍贵民族文化遗产，在21世纪20—30年或更长一些的时间内大部分消失”①。

我们认为，对少数民族优秀传统文化、独特文化的传承，国家和各级

---

① 郭家骥：《云南的民族宗教问题与和谐社会建设》，《贵州民族研究》2005年第6期。

政府通过非物质文化遗产项目、民族传统文化保护区项目、民族民间传统文化之乡项目建设等方式来加以保护，是非常必要的，但这远远不够。更为重要的还是让少数民族拥有增强本民族文化自身“造血”机能的权利和空间，要使少数民族传统文化的教育制度化，并从法律上予以保障。

我国现行《宪法》第 4 条规定：“中华人民共和国各民族一律平等。国家保障各少数民族的合法的权利和利益，维护和发展各民族的平等、团结、互助关系”；“各少数民族聚居的地方实行区域自治，设立自治机关，行使自治权。”第 119 条规定：“民族自治地方的自治机关自主地管理本地方的教育、科学、文化、卫生、体育事业，保护和整理民族的文化遗产，发展和繁荣民族文化。”这就在国家根本法的层次上，明确了民族区域自治是民族平等权利的重要体现，民族教育自主权是民族区域自治权的重要组成部分。《民族区域自治法》第 36 条规定：“民族自治地方的自治机关根据国家的教育方针，依照法律规定，决定本地方的教育规划、各级各类学校的设置、学制、办学形式、教学内容、教学用语和招生办法。”《教育法》第 7 条规定：“教育应当继承和弘扬中华民族优秀的历史文化传统，吸收人类文明发展的一切优秀成果”；第 10 条规定：“国家根据少数民族的特点和需要，帮助各少数民族地区发展教育事业。”从现行《宪法》《民族区域自治法》和《教育法》这些规定的立法精神上看，民族教育自主权应既包含民族自治地方的自治机关自主管理和发展本地国民教育（包括九年制义务教育、普通高级中等教育、中等职业技术教育和高等教育）的权利，也包含自主决定和发展本地民族传统文化教育的权利。因为，民族教育之所以是民族教育，最根本的原因就在于它有传承民族传统文化的功能；取消民族传统文化传承这一重要属性，仅把民族教育当作一体化的国民教育在民族地区或者是在少数民族中的贯彻实施，那民族教育也就名存实亡。正因为如此，我们才说，现行宪法和法律关于民族教育的规定，在保障少数民族的教育自主权方面充分体现了社会主义制度“一切权力属于人民”“各民族一律平等”“禁止对任何民族的歧视和压迫”的优越性，这是史无前例的。

但毋庸讳言，如果不对民族教育自主权，尤其是民族传统文化教育自主权，作出更具体、更明确的法律规定，比如没有配套的《民族教育法》或《少数民族教育法》做刚性保障，那么上述优越性就还只是理论上的。现实的情况是，少数民族教育立法在一些民族自治地方已有先期探索，国家层面的少数民族教育立法也在紧锣密鼓地进行中，但至今尚未正式颁布。

据相关研究统计，截至2006年5月，全国民族区域自治地方已制定和出台了20项有关民族教育的法规，包括省（自治区、直辖市）级8项、地（市、州）级9项、县（旗）级3项，此外，新疆、内蒙古等地也在加紧制定相关的法规。[①] 这些探索和实践，无论是对推动各民族自治地方民族教育的发展来说，还是从为制定国家层面的民族教育法提供经验和参考来说，都是很有价值和意义的。但不可否认，已经出台的这些地方性民族教育法规，还存在诸多不足。其中，普遍存在的最大问题，就是立法指导思想有失偏颇，民族传统文化教育的内容没有体现。以云南省已经颁布实施的《楚雄彝族自治州民族教育条例》（1992）、《云南省西双版纳傣族自治州民族教育条例》（1993）、《红河哈尼族彝族自治州民族教育条例》（1999）[②] 三份地方性民族教育法规为例，上述缺陷的表现如下。

其一，"民族教育"概念界定不明确或没有界定。在以上三份法规中，只有红河州对"民族教育"概念有界定："本条例所称民族教育是指自治州行政区域内对各少数民族实施的各级各类教育"（第二条），而楚雄州、西双版纳州都未对此作出界定。而且，仅有的这一份，也没有在行文中进一步明确"对各少数民族实施的各级各类教育"是指对少数民族实施的各级各类国民教育，还是指对少数民族实施的各级各类民族传统文化教育，或者是二者兼而有之。

其二，有关少数民族传统文化教育的内容严重"缺席"。从这三份民族教育条例所有规定的内容看，"对少数民族实施的各级各类教育"其实指的就是从基础教育、职业技术教育、成人教育到高等教育的整个国民教育体系，而不包括少数民族传统文化教育。例如，楚雄州规定："少数民族聚居地区的中小学，应当按照教学大纲和教学计划，开齐课程，保证课时，按质按量完成教学任务。"（第二十九条）那"按照教学大纲和教学计划"究竟何指呢？这在西双版纳州的规定中有明确的表述："各级各类学校应按国家规定的课程计划和教学大纲组织教学。"（第二十八条）可

① 参见陈立鹏《中国少数民族教育立法新论》，中央民族大学出版社2007年版，第36—37、151—165页。

② 同上书，第203—213、214—225、236—240页。

见，指的实际上就是按照国家统一的国民教育课程计划和教学大纲组织教学。所以，这三份法规根本就没有对《民族区域自治法》第36条关于民族自治地方可以自主决定“教学内容”的规定作出回应。仅“按国家规定的课程计划和教学大纲组织教学”，就等于放弃了民族教育传承少数民族传统文化的职能。

对此，正在起草《中华人民共和国少数民族教育条例》的课题组也感同身受。该起草小组的第一执笔人陈立鹏指出：“在教育目的上，少数民族教育既要遵循国民教育的一般目的，培养有理想、有道德、有文化、有纪律，德、智、体、美等方面全面发展的社会主义建设者和接班人，又有其特殊目的。少数民族教育的特殊目的是，一方面帮助少数民族学生提高适应现代主流社会的能力；另一方面继承、发展和繁荣少数民族文化，培养少数民族学生的民族认同感和自豪感，使其成为合格的本民族成员”；但“通过对我国民族教育立法历史与现状的考察，我们不难发现，我国民族教育立法比较注重对少数民族受教育权特别是进入主流社会的受教育权的保护，而忽视对民族教育在传承和发展少数民族文化中作用、角色的规范。我国现行民族教育法规很少有关于维护和发展少数民族传统文化的内容，这是我国民族教育立法内容的重大缺失，也是我国民族教育立法指导思想的偏颇”。他因此呼吁，我国少数民族教育立法，在指导思想上应该“确立传承和发展少数民族文化的思想”，“必须通过立法保障少数民族传统文化在民族教育中的应有地位，推动少数民族传统文化的发展与创新”①。

然而，非常遗憾的是，在该小组提出的《少数民族教育法（草案设想)》② 中，仍然看不到上述问题得到了切实解决。该草案设想的第二条对“少数民族教育”概念的界定是：“本法所称少数民族教育（以下简称民族教育）是指有关少数民族和民族地区的教育，包括对除汉族以外各少数民族实施的各种形式的教育和民族地区的各级各类教育。”此外就再无进一步的解释和说明。因此根本不可能从中看出“少数民族教育”既包含一体化的国民教育，也包含多元化的少数民族传统文化教育。进而，

① 参见陈立鹏《中国少数民族教育立法新论》，中央民族大学出版社2007年版，第48、39、58页。

② 同上书，第155—165页。

也就不会想到其后关于“办学形式”“教材和教学用语”“教师”“教育投入与条件保障”等方面的规定，跟“继承、发展和繁荣少数民族文化，培养少数民族学生的民族认同感和自豪感”有关。国家层面的教育立法没有明确解决这个重大现实问题，当然就不能怪地方民族教育立法抱“走一步，看一步”的心理，仍然只会从“在民族地区、少数民族中贯彻实施一体化国民教育”的角度去理解民族教育立法。

要使少数民族的文化平等权、民族自治地方的民族教育自主权真正落到实处，相关立法就必须明确民族教育承担传承和发展少数民族文化的职责，就应该制定并出台针对性更明确、可操作性更强的《少数民族教育法》。我们认为，国家层面的《少数民族教育法》，至少应该明确一个概念、厘清两条思路。

要明确的“一个概念”是：要在立法观念上和法律条文中明确“民族教育”的概念内涵和目标任务。即明确民族教育既包含一体化的国民教育（含现代知识教育、民族团结教育和国家认同教育），也包括多元化的民族传统教育（主要是少数民族传统文化教育）；并指明：一体化的国民教育旨在培养少数民族成员融入主流社会的能力，培育少数民族成员的中华民族认同意识和统一国家认同意识；多元化的民族传统教育旨在传承和发展少数民族文化，培育少数民族成员的民族自信心和民族自豪感。

要厘清的“两条思路”是：在学校教育方面，要厘清在国民教育系统中同时实施少数民族传统文化教育的基本思路；在社会教育方面，要厘清鼓励和支持民族民间开展少数民族传统文化教育的基本思路。

在民族地区的国民教育系统中同时实施少数民族传统文化教育，要重点解决三方面问题：一是实施少数民族传统文化教育的重点是各级各类学校中的民族班和各级各类民族学校，同时要兼顾非民族班、非民族学校的少数民族学生；二是处理好汉语学习、外国语学习与民族语言文字学习，中国历史和文化、世界历史和文化与少数民族历史和文化教育的关系问题；三是处理好在国民教育系统的各类学校教育中实施少数民族语言文字和传统文化教育的教学计划、课程内容、教材建设、教学用语、教师队伍建设等问题。习近平同志深刻指出：“世界上没有两片完全相同的树叶。一个民族、一个国家，必须知道自己是谁，是从哪里来的，要到哪里去，想明白了、想对了，就要坚定不移朝着目标前进”；在实现中华民族伟大复兴的过程中，“要注重塑造我国的国家形象，重点展示中国历史底蕴深厚、各民族多元一体、文化多样和谐的文明大国形象”，要“讲好中国故事，传播好中国声音，阐释好中国特色”①。从这个角度说，在国民教育系统中同时实施少数民族传统文化教育的根本目的，就是通过正规教育渠道，使各民族人民了解自己的历史和文化，讲好本民族为中华民族的形成和凝聚、为国家的统一和富强作出贡献的故事，增强本民族对实现中华民族伟大复兴的认同感和融入感、参与意识和文化自信，传播好本民族的声音，合力营造中华民族共同的精神家园。

鼓励和支持民族民间开展少数民族传统文化教育，重点是明确民族民间开展少数民族传统文化教育的指导思想、教育原则、管理机制、政策保障等问题。要对受政府支持的民族文化研究所、民族（文化）博物馆、民族传统文化保护区、民族民间传统文化之乡、民族非物质文化遗产传承人、民族文化园（村）等科以传承、传播和发展少数民族文化的责任和任务；要对民间自办的民族文化传习所（传习基地）等给予接受社会资助等方面的政策支持；要切实尊重少数民族的风俗习惯和宗教信仰（包括原生宗教信仰），允许少数民族通过本民族的节日庆典、礼仪风俗、民族宗教活动传承和传播本民族的传统文化。民族传统教育具有习俗性，无计划、不系统、比较分散，这是它的劣势；但它与少数民族的日常社会生活息息相关，有广泛的群众基础和浓厚的生活气息，这又是它的优势。总结民族传统教育传承少数民族传统文化的成功经验，推陈出新，充分调动各方面社会力量和资源，立体地营造尊重少数民族风俗习惯、宗教信仰的社会教育氛围，有利于促进少数民族文化的传承和创新，有利于增强少数民族的自信心、自豪感和国家认同意识，有利于发挥少数民族优秀生态伦理、生命伦理、礼制伦理、交际伦理、族际伦理、政治伦理等传统道德文化在维护边疆社会稳定、国家统一中的自律性控制作用。

① 习近平：《习近平谈治国理政》，外文出版社2014年版，第171、162页。

# 参考文献


1. ［美］E. A. 罗斯：《社会控制》，秦志勇、毛永政译，华夏出版社 1989 年版。
2. ［美］乔纳森·H. 特纳：《社会学理论的结构》，邱泽奇译，华夏出版社 1987 年版。
3. ［美］L. 科塞等：《社会学导论》，杨心恒译，南开大学出版社 1990 年版。
4. ［美］伊恩·罗伯逊：《社会学》上册，黄育馥译，商务印书馆 1990 年版。
5. ［美］L. H. 摩尔根：《古代社会》，杨东莼、马雍、马巨译，中央编译出版社 2007 年版。
6. ［法］让·雅克·卢梭：《社会契约论》，何兆武译，商务印书馆 1980 年版。
7. ［德］马克斯·韦伯：《经济与社会》上卷，林荣远译，商务印书馆 1997 年版。
8. ［美］E. 博登海默：《法理学——法哲学及其方法》，邓正来、姬敬武译，华夏出版社 1987 年版。
9. ［美］罗斯科·庞德：《通过法律的社会控制——法律的任务》，沈宗灵、董世忠译，商务印书馆 1984 年版。
10. ［英］H. 梅因：《古代法》，沈景一译，商务印书馆 1984 年版。
11. ［美］H. W. 埃尔曼：《比较法律文化》，贺卫方、高鸿钧译，生活·读书·新知三联书店 1990 年版。
12. ［英］马林诺夫斯基：《巫术、科学、宗教和神话》，李安宅译，商务印书馆 1936 年版。
13. ［英］马林诺夫斯基：《文化论》，费孝通译，华夏出版社 2002 年版。
14. ［德］恩斯特·卡西尔：《论人：人类文化哲学导论》，刘述先译，广西师范大学出版社 2006 年版。
15. ［美］露丝·本尼迪克特：《文化模式》，何锡章等译，华夏出版社 1987 年版。
16. ［美］罗纳德·L. 约翰斯通：《社会中的宗教》，薛利芳译，四川人民出版社 1991 年版。
17. ［日］池田大作、［英］B. 威尔逊：《社会与宗教》，梁鸿飞、王健译，四川人民出版社 1996 年版。
18. ［美］玛丽·乔·梅多等：《宗教心理学》，陈麟书等译，四川人民出版社 1990 年版。
19. ［美］吉尔伯特·罗兹曼：《中国的现代化》，江苏人民出版社 2003 年版。
20. 林耀华主编：《民族学通论》（修订本），中央民族大学出版社 1997 年版。
21. 翁独健：《中国民族关系史纲要》，中国社会科学出版社 2001 年版。
22. 杨策、彭武麟：《中国近代民族关系史》，中央民族大学出版社 1999 年版。
23. 伍雄武：《中华民族的形成与凝聚新论》，云南人民出版社 2000 年版。
24. 杨志明等：《云南少数民族传统文化研究》，人民出版社 2009 年版。
25. 包赛音：《中国少数民族和谐思想研究》，内蒙古大学出版社 2008 年版。
26. 吴泽霖：《社会约制》，世界书局 1930 年版。
27. 孙本文：《社会学原理》，商务印书馆 1935 年版。
28. 郑杭生主编：《社会学概论新修》，中国人民大学出版社 1994 年版。
29. 郑杭生主编：《民族社会学概论》，中国人民大学出版社 2005 年版。
30. 贾春增：《民族社会学》，中央民族大学出版社 1996 年版。
31. 赵利生：《民族社会学》，民族出版社 2003 年版。
32. 马戎：《民族社会学——社会学的族群关系研究》，北京大学出版社 2004 年版。
33. 张琢、马福云：《发展社会学》，中国社会科学出版社 2010 年版。
34. 王列、杨雪冬编译：《全球化与世界》，中央编译出版社 1998 年版。
35. 谢立中、孙立平主编：《二十世纪西方现代化理论文选》，上海三联书店 2002 年版。
36. 中华孔子学会、云南民族学院编：《经济全球化与民族文化多元发展》，社会科学文献出版社 2003 年版。
37. 中国现代化报告课题组：《中国现代化报告（2001）》，北京大学出版社 2001 年版。
38. 赵嘉文、马戎主编：《民族发展与社会变迁》，民族出版社 2001 年版。
39. 郭家骥主编：《云南的民族团结与边疆稳定》，民族出版社 1998 年版。
40. 徐杰舜主编：《中国民族团结考察报告》，民族出版社 2004 年版。
41. 王希恩：《当代中国民族问题解析》，民族出版社 2002 年版。
42. 杨福泉主编：《云南社会形势分析与预测（2009—2010）》，云南大学出版社 2010 年版。
43. 曾钊新、吕耀怀：《伦理社会学》，中南大学出版社 2002 年版。
44. 熊坤新：《民族伦理学》，中央民族大学出版社 1997 年版。
45. 高力：《民族伦理学引论》，新疆人民出版社 1998 年版。
46. 张哲敏主编：《民族伦理研究》，云南民族出版社 1990 年版。
47. 贺金瑞、熊坤新、苏日娜：《民族伦理学通论》，中央民族大学出版社 2007 年版。
48. 雷昀、雷希：《道德的起源》，云南人民出版社 1999 年版。
49. 龚友德：《中国少数民族道德史》，云南人民出版社 1998 年版。
50. 王惠岩：《当代政治学基本理论》，天津人民出版社 1998 年版。
51. 周星：《民族政治学》，中国社会科学出版社 1993 年版。
52. 周平：《民族政治学导论》，中国社会科学出版社 2001 年版。
53. 周平：《民族政治学》，高等教育出版社 2003 年版。
54. 马啸原：《边疆少数民族地区的政治发展与政治稳定》，云南大学出版社 2000 年版。
55. 周平：《中国少数民族政治分析》，云南大学出版社 2007 年版。
56. 吴松：《民族政治学论文集》，云南大学出版社 2000 年版。
57. 周平：《云南少数民族政治文化论》，云南大学出版社 1995 年版。
58. 谢本书等：《云南民族政治制度史》，云南人民出版社 1996 年版。
59. 张跃：《中国民族村寨研究》，云南大学出版社 2004 年版。
60. 王正华：《从无序到有序——云南民族组织》，云南教育出版社 2000 年版。
61. 吴永章：《中国土司制度渊源与发展史》，四川民族出版社 1988 年版。
62. 徐中起等主编：《少数民族习惯法研究》，云南大学出版社 1998 年版。

63. 高其才：《中国少数民族习惯法研究》，清华大学出版社 2003 年版。
64. 陈金全主编：《西南少数民族习惯法研究》，法律出版社 2008 年版。
65. 方慧主编：《少数民族地区习俗与法律的调适》，中国社会科学出版社 2006 年版。
66. 刘黎明：《契约·神裁·打赌——中国民间习惯法则》，四川人民出版社 2003 年版。
67. 吕大吉：《宗教学通论新编》，中国社会科学出版社 1998 年版。
68. 戴康生、彭耀主编：《宗教社会学》，社会科学文献出版社 2000 年版。
69. 杨学政：《原始宗教论》，云南人民出版社 1991 年版。
70. 彭时代：《宗教信仰与民族信仰的政治价值研究》，民族出版社 2007 年版。
71. 张桥贵、陈麟书：《宗教人类学：云南少数民族原始宗教考察研究》，四川大学出版社 1993 年版。
72. 张桥贵主编：《云南跨境民族宗教社会问题研究（之一）》，中国社会科学出版社 2008 年版。
73. 熊胜祥、杨学政主编：《云南宗教情势报告（2004—2005）》，云南大学出版社 2005 年版。
74. 缪家福、张庆和主编：《世纪之交的民族宗教——云南少数民族宗教形态与社会文化变迁》，云南大学出版社 1999 年版。
75. 谢启晃：《民族教育概论》，广西民族出版社 1984 年版。
76. 孙若穷：《中国少数民族教育学概论》，中国劳动出版社 1990 年版。
77. 景时春：《民族教育学》，甘肃教育出版社 1991 年版。
78. 哈经雄、滕星：《民族教育学通论》，教育科学出版社 2001 年版。
79. 雷学华：《民族教育的历史与传统》，湖北教育出版社 1988 年版。
80. 滕星、王铁志：《民族教育理论与政策研究》，民族出版社 2009 年版。
81. 朱俊杰、杨昌江：《民族教育与民族文化发展研究》，湖南教育出版社 2006 年版。
82. 陈立鹏：《中国少数民族教育立法新论》，中央民族大学出版社 2007 年版。
83. 王飞、杨玲：《云南少数民族传统文化与道德教育研究》，云南大学出版社 2009 年版。
84. 吴德刚：《中国民族教育研究》，教育科学出版社 2011 年版。

# 后　记

中国是一个统一的多民族国家，东北、西北、西南、中南和东南是少数民族的主要聚居区，尤其是东北、西北、西南与东北亚、中东、南亚和东南亚国家接壤，很多少数民族跨境而居，政治、社会、文化环境复杂，因此历来是民族团结、国家统一、全国稳定问题的前沿和社会治理工作的重中之重。

自20世纪80年代实行改革开放以来，边疆民族地区逐渐步入交往全球化、社会现代化、经济市场化、治理法制化时代，边疆民族地区的经济、政治、社会、文化在全面发生急剧变化，社会不稳定、不和谐因素随之增加。随着国家法制建设、依法治国方略的稳步深入推进，边疆社会的治理有了很大改善，但国家正式控制的影响力相比内地而言仍然相对薄弱。因此，需要在严格遵守国家宪法、民族区域自治法等相关法律法规的前提下，发挥民族自治地方在社会治理方面的主动性和创造性，发掘各民族社会自律控制的优秀文化资源，总结历史经验，研究既与时代要求和国家正式控制相适应、相补充，又有地区民族特点的社会自律控制的途径和方式，积极探索边疆社会现代非正式控制体系及其运行机制的构建，才能对维护和巩固边疆社会的稳定和谐、国家的统一、各民族的团结和睦和边疆人民的安居乐业作出新的贡献。这是时代赋予的重大现实课题，也是需要多学科、多渠道通力合作才能有效推进的重大理论课题。

本书的作者来自不同民族（彝族、白族、纳西族、汉族）和不同省份（云南省、湖南省、山东省、吉林省），有不同的成长经历和专业学习背景（哲学、民族学、社会学、政治学），但也是人生和历史的机缘，让我们走到了一起，共同工作、生活在“彩云南现”的边疆云南。我们对这里和谐共荣的民族关系、安定和谐的社会氛围感同身受，对其形成的机理深深着迷，对其美好的未来信心百倍。希望我们的探索能感召和推动边疆社会非正式控制相关问题的深入研究和讨论。错误和不当之处，敬请指正。

参与本书研究和撰写的人员及分工情况是（以章节先后为序）：杨志明（云南师范大学）撰写导言、第一章第一节及第二、四、七、八章和后记；曲凯音（云南师范大学）、朱海平（云南师范大学）、韩佳宏（云南师范大学）撰写第一章第二、三、四节；张健（云南大学）撰写第三章；曹付兵（云南省红河哈尼族彝族自治州泸西县泸源中学）撰写第五章；和金权（云南师范大学）撰写第六章。全书由杨志明最后统稿。

本书能顺利出版，首先是作者们心灵相通、精诚合作的结果，其次还得到了云南师范大学哲学与民族文化研究所“云南少数民族哲学思想研究基地”（云南省哲学社会科学研究基地）的经费支持，在此深表谢意。

作者谨识

2015 年 12 月 20 日